本书由复旦大学出版基金资助出版

逻辑与思维方式

Luoji yu Siwei Fangshi

Logic

邵强进 编著

复旦大学出版社
www.fudanpress.com.cn

内 容 简 介

本教材是以作者十余年来在复旦大学开设的同名本科生课程以及管理学院工商管理硕士（MBA）考前逻辑辅导课程的教案为基础修订而成的一部书稿。

全书以讲解传统逻辑之精华、介绍现代逻辑之要旨、阐述逻辑的本质及其方法论意义为主。其目的是帮助读者从理论上掌握逻辑学的基本研究对象与研究方法，从内容上把握思维的形式结构及其规律，并能熟练运用逻辑学的符号化、形式化方法分析日常的思维推理或论证。同时，为使逻辑与思维方式能够更好地与现实生活、与经济管理实践相结合，本书在附录中提供了当前多种专业硕士入学考试所必须的逻辑选择题的解题策略与解题技巧，并附上作者自己选编的100道逻辑选择题及答案。

本书可作为大学通用基础课、公选课教材使用，同时对于准备参加相关专业硕士入学考试的考生而言也颇具参考价值。

目 录

第一章 绪论 ··· 1
  1. 思维与逻辑 ·· 1
    1.1 思维 ·· 1
    1.2 思维方式 ·· 3
    1.3 逻辑 ·· 4
    1.4 思维形式结构 ·· 6
  2. 形式逻辑发展简史 ·· 7
    2.1 古希腊逻辑 ··· 7
    2.2 亚里士多德以后逻辑发展的主要线索 ······················· 12
    2.3 逻辑与其他科学 ··· 16
  3. 学习逻辑的作用 ··· 18
    3.1 逻辑与真理 ·· 18
    3.2 逻辑与思想表达 ··· 19
    3.3 逻辑与谬误 ·· 20
  本章思考与练习 ·· 21

第二章 概念 ··· 23
  1. 概念的概述 ·· 23
    1.1 语词与概念 ·· 23
    1.2 概念的内涵和外延 ·· 26
  2. 概念的类型 ·· 28
    2.1 普遍概念、单独概念、空概念 ·································· 28
    2.2 集合概念与非集合概念 ·· 29
    2.3 相对概念与绝对概念 ··· 30
    2.4 正概念和负概念 ··· 31
  3. 概念间的关系 ··· 31
    3.1 全同关系 ··· 32
    3.2 真包含关系与真包含于关系 ···································· 32

3.3　交叉关系 ·· 33
　　3.4　全异关系 ·· 33
4.　明确概念的方法 ·· 35
　　4.1　定义法 ·· 35
　　4.2　划分 ·· 42
　　4.3　限制和概括 ·· 46
本章思考与练习 ··· 48

第三章　命题（上） ··· 53
1.　命题 ··· 53
　　1.1　什么是命题 ·· 53
　　1.2　判断 ·· 55
　　1.3　语句、命题和判断 ·· 57
　　1.4　命题形式 ·· 60
　　1.5　判断的类型 ·· 61
2.　性质命题 ·· 62
　　2.1　概述 ·· 62
　　2.2　性质命题的类型 ·· 63
　　2.3　对当方阵 ·· 68
　　2.4　准确使用性质命题 ·· 74
　　2.5　周延问题 ·· 75
3.　关系命题 ·· 78
　　3.1　什么是关系命题 ·· 78
　　3.2　关系命题的结构 ·· 79
　　3.3　关系的性质 ·· 80
4.　模态命题 ·· 84
　　4.1　模态词 ·· 84
　　4.2　可能世界 ·· 85
　　4.3　模态对当关系 ··· 87
本章思考与练习 ··· 88

第四章　命题（下） ··· 92
1.　联言命题 ·· 92
　　1.1　联言符号 ·· 92

1.2　联言命题的真值 …………………………………… 93
2. 选言命题 …………………………………………………… 95
　　2.1　选言符号 …………………………………………… 95
　　2.2　选言命题的真值 …………………………………… 96
　　2.3　选言肢的穷尽问题 ………………………………… 97
3. 假言命题 …………………………………………………… 98
　　3.1　实质蕴涵 …………………………………………… 98
　　3.2　假言条件 …………………………………………… 100
4. 负命题 ……………………………………………………… 103
　　4.1　否定符号 …………………………………………… 103
　　4.2　命题的否定 ………………………………………… 103
　　4.3　求否定规则 ………………………………………… 106
5. 真值表及其应用 …………………………………………… 107
　　5.1　真值表的构成 ……………………………………… 107
　　5.2　括号的用法 ………………………………………… 108
　　5.3　重言式 ……………………………………………… 109
　　5.4　真值表的运用 ……………………………………… 109

本章思考与练习 ………………………………………………… 112

第五章　形式逻辑基本规律 …………………………………… 118

1. 逻辑思维的确定性 ………………………………………… 118
　　1.1　思维形式的确定性 ………………………………… 118
　　1.2　事物的相对确定性 ………………………………… 119
　　1.3　逻辑思维基本规律 ………………………………… 119
2. 同一律 ……………………………………………………… 120
　　2.1　同一律的内容与要求 ……………………………… 120
　　2.2　违规分析 …………………………………………… 120
3. 矛盾律 ……………………………………………………… 122
　　3.1　矛盾律的内容与要求 ……………………………… 122
　　3.2　违规分析 …………………………………………… 122
4. 排中律 ……………………………………………………… 123
　　4.1　排中律的内容与要求 ……………………………… 123
　　4.2　违规分析 …………………………………………… 124
　　4.3　逻辑规律小结 ……………………………………… 124

本章思考与练习 …………………………………………………… 125

第六章 演绎推理(上) …………………………………………… 129
1. 推理和有效性 ………………………………………………… 129
　　1.1 推理和推论 ……………………………………………… 129
　　1.2 有效性 …………………………………………………… 130
　　1.3 推理的类型 ……………………………………………… 132
2. 直接推理 ……………………………………………………… 133
　　2.1 换质法 …………………………………………………… 133
　　2.2 换位法 …………………………………………………… 134
　　2.3 换质位法 ………………………………………………… 135
　　2.4 戾换法 …………………………………………………… 135
3. 直言三段论 …………………………………………………… 137
　　3.1 三段论的构成 …………………………………………… 137
　　3.2 三段论公理 ……………………………………………… 138
　　3.3 三段论规则 ……………………………………………… 139
　　3.4 三段论的格与式 ………………………………………… 143
　　3.5 非标准形式的三段论 …………………………………… 149
　　3.6 三段论的零式判别法 …………………………………… 153

本章思考与练习 …………………………………………………… 154

第七章 演绎推理(下) …………………………………………… 157
1. 联言推理 ……………………………………………………… 157
　　1.1 联言合成 ………………………………………………… 157
　　1.2 联言分解 ………………………………………………… 157
2. 选言推理 ……………………………………………………… 158
　　2.1 相容选言推理 …………………………………………… 158
　　2.2 不相容选言推理 ………………………………………… 159
3. 假言推理 ……………………………………………………… 160
　　3.1 关于假言条件的推理 …………………………………… 160
　　3.2 纯假言推理 ……………………………………………… 163
　　3.3 假言联言推理 …………………………………………… 164
　　3.4 假言选言推理(二难推理) ……………………………… 166

4. 命题演算系统简介 ································· 171
　4.1　形式化方法 ································· 171
　4.2　命题演算系统的构成 ······················· 172
　4.3　定理的推演(证明) ························ 173
本章思考与练习 ···································· 176

第八章　归纳逻辑 ································· 183

1. 归纳逻辑概述 ···································· 183
　1.1　归纳逻辑和归纳方法 ······················· 183
　1.2　归纳与演绎 ································· 184
　1.3　归纳主义与演绎主义 ······················· 185
2. 不完全归纳法和归纳问题 ······················· 186
　2.1　完全归纳法 ································· 186
　2.2　不完全归纳法 ······························ 186
　2.3　休谟问题 ···································· 187
　2.4　归纳问题的解决方案 ······················· 189
3. 概率的基本知识 ································· 190
　3.1　概率 ·· 190
　3.2　贝耶斯定理 ································· 191
　3.3　复合事件的概率 ···························· 193
　3.4　概率逻辑 ···································· 195
　3.5　归纳悖论 ···································· 196
4. 因果五法 ·· 198
　4.1　因果联系 ···································· 198
　4.2　求同法（契合法） ·························· 200
　4.3　求异法（差异法） ·························· 201
　4.4　求同求异并用法（契差并用法） ··········· 202
　4.5　剩余法 ······································ 203
　4.6　共变法 ······································ 203
　4.7　因果五法的局限性 ·························· 204
5. 类比法 ··· 205
　5.1　类比的结构 ································· 205
　5.2　类比的可靠性 ······························ 205
　5.3　类比的推广应用 ···························· 206

6. 设证法 ··· 206
　6.1 设证法的格式 ·· 206
　6.2 设证法的原理 ·· 207
　6.3 设证法的应用 ·· 208
本章思考与练习 ·· 209

第九章　论证 ··· 213
1. 论证的概述 ··· 213
　1.1 论证与推理 ··· 213
　1.2 论证的种类 ··· 215
2. 论证的规则 ··· 219
　2.1 论题必须明确 ·· 219
　2.2 论据必须真实可靠 ··· 219
　2.3 论证方式合乎逻辑 ··· 219
3. 辩论与反驳 ··· 221
　3.1 辩论的特征 ··· 221
　3.2 辩论与诡辩 ··· 222
　3.3 反驳 ·· 222
　3.4 反驳方法 ·· 223
4. 谬误 ··· 225
　4.1 谬误的概述 ··· 225
　4.2 谬误类型 ·· 226
　4.3 走出思维的误区 ··· 231
本章思考与练习 ·· 231

附录　逻辑选择题的解题策略 ··· 238
1. 攻读专业硕士学位入学考试中的逻辑选择题 ························ 238
2. 逻辑选择题解题策略 ·· 240
3. 逻辑选择题精选（附参考答案）······································· 246

参考文献 ··· 284

后　　记 ··· 287

第一章

绪　论

1. 思维与逻辑

1.1 思维

20世纪80年代,我国著名科学家钱学森教授提出,一般人类的思维活动有三种基本形式,即形象思维(直觉)、抽象思维(逻辑)、灵感思维(顿悟),人们要思维都必须采取以上三种形式。虽然思维活动形式上划分为三种,但实际上人的每一个思维活动过程都不会是单纯的一种形式在起作用,往往是两种甚至三种先后起作用。

1.1.1 形象思维

所谓形象就是反映于人脑中的思维对象的映象,这种映象可以物化的形式再现出来,被人感知。比如观念形象,红旗象征为革命流血奋斗,橄榄枝、鸽子象征和平;还有艺术形象,如包公、堂吉珂德,《三国演义》中的曹操、诸葛亮;最常见的形象就是视觉图形、手势姿态等等。

形象思维是人类最早使用的思维活动形式,在语言未产生之前,原始人交流思想靠的就是形象思维,或者说脑中的某种意向,比如他们对鬼神的想象、对图腾的崇拜、对禁忌的规约。这一点在没有学会讲话的孩子身上及没有语言习得能力的聋哑人身上都能感受到。

形象思维普遍存在,而并非画家、诗人、小说家等艺术创作者的专利,它在科学中也常应用。例如,电在18世纪以前一直被看作神灵或妖魔一般的东西,后来富兰克林把它设想成像水一样的电流体,许多电学现象立刻获得了科学的说明。在体育赛场上,有经验的射手能对来球运行路线做出全面的估计,考虑风向、风力等因素,并赶到最佳位置起脚射门。我们不知道他们是怎么做到的,他们自己也不一定知道,他们只是这样做了。

1.1.2 灵感思维

灵感思维也不难理解,灵感常见的有两种:一种是联想型,另一种是直接捕捉型。它也普遍存在于艺术创作、科学发现、发明及日常生活中。

比如施耐庵的《水浒传》中写武松打虎,他没看过人打虎,也没法自己去以身犯险,正冥思苦想,忽然听到外面有狗狂吠,出来一看,一个醉汉正与一条恶狗搏斗,只见那醉汉躲来闪去,不一会抓住狗的颈皮往上一提,举起铁拳捶它一顿,往地上一扔,恶狗就直挺挺不动了。这一场景启发了作者的创作灵感,于是武松打虎的情节顺畅地从他的笔下滑出来,这即是形象思维,同时又夹杂了灵感思维。由打狗联想到打虎,正是从日常生活中捕捉创作灵感的好例子。

再比如,在科学发现中,沃森谈及如何发现遗传物质 DNA 的双螺旋结构。他说:"一次,我的手指冻得没法写字,只好蜷缩在炉火边,突然我想到一些 DNA 怎样美妙地蜷缩起来,而且可能以很科学的方式排列起来。"在探索 DNA 化学组成的三维空间的精确排列过程中,其灵感思维的闪烁无疑起过作用。有人把沃森和克里克发现的 DNA 结构和达尔文的物种起源相提并论,至少可以说,它是达尔文之后生物学中最重大的事件。像这样的例子实在不胜枚举。

1.1.3 逻辑思维

然而,人们最常用、最有效,也是最为人熟知并得到深入研究的思维活动形式却是抽象(逻辑)思维。形象思维一般只能反映客观对象的一个点或一个断面,只能作为一种完整、系统思维的前哨。灵感思维只是在遇到思维难点时起到一种辅助性的推动、突破作用。要达到系统思维只能通过抽象(逻辑)思维。三种思维中,逻辑思维的适应性最为广阔,任何对象的最后理解,必须通过抽象(逻辑)思维。我们常说思维能力的训练,主要也就是抽象(逻辑)思维能力的训练。

研究表明,灵感是人脑基于逻辑和实践经验的一种机能[①]。人们掌握了各种逻辑思维方法与技巧并且反复地使用后,有时甚至无需意识控制也能自如地运用。因此当遇到问题情景时,主体头脑中形成一个优势兴奋中心,存储在主体头脑中的知识、经验和逻辑思维方式、方法等以潜意识或显意识的形式不断进行活动,有时它们与待解决的问题形成新的暂时神经联系,巴甫洛夫等人认为,这种新的暂时神经联系可以在大脑优势兴奋中心的边缘抑制区以"突然拓通"的方式形成,在这种情况下,主体就可能没有意识到形成的过程,而"突然"颖悟了结论,即产生了灵感。

---

① 参见孙伟平:《论逻辑思维的功能与局限性》,载《北方工业大学学报》1994 年第 4 期,第 1—6 页。

爱因斯坦发现光速不变原理可以说是灵感的推动，但更多的是靠理性分析的积累，他曾指出，作为一名科学家，他必须是一个"严谨的逻辑推理者。科学家的目的是要得到关于自然界的一个逻辑上前后一贯的摹写。逻辑对于它，有如比例和透视规律对于画家一样"①。

抽象思维首先以"语言"为基本工具。思维是语言的内容，语言是思维的表现形式。科学的抽象就是抽去某类现象具体的、非本质的、次要的方面，引出其固有的本质特征，达到科学的认识。

古埃及人只懂得测量个别物体的运动问题，测量圆周和体积，解决一个个具体的问题。希腊人则潜心研究，抽象地提出了"点"、"线"、"面"、"角"等概念，并进而引出了能计算一系列具体问题的运算公式，形成并推导了比较系统、完整的几何学体系，成为西方自然科学传统的真正开端，这里就显示出了抽象的创造力量。

中世纪哲学泰斗托马斯曾说："应该从逻辑开始，因为其他科学都需要它，它教给我们在一切科学中进行思考的方法。"②因为逻辑是人类理性的象征，是人类科学与文明的思维基石，诚如恩格斯所说："一个民族想要站在科学的最高峰，就一刻也不能没有理论思维。"③

1.2 思维方式

思维方式是体现一定思想内容和一定思考方法的思维模式。也就是说，一个思维方式包括思维内容和思维方法两方面。例如，著名数学家华罗庚发明的优选法，其思想内容就是为获得生产工艺、操作、配方、配比等最优参数，它包含的思考方法就是一种数学思维方法，它具有数学模型这样的模式。

思维内容因思维的领域不同、对象不同而异。可以说，各行各业都有特定的思维方式。农民有农民的思维方式，商人有商人的思维方式；一般来说，农民大抵淳朴忠厚，而商人大多狡诈。将帅指挥官有军人的思维方式，文学家、画家、诗人、哲学家都有各自的思维方式，或者说某种职业思维习惯、思维定式。甚至强盗、小偷也都有他们的思维方式，如"不偷白不偷，不抢白不抢"等。

思维模式则是人们的思维所遵循的某种用法和格式。中国古代的算卦，就是《易经》阴阳八卦的运用。阴阳八卦也就是中国古代的一种思维模式。有的人喜欢把一切社会实践活动都比作打仗，用军事术语来说明各种实践活动。比如说，

---

① 参见《爱因斯坦文集》第一卷，商务印书馆1994年版，第304页。
② 肖尔兹：《简明逻辑史》，张家龙译，商务印书馆1977年版，第87页，注释49。
③ 《马克思恩格斯选集》第三卷，人民出版社1972年版，第467页。

人生就是战场,牢牢把握思想战线,筑起反对资产阶级自由化的思想长城,过高考关,打一个漂亮仗,体育比赛是和平时期的战争,诸如此类。军事行动就成了他们的一个思维模式。

对于思维方式,我们还可以换一个方式来说明。思维方式就是指人们在思考某种问题时的一条基本思路。打个比方,到商店里买东西,人们脑子里都全有一个概念,那就是"把好东西买回来",至于怎样才能做到这一点,各人有各人的思路。有人认为,价钱越贵东西就越好,因而就专挑价格高的买;有人认为,大家都抢着买的东西就是好的,于是一哄而上;有的认为,商标品牌越是新奇,商品越好,因而专买新牌子;有的则随大流,大家说什么好就买什么。当然还有许多其他的思路,但以上四种思路也就是选购商品的基本思维方式。

思维方式体现着思想内容和一定的思维方法,如果不进行严密的推敲,它和思维方法没什么两样,但如细细分辨,两者还是有区别的。思维方法是比较一般的东西,而思维方式是比较具体的东西。某一个人认识某一个对象的某个思路就是一种思维方式,它与特定的内容相关。如"改革是摸石子过河,走一步看一步",是邓小平对建设有中国特色社会主义的一条思路,但这不能称作一种思维方法。许多人在对许多对象进行认识的过程中,不断重复使用的某种思路才是一种思维方法。如:比较的方法,分析、综合的方法,归纳、演绎的方法,数学的方法等等。

思维方法有科学、非科学,正确、错误之分。正确的科学思维方法乃是根据事实材料,遵循逻辑规律、规则而形成概念、做出判断、进行推理的方法。就此而言,思维方法也就是逻辑方法,而逻辑方法正是在理性抽象思维过程中被人们所普遍遵守并普遍有效的方法。同时,思维在逻辑方法上的运用有时也被称为逻辑思维方式,这时思维方式就获得了一种普遍的意义。

1.3 逻辑

1.3.1 逻辑的词义分析

逻辑一词译自英文 Logic,源于希腊文 λόγος,原意是指思想、言辞、理性、规律性等。古代西方学者用"逻辑"指的是研究推理、论证的学问。我国首次使用"逻辑"一词,见于近代启蒙思想家严复的《穆勒名学》——译自 *System of Logic*,日本学者把逻辑学译为"论理学",国父孙中山曾译为"理则学"。作为一门专门研究推理论证的学问,中国先秦、印度都有,先秦是名辩,印度是因明,它们与古希腊亚里士多德的逻辑学并称为世界三大逻辑发源。

在现代汉语中,逻辑一词有多重含义,正如皮尔士所说:"对逻辑所下的定义近乎一百个。"

例如：

（1）历史的发展有它自己的逻辑。这里的逻辑指客观事物发展变化所呈现出来的历史规律。

（2）美国经常借口人权、民主问题压制中国发展，这是美国"世界宪兵"的冷战思维形成的霸权逻辑。这里逻辑指的是某种特殊的理论、观点和看问题的方法，也可以说是特定的思维方式。

（3）说某人心神错乱、思维不清、语无伦次，或者荒唐可笑，犯了逻辑错误。这里的逻辑指的是人们的思维的规律、规则等等。

（4）德国哲学家黑格尔写有《逻辑学》、《小逻辑》的著作。在他那里，逻辑代表着一种系统的思辨哲学理论。

（5）我国大学里普遍开设了普通逻辑课程。本句中的逻辑则指一门训练并提升学生抽象思维能力、形式思维能力的学科。

1.3.2 思维科学体系

逻辑是一门研究思维的规律、规则的学问，若把这作为"逻辑"的定义是不科学的，因为其他学科，如哲学认识论、心理学、神经学、语言符号学、计算机智能学等也都研究思维的规律、规则。实际上它们与逻辑学都有密切的关系，并共存于一个统一的思维科学体系中。如图 1-1 所示。

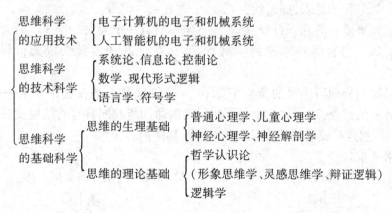

图 1-1

要特别指出的是，语言符号是逻辑研究的基本工具，两者的关系尤为密切。思维离不开语言，同样，逻辑在一定意义上也是语言的逻辑。

另外，现今逻辑学界对辩证逻辑是否属于逻辑尚有争议，一般情况下，我们把辩证逻辑划归于哲学认识论之下。这样，我们这里的逻辑学就专指形式逻辑。通常说逻辑是形式的，这是仅就思维形式而言，而不管我们思维的各种特殊对象，那么什么是思维形式呢?

1.4 思维形式结构

思维形式有两层意思:一指我们前面所提到的概念、命题、推理等,它们是在思维过程中用以反映对象的形式;另一层意思是思维的形式结构,具体指每种不同类型的判断和推理本身所共同具有的思维要素之间的联系方式。人们通常在后一种意义上使用这一术语。例如下面四个语句:

(1) 所有帝国主义都是纸老虎。
(2) 所有战争都是阶级斗争。
(3) 所有恒星都是发光的。
(4) 所有大学生都是知识分子。

如果我们用大写的英文字母 A、B 分别代表上述各句子中的"帝国主义"、"战争"、"恒星"、"大学生"以及"纸老虎"、"阶级斗争"、"发光的"、"知识分子",那么这四个句子所反映的命题(或判断)的形式结构就是:所有 A 都是 B。这就撇开了每一命题中涉及的特定对象,也即思维内容。

再比如:
(1) 如果天下雨,那么地上湿。
(2) 如果孔子是人,那么他会死。
(3) 如果罗素活到一百岁,那么他肯定不只有一个太太。
(4) 如果语言能够生产物质财富,那么夸夸其谈者就会成为世界上最富的人。

如果我们分别用小写的英文字母 p、q 分别代替上述命题中如果——,及那么——后面的部分,那么这四个句子所反映的命题所共同具有的结构就是:如果 p 那么 q。当然这是仅就形式而言,并不涉及具体内容。

再来看推理:

(1) 如果天下雨,那么地上湿。　　(2) 如果天下雨,那么地上湿。
　　　　天下雨,　　　　　　　　　　　　地上湿,
　　∴ 地上湿。　　　　　　　　　　　∴ 天下雨。

(3) 如果 $1+1=2$,那么 $2+3=5$。　(4) 如果 $1+1=2$,那么 $2+3=5$。
　　　　$1+1=2$,　　　　　　　　　　　$2+3=5$,
　　∴ $2+3=5$。　　　　　　　　　∴ $1+1=2$。

(5) 如果他得了阑尾炎,那么他肚子痛。(6) 如果他得了阑尾炎,那么他肚子痛。
　　　　他得了阑尾炎,　　　　　　　　　他肚子痛,
　　∴ 他肚子痛。　　　　　　　　　　∴ 他得了阑尾炎。

推理(1)、(3)、(5)及(2)、(4)、(6)分别共有的形式结构是:

如果 p,那么 q。　　　　　　如果 q,那么 p。
p　　　　　　　　　　　　　q
∴ q　　　　　　　　　　　　∴ p

要分析这两个推理的形式,我们必须涉及真和有效性问题。一个命题的真假是由事物的客观实际情况决定的,逻辑并不从具体内容上判断命题的真假。逻辑只考虑当一个或一些命题为真或假时,另一些命题是真,或是假。这就是有效性问题。

我们说,前一个推理形式是有效的,后一个推理形式是无效的。对于前一个推理形式,只要两个前提是真的,结论必定是真的,而且不论以哪些句子代入,它都具有这个性质。

后一个推理形式,在它两个前提都真的情况下,得出的结论却不必然是真的,比如说,第二个推理中的"地上湿",也可以是由于撒了水。第六个例子中的"他肚子痛",可能是因为他吃错了药、胃溃疡什么的。虽然第四个例子前提、结论都真,但从逻辑的角度,仅从形式上分析,这个推理形式还是无效的。

一个推理形式的有效性由形式逻辑所提出的规律和原则所保证。无效,即前提到结论背离了逻辑规律和原则。前面两个推理形式的有效与无效,我们在以后讲到假言推理时还要具体分析①。

形式逻辑作为研究推理论证的学问,其主要目的就是要区分有效的推理形式和无效的推理形式,给出有效推论所必须遵守的规律、规则,并为人们的思维提供普遍一般的方法指导,促进科学、正确的思维方式的形成。

2. 形式逻辑发展简史

要了解一门科学,最重要的是考察它的历史,只有熟悉它的起源、发展历程,才可能更深刻地理解它的现状②。

2.1 古希腊逻辑

西方逻辑发展史经历了四个阶段:古希腊、中世纪、近代、现代。古希腊逻辑

---

① 参见本书第六章1.1.2。
② 如前所述,世界逻辑有三大发源,限于篇幅,这里仅介绍西方逻辑发展简史。

的核心是由亚里士多德(公元前384—前322年)所创立的逻辑理论,亚里士多德作为古希腊逻辑的集大成者,他的逻辑著作由弟子汇编成《工具论》。这部著作的内容构成并涉及了其后两千多年的逻辑发展史,是人们公认的一部权威性逻辑学经典。

《工具论》中包含了下面六个部分:《论辩篇》,研究辩证哲理,研究与哲学和辩论有关的理论和技术;《辩谬篇》,研究对话和辩论中的各种谬误及其反驳方式;《范畴篇》,研究各类词、范畴及其意义;《解释篇》,研究语言(名词、动词、语句)和思想之间的关系,研究各种命题之间的关系;《前分析篇》,研究正确推理的普遍形式,包括直言三段论和模态三段论;《后分析篇》,研究科学中的推理和构造科学理论的方法。另外,亚里士多德在《形而上学》中讨论了逻辑规律,这些就构成了我们所谓的传统逻辑的主要内容。

亚里士多德被称为"逻辑学之父"、"逻辑学的鼻祖",但他之所以能够创建逻辑学说,也是有一定前提的。大致有以下三点。

2.1.1 智者对论辩术的发展

论辩术至今仍以某种形式存在,如国内流行的港台剧中的法庭辩论、大学间的辩论赛等等。而在古希腊时期,论辩术也有如下数个存在领域。

首先是哲学的不同派别、观点之间的争论。比如,泰勒斯认为,水是万物的本源;阿那克西曼德说,一个什么都不是的"无限者"是世界的始基;阿那克西美尼则认为,气是宇宙的始基。谁是谁非,就得进行一番论证,每个人都必须为自己的观点辩护。

其次,人们在日常生活中,对某人某事的不同看法和意见也引起辩论,如,这个说该对象是真、善、美,另一人则称其是伪、恶、丑,于是口头冲突就发生了。

最引人注目的还是在法庭诉讼及政治生活中的论辩、演说术。古希腊政治比较民主,设立有人民大会并制定了一部民主宪法,古希腊公民要想获得官职,乃至实施自己的政治主张,需要有说服打动代表的技巧。在这些场合,一篇在形式、内容上别出心裁的讲话能决定提案、候选人的命运,或者特定事件的结果。

罗素曾指出,雅典法庭中法官、行政官都是通过抽签的方式从一些普通公民中选出来的,因而都带有各自特殊的偏见,缺乏职业意识。那时没有律师,原告与辩护人,起诉与被告都亲自出席,胜败取决于陈述和辩论时迷惑、说服法官、陪审员的技巧。

于是,智者学派应社会需要而出现,就像当今中国经济纠纷案件增多,律师特别吃香一样。智者,sophist,本指教人以智慧和美德的教师,特别擅长演说术、论辩术。摆在智者面前的问题是,怎样博得信服,怎样使论断有力,如何证明,如何反驳,如何诡辩和玩弄歧义,如何识别和揭露诡辩,如何给定概念的定义,如何下定义,如何归纳等等。

哲学史上著名的普罗泰戈拉就是一位大智者,他也像孔子周游列国一样,巡回希腊各城邦。据说,他曾收了一位弟子叫欧勒提斯,为了吸引更多的学生学习法律,两人签订了合同,规定学费分期上交:欧勒提斯在毕业时付普罗泰戈拉一半学费,另一半学费在欧勒提斯第一次出庭打赢官司时付清。

然而,欧勒提斯毕业后,存心想赖账,一直不出庭打官司。普罗泰戈拉经济意识较强,一份劳动得一份报酬,于是他就向法庭提出诉讼,并做出如下推理:

如果欧氏这次官司打胜,那么,按合同,他应付我另一半学费;

如果欧氏这次官司打败,那么,按法庭判决,他也应付我另一半学费;

欧氏这次官司或者打胜,或者打败;

总之,他应付我另一半学费。

欧勒提斯看穿了老师的这一套把戏,有其师必有其弟子,而弟子又更出于蓝,他也来了一个推理,用以反驳:

如果这次官司我打胜,那么,按法庭判决,我不应付另一半学费;

如果这次官司我打败,那么,按合同,我也不应付另一半学费;

我这次官司或者打胜,或者打败;

总之,我不应付另一半学费。

这就是逻辑史上有名的半费之讼。关于它的具体形式的分析和应对办法,以后我们将会作进一步的分析[①]。

可以看出,智者所关心的是一种说服的艺术,这与后来亚里士多德所致力的证明的理论不同。说服的理论是根据心理规律性,并利用能够影响信念这种心理状态的一切条件,包括一定的逻辑手段;证明的理论则依据逻辑规律和客观的分辨真假的方法,证明的理论需要有一定的真前提,同时还要有有效的形式。而说服可以用假前提、玩弄言辞技巧等迷惑人心。于是智者在后期大都流于一种诡辩的形式。在英文中,sophist 同时也兼具诡辩家的意思。

有人称智者那些演说术中的花言巧语是可耻的夸夸其谈,智者不过是批发和零售灵魂,专门以是非为业者。亚里士多德称他们进行的是无聊的论证,令人讨厌。虽然智者们没有创建逻辑科学,但至少提出了这门科学的任务。

亚里士多德所称道的、真正的论辩术的创始人是爱利亚的芝诺。芝诺是著名哲学家巴曼尼德的学生。在哲学观上,他与毕达哥拉斯学派是对立的。在辩驳中,他发现了一种"归于不可能"的方法,逻辑学称之为归谬法[②]。具体地说,就是

---

① 参见本书第六章 4.4.2.2。
② 参见本书第六章 3.3.3。

以子之矛攻子之盾，从对方的假设出发，用演绎辩论去指出这个假说将引出不可能的结果，于是原来的假设不攻自破。

比如说，毕达哥拉斯认为，数由单元构成，而单元用小点来表示，并假定其具有空间上的尺寸大小。按照这种观点，点是具有位置的一个单元，也就是说，它具有某种大小尺寸，而不论这个大小是什么。这种数的理论对有理数是完全够用的，一旦遇上无理数就不行了。芝诺认为，这种单元论不能解释运动，为此，他提出了四个著名的论证，其中一个就是阿基里斯永远追赶不上乌龟。

阿基里斯是希腊神话中跑得最快的人。论证的题目是阿基里斯与乌龟赛跑，假设乌龟先跑了一段距离，阿基里斯永远不能追上并超过他的竞争对手。因为，当阿基里斯跑到乌龟的起点时，乌龟已经又向前跑了一些，阿基里斯跑到这个新的位置时，乌龟又已达到自己稍微前方的一点，每次当阿基里斯逼近乌龟的前一位置时，这只慢吞吞的家伙却已跑开了。阿基里斯当然会一点一点地靠拢乌龟，却永远不能赶上它。

这一论证直接指向毕达哥拉斯。芝诺采取的是他的假设，一条线是由单元或点构成，因此结论就是，乌龟跑得再慢，它在跑完全程以前，已经跑了无限长的距离，而这是不可能的，于是也就否定了毕达哥拉斯的单元论。这种反驳方法非常有效，但必须指出，芝诺的这种论辩术和亚里士多德的论辩术有所不同。亚里士多德把它做了意义上的推广，对他来说，论辩术不是研讨某一特定问题的论辩方法，而是对我们今天称为逻辑的东西的全面探讨。

2.1.2 希腊演绎几何学的研究

亚里士多德创建逻辑的另一个前提是希腊演绎几何学的研究。

公元前5到前4世纪，是希腊科学的繁荣时期，数学、物理学、天文学、生物学、医学都有新的发展，各种门类的科学迫切需要人们整理、总结、系统化。

但是，正如莱辛巴赫所指出的，没有数学的帮助，一门科学永远摆脱不了幼稚的命运。恩格斯也曾说过，一门科学只有成功地运用数学时，才算达到了真正完善的地步。这是因为科学需要逻辑，而数学则是逻辑的完美体现。

欧几里得几何学正是希腊科学的代表。我们在初中学的平面几何就基本上是欧几里得几何学的内容。学习几何的重要目的之一就是，训练大脑的抽象逻辑思维能力。因为在一定意义上，它比任何一门科学都迫切需要证明的严格性。

几何学，本用于丈量土地，最初是由埃及僧侣发明的一项实用技术，只是传到希腊后才成为一门学问。据说，西方第一个哲学家泰勒士最早开始了对几何命题的证明。而罗素则认为，数学作为证明式的演绎推论意义上的科学是从毕达哥拉斯开始的。毕达哥拉斯发现并证明了直角三角形两边平方之和等于斜边平方这一几何基本定理,也就是中国古人所说的勾股定理。古希腊思想史中的三大伟人之一——柏拉图也非常重视几何学,在他创立的学园门口有块牌子,上面写着"不懂几何者,不得入内"。

欧氏几何的基本精要,就是一种证明的科学、演绎的科学,是一个基于几个不证自明的公理,由此推出一系列定理而构成的命题系统。欧氏几何与论辩术也有关系,西方学者的研究表明,在欧几里得时代,公理一如公设,是指交互批评的对话中虚伪的命题要由推断来检验,而并不是指已被讨论参加者认之为真的命题。据说,欧几里得之所以陈述明显的引理不过是要叫"冥顽不化的诡辩家"服气。他敦促同行别这么干,免得模糊了证明,搞烦了读者。因此,欧氏才设定一系列的几何推理规则,供人们遵守。

据说亚里士多德的数学学习得不是很好,似乎还有点不喜欢柏拉图学园。但希腊几何学决定了亚里士多德的科学观,他认为建立一门科学最重要的就是建立起这门科学中一系列的证明。证明是建立科学的方法,逻辑则是关于证明的科学。亚里士多德最重要的逻辑著作——《分析前篇》、《分析后篇》,就是对证明和证明中使用的推理形式的分析。

2.1.3 前亚氏思想家对逻辑问题的研究

许多重要的思想家并不一定都是逻辑家。作为一名逻辑家必须运用逻辑形式与规律,掌握逻辑理论;但作为思想家则有可能在逻辑性思维中反映出逻辑问题。

有人称巴曼尼德——芝诺的老师——创造了"逻辑",其实他只不过提出了一种形而上学的论证形式,或者说他创造的是基于逻辑的形而上学。巴曼尼德关于"存在"的讨论——非存在就是存在,而不是什么不存在,无意中也蕴涵了对逻辑同一律的运用。

但是,亚里士多德本人推崇的还是苏格拉底。他曾写道:两件大事均可归之于苏格拉底——归纳推理与一般定义的形成,两者均有关一切学术的基础。

苏格拉底是柏拉图的老师,而亚里士多德的思想就源自柏拉图,他们是古希腊最有影响的三位思想家。正是苏格拉底提出了"认识你自己"的口号。据说,他曾到处寻找比他更有智慧的人,或以智慧出名的人。有政治家、诗人,也有工匠,但得到的都是失望。因为,只有苏格拉底承认自己一无所知,神谕示说,只有像苏格拉底那样知道自己的智慧是毫无价值的人才最有智慧。

柏拉图作为一位大思想家,他的理论在西方的影响深邃而久远。作为一位逻辑思想家,他在一生中进行了探索,并是一位起了铺路作用的逻辑学奠基者。但是,柏拉图只是讨论了部分逻辑形式、原则与方法,并且只是在需要的时候才零敲碎打地说明它的原则,而并未试图去把这些原则、方法彼此联系起来,结合成一个系统。

古希腊逻辑的真正集成、总结、奠基的系统化的人物是被马克思称为"古代最伟大的思想家"的亚里士多德。亚氏是第一个像教授一样著书立说的人。他的论述较有系统,他的讨论也分门别类。亚里士多德创建的逻辑学是一门关于正确的思维形式和思维规律的学问,一般称为"形式逻辑",它的核心内容是关于推理的学说[①]。

亚里士多德的逻辑涉及的范围很广,包括关于一般语词(范畴)的论述,有关谓词的论述,关于命题的论述,关于直言三段论的论述,关于模态三段论的论述,此外还有关于谬误的论述,关于证明的论述,关于矛盾律、排中律等逻辑规律的论述,以及关于关系推理、关于归纳法的论述,等等[②]。

亚里士多德去世后,他的逻辑学说由德奥弗拉斯特和欧德漠斯等漫步学派学者继承并作了补充。正是漫步学派开始使用"逻辑"(λογικη)这一术语,在阿佛罗狄西亚的亚历山大时期才流行开来,并基本上具有了今天这样的含义。

2.2 亚里士多德以后逻辑发展的主要线索

亚里士多德以后,逻辑学渐次从哲学中脱离出来,成为一门独立的学问,并在不同的时期得到深入的研究,这里简单提供一个线索。参见图1-2。

从莱布尼茨开始,逻辑开始向数理逻辑发展。到今天,数理逻辑、形式逻辑、符号逻辑成了同一个术语,它们都是指现代逻辑。

数理逻辑的产生是在逻辑中应用数学方法,主要是代数方法的结果。莱布尼茨的目的是设计一个演算,它能使所有的推理的错误都只成为计算的错误,这样当争论发生的时候,两个哲学家就像两个计算家一样,用不着辩论,只要把笔拿在手里计算一下就可以了。沿着这个思路,数理逻辑经由布尔的逻辑代数、德摩根的关系逻辑、皮亚诺的人工语言、弗雷格的谓词演算,一直到罗素、怀特海的三卷本巨著《数学原理》问世,现代逻辑形式化系统便基本完成了。

[①] 亚里士多德本人没有使用"逻辑"一词指谓他建立的这门关于推理的思维科学,而是用了"分析学"一词(注:亚里士多德在《形而上学》1005b2中批评一些人未曾研究逻辑公理就企图讨论真理及相关词项,表明他们"缺乏分析学的学养")。公元前3世纪斯多亚派创始人芝诺说"逻辑"包括辩术术和修辞学;公元前1世纪罗马的西塞罗最早用"逻辑"一词表述推理学说;公元2世纪注释家阿佛罗狄西亚的亚历山大注释《论题篇》(74·29),最早在学科意义上使用"逻辑"一词,指出"逻辑学在哲学中占有一种工具的地位"。见格思里(W. K. C. Guthrie)《希腊哲学史》第6卷,剑桥大学出版社1981年版,第135—136页。

[②] 参见邵强进:《亚里士多德逻辑学的创建》,载黄颂杰、章雪富:《古希腊哲学》,人民出版社,2009年版,第221—248页。

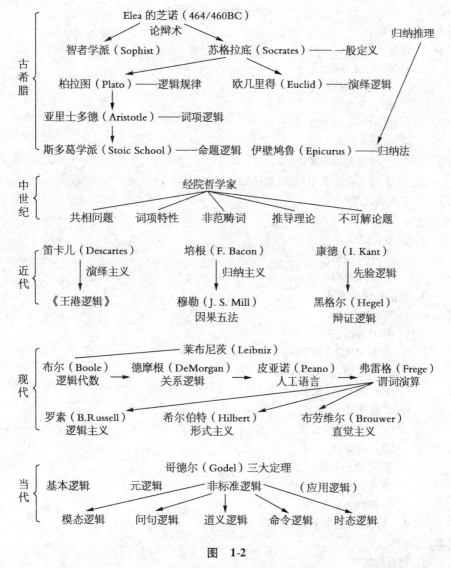

图 1-2

此后在 20 世纪三四十年代，数理逻辑在开关线路、自动化系统、计算机科学和技术等方面得到了广泛的应用。目前现代逻辑正向哲学逻辑、应用逻辑（伦理逻辑、法律逻辑、命令逻辑、条件逻辑、模态逻辑等自然语言中的逻辑）发展。总之，只要有人在思维，只要人类还在使用语言交流，逻辑就存在，它就会发展。逻辑学在现代的各发展分支可参见图 1-3。

N. Rescher——逻辑图①

A. 基本逻辑
  1. 传统逻辑
     a. 亚里士多德逻辑
        ① 性质命题理论
        ② 直接推理
        ③ 三段论的逻辑
     b. 其他的发展
        ① 中世纪推导理论
        ② 唯心论逻辑中"思维规律"的讨论
  2. 正统现代逻辑
     a. 命题逻辑
     b. 量化逻辑
        ① 谓词逻辑
        ② 关系逻辑
  3. 非正统现代逻辑
     a. 模态逻辑
        ① 真势模态
        ② 物理模态(见 D1b)
        ③ 规范模态(见 E1b)
        ④ 认知模态(见 E3b)
     b. 多值逻辑
     c. 蕴涵的非标准系统
        ① 严格蕴涵
        ② 直觉主义命题逻辑
        ③ 推衍与相干逻辑
        ④ 联结蕴涵
     d. 量化的非标准系统(见 B2c, E2a)
B. 元逻辑
  1. 逻辑句法学
  2. 逻辑语义学
     a. 基本语义学(指称、外延/内涵、真、可满足性、有效性、完全性)
     b. 模型论
     c. 特殊论题
        ① 定义理论

---

① Nicholas Rescher, *Topics in Philosophical Logic*, D. Reidel Publishing Company, Dordrecht-Holland, 1968, pp. 6-9.

② 词项(抽象)理论
③ 摹状词理论
④ 同一性理论
⑤ 存在理论(存在物与非存在物)(见 A3d,E2a)
⑥ 信息逻辑与信息过程(见 E3d)
3. 逻辑语用学
   a. 逻辑语言学与自然语言的逻辑理论(见 B4)
   b. 修辞的分析〔亚里士多德的"论题";佩雷尔曼(Chaim Perelman)的"新修辞学"〕
   c. "语境蕴涵"(在 Grice 的意义上)
   d. 非形式(或实质)谬误理论
   e. 逻辑的非正统应用
4. 逻辑语言学(见 B3a)
   a. 结构理论(词态学)
   b. 意义理论
   c. 有效性理论

C. 数学方面的发展
1. 算术
   a. 算法
   b. 可计算性理论
   c. 计算机程序
2. 代数
   a. 布尔代数
   b. 格子理论的逻辑
3. 函项理论
   a. 回归函项
   b. 兰姆达(Lambda)转换
   c. 结合逻辑
4. 证明论(公理化、甘岑化理论)
5. 概率逻辑(见 E4b)
〔6. 集合论〕
〔7. 数学基础〕

D. 科学方面的发展
1. 物理学的应用
   a. 量子论逻辑
   b. "物理的"或"因果的"模态的理论(见 A3a)
2. 生物学的应用
   a. 伍德杰式(Woodger-style)的发展
   b. 控制论逻辑

3. 社会科学的应用
① 规范逻辑（见 E1b）
② 价值逻辑
③ 法律应用
E. 哲学方面的发展
1. 伦理学的应用
a. 行动逻辑
b. 规范逻辑（见 D3a）
c. 优选与选择逻辑（效用、成本、博弈论与决策论中的逻辑问题）
2. 形而上学的应用
a. 存在逻辑（见 B2c，A3d）
b. 时序逻辑（时态逻辑、变化逻辑、过程逻辑）
c. 部分/整体的逻辑（总分论（mereology）、个体的演算）
d. 列斯涅夫斯基（Lesniewski）的"本体论"
e. 结构主义逻辑（逻辑还原论，结构主义）
f. 本体论（在唯名论与唯实论争论的意义上）
3. 认识论的应用
a. 问题逻辑（与回答逻辑）
b. 认知逻辑（信念、断定、知识、相干、"关于"以及其他意向性概念）
c. 假设逻辑（假言推理，反事实句）
d. 信息逻辑与信息过程（见 B2c）
e. 归纳逻辑（见 E4）
4. 归纳逻辑（见 E3e）
a. 证据逻辑与证实、接受（接受规则）
b. 概率逻辑（见 C5）

图 1-3

2.3 逻辑与其他科学

通过对上述逻辑发展的历史考察，我们发现逻辑与其他许多学问有着密切的联系。

2.3.1 逻辑与哲学

逻辑孕育于哲学之中，而后又独立于哲学，并成为哲学不可或缺的工具。在现代西方英美分析哲学占了很大市场，而且分析哲学的基本方法在于语言的逻辑分析，不懂现代逻辑就根本不懂分析哲学，目前更有许多人在研究逻辑哲学、哲学逻辑,并做出了许多成果。

2.3.2 逻辑与数学

逻辑与数学的关系在亚里士多德之前就有表现,许多数学方法直接就是逻辑方法。现代逻辑产生后,许多人在进行把数学化归于逻辑的工作,致力于数学与逻辑的联姻,虽然后来因为悖论问题碰瘸了腿,但数学与逻辑的密切关系仍然存在。

2.3.3 逻辑与语言学

逻辑理性思维的一个最重要的特征就是使用语言。研究逻辑首先就得研究语言。我们经常说的汉语、英语等各民族语言都是日常语言,或者说是自然语言;而逻辑学家们则为现代逻辑研究创立了一套人工符号语言,也就是人工语言。它以精确、无歧义为准则。创立人工语言是逻辑形式化、系统化的必要前提。

逻辑和语法相类似。语法研究各类词的用法及其组成形式,不问具体每个词的意思,而逻辑只问形式不问内容。斯大林曾说,语法的特点在于它得出词的变化的规则,但这不是指具体的词,而是指没有任何具体性的一般的词,它得出造句的规则,但这不是指某些具体的句子,例如具体的主语、具体的谓语等,而是指任何的句子,不管某个句子的具体形式如何。

语言学的进一步研究,比如语义学、语用学、语形学(语法结构),无一不对逻辑研究产生重大影响。例如,乔姆斯基转换生成语法使语言逻辑和语法进一步得到沟通,从而建立了自然语言逻辑。

2.3.4 逻辑与自然科学

这里的自然科学是指物理学、生物学、化学等学问,逻辑研究是直接与科学方法论的发展联系在一起的,一门科学若不能成为一个理论系统,也就是若它缺乏逻辑的严格性,它很难成为一门真正的科学,而更易为人们所驳倒,有人曾给自然科学下定义:科学=逻辑理性+经验事实。爱因斯坦还从更广泛的意义上指出:西方科学技术发展是以两个伟大的成就为基础的,那就是:希腊哲学家发明形式逻辑体系(在欧几里得几何学中),以及(在文艺复兴时期)发现通过系统的实验可能找出因果关系[1]。

---

[1] 爱因斯坦:《西方科学的基础和中国古代的文明——1953年给J·E·斯威策的信》,参见《爱因斯坦文集》第1卷,商务印书馆1994年版,第574页。

3. 学习逻辑的作用

逻辑在西方向来很受尊崇,1974 年联合国教科文组织列出的相对于技术科学的七大基础科学中,逻辑排在第二位,即数学、逻辑学、天文学和天体物理学、地球科学和空间科学、物理学、化学、生命科学。而 1977 年版的大英百科全书,把逻辑列为知识五大分科之首:逻辑、数学、科学(自然、社会、技术)、历史学、人类学(主要指语言文字、哲学等等)。在美国大学里,逻辑学是每个专业的必修课,文、理、工、医各科专业都必修,并且任何专业的研究生都要考这门课程的有关知识,并将它作为一项重要的考核指标[1]。

3.1 逻辑与真理

形式逻辑是由已知到未知的认识方法,是一门求真的科学,能给人们追求探索新知识提供必要的逻辑工具。

让我们先来看一个简单的游戏。今有甲、乙、丙三人,他们具有相同的推理能力。令他们三人按前后的顺序坐在椅子上,另一个人丁拿了三项白帽子和两项红帽子,给甲、乙、丙三人看过后,为他们三人头上各戴一项帽子,余下的帽子是什么颜色的都不让他们知道。甲、乙、丙也不知道自己头上戴的帽子是什么颜色,但坐在后面的人可以看见前面的人头上戴的帽子是什么颜色,前边的人则不能回头看后面的人戴的帽子是什么颜色。

丁先问坐在最后面的丙:你知道你头上戴的帽子是什么颜色吗?回答:不知道。问乙也说不知道。最后问甲,甲说他知道是白色的。甲没看见自己头上及乙、丙的帽子的颜色,但是他通过乙、丙的回答可以推理得出。即:

若甲、乙为红帽子,则丙知道自己头上为白帽子,因为只有两项红帽子,丙说不知道,则甲、乙两人戴的不都是红帽子,也即,甲、乙头上至多只有一项是红色的,或者说至少有一项是白色的。这样,如果甲头上的帽子是红色的,那么,有相当推理能力的人就能推出自己头上的帽子颜色是白色的。乙回答不知道,则知道乙所看见的甲头上戴的帽子不是红帽子,所以甲肯定自己头上的帽子是白色的。

还有,就这个游戏来说,不论丙和乙的回答是知道还是不知道,甲总能根据丙

---

[1] 如哈佛大学早就规定,大学生入学后都要学习"七艺",即文化、逻辑、修辞、几何、天文、数学、音乐、语文、人文、社会和自然。

和乙的回答知道,或者说推断出自己头上的帽子的颜色。而当甲头上戴的是红帽子时,不论丙怎样回答,乙总能知道自己头上帽子的颜色。

从这个简单的游戏就能看出人们经过推理能够从已知获得未知。其他如数学及各种科学,包括社会科学、哲学都有应用逻辑推理从已知推出未知的例子。列宁曾说过,任何科学都是应用逻辑,这也是逻辑成为基础科学的缘由。

3.2 逻辑与思想表达

形式逻辑是论证思想和表达思想的必要工具,遵守逻辑规律的要求是正确地进行思维的必要条件。

学习逻辑,能够大大提高逻辑思维能力,使人的思维精确化、严格化、理性化,提高我们的思维效率。计算机叫电脑就是因为模拟人脑中的逻辑思维,在速度、记忆容量上取得了优越性,而且最初的电脑专家很多都是逻辑学家。

学习逻辑能帮助人们应用适当的逻辑形式,以使理性清晰,拥有健全的自省能力,合乎逻辑地表述和论述思想,达到概念明确、判断恰当、推理有逻辑性,使人们说话、写文章中心明确、条理清楚、结构严密、有说服力,达到有效地思想交流和辩论。毛泽东就曾指出,写文章要讲逻辑,就要注意整篇文章、整篇讲话的结构,开头、中间、尾巴要有一种关系,要有一种内在的联系,不要互相冲突。

学习逻辑有助于我们分析各种思想、理论,乃至各门科学的理论结构,使我们更容易学习领会并掌握这些知识。许多人虽然没有专门学过形式逻辑,但是却能很好地进行推理和证明,正如许多人没有学过语法学,说话很合乎语法一样,这是因为逻辑规律与语法规则相类似,有很大的自发性,但仅仅依靠这种自发性是不够的。自发性只能处理比较简单的问题,当遇到比较复杂的问题时,就很难处理;或者很容易违反逻辑规律的要求,这样的思维容易产生错误。比如,有人提出如下推理:

所有的人都是能制造劳动工具的生物。

猿猴不是人;

所以猿猴不能制造工具。

包含在这个推理中的每一个命题都是真的,但整个推理却不能成立,缺乏逻辑训练,就不容易看出这个推理的错误。我们可以把上述推理按其形式换一个内容,比如:

所有的马都能跑;

狗不是马;

所以,狗不能跑。

这样,其错误就很明显,掌握了形式逻辑以后,就不必找这种例子而直接从形式构成上分析其他类似的例子的错误,就会明白上述推理的形式错误所在①。

3.3 逻辑与谬误

形式逻辑是分析谬误、揭露诡辩的重要武器。

人们在说话、论证时,有时不自觉地会犯一些错误,这在所难免。有了形式逻辑就可以对它做出分析指正。例如,古希腊有个著名的说谎者悖论,它的构成是这样的:

希腊有一个岛,叫"克里特岛",岛上有一个叫爱匹曼尼德的人说:"所有克里特岛人都是说谎者。"如果爱匹曼尼德说的是真的,那么说"所有克里特岛人都是说谎者"是真的,爱匹曼尼德自己也是克里特岛人,那么他在说谎,所以爱匹曼尼德说的是假的。如果爱匹曼尼德说的是假的,那么说"所有克里特岛人都是说谎者"是假的,那么克里特岛人没有说谎,既然没有说谎,爱匹曼尼德说的就是真的。这在苏格拉底的"我在说谎"中表现得更为突出,读者可对此试作思考。

类似地,罗素于1918年提出理发师悖论。其内容是:塞维利亚村里有个理发师,他宣称,他给也只给那些不给自己刮脸的人刮脸。现在的问题是,这位理发师是否给自己刮脸?如果他不给自己刮脸,则他属于那些自己不给自己刮脸的人,因而就应给自己刮脸;如果他给自己刮脸,那么他不属于自己不给自己刮脸的人,这样他就不应给自己刮脸。

如果不具备一定的逻辑分析能力,对此类悖论就会感到十分困惑②。

学习形式逻辑,能够帮助我们体认思想陷阱,避免踏入思维混乱、不确定的误区。但如果在思维过程中,故意违反形式逻辑规律的要求,做出一些似是而非的论证,这就是诡辩。前面我们说过的一些智者就曾有大量诡辩的例子。

有位智者叫欧底姆斯,曾问一位来求教的青年:"你学习的是已经知道的东西,还是不知道的东西?"青年回答说:"学习的是不知道的东西。"欧底姆斯又问:"你认识字母吗?"答曰:"我认识。"

欧氏:"所有的字母都认识吗?"

青年:"是的。"

欧氏:"教师教你的时候,不正是教你认识字母吗?"

青年:"是的。"

欧氏:"如果你认识字母,那么,他教你的不就是你已经知道的东西吗?"

---

① 参见本书第六章3.3.3中的分析。
② 参见本书第三章1.1.1、2.2.3、2.2.4中的相关分析。

青年:"是的。"

欧氏:"或者你并不在学,只是那些不识字母的人在学吧?"

青年:"不,我也在学。"

欧氏:"那么,如果你认识字母,就是学你已经知道的东西了。"

青年:"是的。"

欧氏:"那么你最初的回答就不对了。"

这个青年被智者弄得昏头昏脑。但学过逻辑,我们马上就可以指出智者的诡辩在于偷换概念。因为"学"是一个歧义概念,它既可指"理解知识的运用",也可指"获得知识"。教师教你认识字母时,是获得知识;认识字母后再学,则学的是对字母认识后的应用。

此外,"教师教你的时候"这个复合词所表示的时间概念,既可以指谈话时的"过去",也可以是谈话时的"现在",甚至"未来",而当欧底姆斯向这位青年提问"教师教你的时候,不正是教你认识字母吗?",其中"教你的时候"指的是"过去"或表示"过去"这一时间概念,而当他向青年提问时说:"如果你认识字母,那么,他教你的不就是你已经知道的东西吗?"这时,其中"教你的时候"(在文中省略)指的则是"现在"或"未来",即表示的是"现在"和"未来"的时间概念,但这位青年没有觉察到这一点,因此被弄得昏头昏脑了。

本章思考与练习:

1. 谈谈你过去对逻辑的认识。
2. 试举例比较形象思维、灵感思维和逻辑思维的异同。
3. 试举例说明思维方式的地域、民族或文化差异。
4. 试分析逻辑学在思维科学体系中的地位。
5. 试结合本专业谈谈学习逻辑的作用。
6. 试分析一两个你在日常生活中遇到的逻辑问题。
7. 一个老师为了试一下 A、B 两个学生哪一个更聪明,把他们带到一个伸手不见五指的黑房子里,老师打开灯说:"这张桌子上有五顶帽子,两顶是红色的,三顶是黑色的。现在,我把灯关掉,并把帽子的顺序搞乱,然后,我们三人每人摸一顶戴在头上。当我把灯打开时,请你们尽快说出自己头上戴的是什么颜色的帽子。"然后老师把灯关掉了,三个人都摸了一顶帽子戴在头上;同时,老师把另外两顶藏起来了。电灯打开后,那两个看到老师头上戴着是顶红色的帽子,过了一会儿,A 喊到"我戴的是黑帽子",请问 A 是如何推理的?
8. 在太平洋的一个小岛上生活着土著人,他们不愿意被外人打扰。一天,一位探险家到了岛上,被土著人捉住,土著人的头领告诉他,"你临死前可以有个机会留下一句话,如果这句话是真的,你将被烧死;如果是假的,你将被五马分尸。"可怜的探险家说什么才能活下来?

9. 村子里有 50 个人。每个人都有一条狗,在这 50 条狗中有病狗(这种病不传染),于是人们要找出病狗。每个人可以观察其他 49 条狗,以判断它们是否生病,但只有自己的狗不能看,观察后得到结果不能交流,也不能通知病狗的主人,主人一旦推算出自己的狗有病时,就必须在一天内将其枪毙,而且只有权利枪毙自己的狗,没有权利打死其他人的狗。第一天大家全看完了,但枪没响,第二天枪也没响,第三天才传来枪响。问:村里共有几条病狗?如何推算出来的?

10. 《吕氏春秋·审应览第六·淫词》:空雄之遇,秦、赵相与约。约曰:"自今以来,秦之所欲为,赵助之;赵之所欲为,秦助之。"居无几何,秦兴兵攻魏,赵欲救之。秦王不悦,使人让赵王曰:"约曰:'秦之所欲为,赵助之;赵之所欲为,秦助之。'今秦王欲攻魏,而赵因欲救之,此非约也。"赵王以告平原君,平原君以告公孙龙。公孙龙曰:"亦可以发使而让秦王曰:赵欲救之,今秦王独不助赵,此非约也。"

试从逻辑应用的角度对此故事进行分析。

第二章

概　念

概念是思维的"细胞",是组成判断的基本要素,是理解命题和推理的基础。本章我们考察概念的逻辑性质,以及明确概念的基本方法,包括定义、划分、限制和概括等等。

1. 概念的概述

1.1　语词与概念

逻辑是语言的逻辑,语言是一种特殊的指号系统,要了解语言的性质,我们必须先了解指号的性质。

1.1.1　指号

一个事物 a 是另一个事物 b 的指号,当且仅当事物 a 表示事物 b。一个人脸上出现某种红斑,就表示他患麻疹;公路边的路标牌上的"ㄅ",就表示前面有弯路。"脸上的红斑"这些声音或笔画和"弯路"这些声音或笔画,就分别表示不同的客观存在的事物,即"脸上的红斑"和"弯路"。

事物 a 表示事物 b,或事物 a 是事物 b 的指号,并不仅仅涉及事物 a 和事物 b 之间的关系,只有当一个解释者给予事物 a 一个解释,事物 a 才能表示事物 b,a 才能是事物 b 的指号。

对于一个毫无医学知识的人,脸上的某种红斑就不是麻疹的指号;对于一个毫无交通规则知识的人,路标牌上的"ㄅ"就不是前面有弯路的指号。对于一个不懂汉语的人,"脸上的红斑"和"弯路"就不是指号,而只是一些声音或笔画。

因此,一个事物 a 成为事物 b 的指号,必须有一个解释者对事物 a 做出解释,因此,事物 a 表示事物 b,或 a 是 b 的指号,就不仅仅是 a 和 b 这两个项之间的关系,而且至少是 a、b 和解释者及其解释这三项之间的关系。

美国哲学家 C. S. Peirce 根据指号的性质(和存在)是被指号所表示的对象的性质(和存在)这两者之间的关系,把指号分为图像指号(icon)、指引指号(index)和符号(symbol)。

图像指号和它所表示的对象在性质上有某种相似性,如路标"┑"为图像指号,但当它出现(存在)时,被表示对象不一定出现(存在)指号。

指引指号和它所表示的对象并无性质上的相似性,但它的出现(存在)却和它所表示的对象的出现(存在)有客观上的必然联系。一个人脸上的某种红斑是他患麻疹的指引指号,某山上有烟是此山有火的指引指号,室内温度表的水银柱上升是室内温度上升的指引指号。

1.1.2 符号

符号是这样的指号,它和它所表示的对象既没有性质上的相似性,也没有客观上的必然性。"脸上的红斑",这些声音或笔画就是一些符号。"烟"、"弯路"这些声音或笔画也是符号。人们手臂上戴的黑纱是表示哀伤事情的符号,黑纱和哀伤事情之间没有性质上的相似性,也没有客观上的必然联系。

注意:一个事物是哪种指号,决定于这个事物解释者对这个事物采取什么解释。同一个事物,由于对它采取的解释不同和它所表示的对象不同,就可以是不同种类的指号。

1.1.3 语言系统

人类的语言是一个复杂的符号系统。它由基本符号、语形规则和语义规则三个部分或因素组成。一种语言的基本符号,也就是这种语言的语词,如人、跑步、刀子,等等;语形规则是关于词组组合的规则,它规定什么样的语词组合是合式的(或合乎语法的),如人跑步,什么样的语词组合是不合式的,如步跑人;语义规则,就是对这个语言系统中的语词、合式的词组和合式的语句的解释。这种解释规定了这个合式的词组表示什么对象,一个合式的语句的解释,规定了这个合式的句子表示什么事态(或事物情况)。

同时,这种解释也就形成了这个语词、词组及语句的意义。一个语言形式(即通常说的语言表达式)的意义就是,根据语形、语义和语用规则和交际语境,语言的使用者应用这个语言形式所表达和传达的思想感情。

根据语法,一般语词有两类:实词和虚词。实词指谓事物或对象,包括一个对象,一类对象,对象的属性,或对象属性的属性。"孔子"这个语词指谓一个特定的对象,"人"这个语词指谓一类对象,"红色"指谓一个属性。一个语词之所以能指谓对象,是由语言的使用者对这个语词有一个解释,这个解释规定了这个语词表达某个概念,而这个概念描述了这个语词所指谓的对象的属性。

从最广泛的意义上说,赋予一个语词以意义,一般是被反映对象的某种属性,就形成了这个语词所表达的概念。

概念属于语言使用者的思想方面,它和语词和该语词指谓的对象有所区别。比如说:"人"这个语词,将它解释成"有理性、能制造劳动工具的动物"。赋予它意义就形成人这个概念,而人这个概念就反映了对象,一个个具体的人(张三、李四)所共同具有的属性。所以,概念和语词,既相统一又相区别。语词是概念表达的语言形式,是我们发明用来装载内心意义的舟车。概念是语词的思想内容。这里必须看到,概念和语词并非一一对应。

首先,同一个概念可用不同的语词来表达。比如说孔乙己偷书挨打被人奚落嘲笑,于是他说:"窃书不能算偷,窃书!……读书人的事,能算偷吗?"窃和偷两个语词实在表达的是同一个概念,孔乙己再狡辩也没有用。

其次,同一个概念在不同的语言系统中用不同的语词来表示。比如说汉语中的"我",英文是"I",德文为"Ich"。正因为它们表达同样的概念,所以才能使不同语种之间的翻译、思想交流成为可能。

再次,同一个语词,在不同的语境中可表达不同的概念。古时候,郑国人把未经雕琢的玉称为璞,周人把未腊干的老鼠也叫璞,郑人怀璞问周人买不买,周人说买,拿出来一看却是老鼠,只得谢绝,交易当然做不成。

在汉语中,有叔叔、伯伯、舅舅等不同的称呼,可算有不同的概念,但在英文里通通用"uncle",这也表明中国人的人情味及封建宗法观念的强烈。在汉语中,还有"妈妈、母亲、娘"等各地不同的称呼,它们都带有不同的感情色彩,但在形式逻辑看来,它们表达的是同一个概念。

再比如,商店里挂出"意大利真皮沙发"的牌子,它就可以有不同的解释。首先是完全从意大利原装进口的沙发;其次还可以解释为意大利款式的沙发,在中国制造的;还可以理解为,用意大利的真皮在中国制造的沙发。有的顾客买了还以为真是进口货,有的厂家坑害顾客,把真皮甚至理解为究竟是真猪皮、真羊皮、真牛皮也不得而知了。

再如,有的商品标价牌上厂家只注明"合资",有的以为是中外合资,可偏偏它只是国内两个小厂合资的,时下这种情况非常多。我们要注意分析,以免一时被迷惑。

最后,并不是所有语词都表达概念,一般只有实词才表达概念,虚词一般不表达概念,但有时,虚词和实词结合也可以表达概念,比如烧饭的、当家的等等。

1.2 概念的内涵和外延

有一张四条腿的桌子,如果缺损一条腿,我们可能称它为跛脚的桌子。如果缺损了两条、三条……若四条腿都没有了,我们还能称它为桌子吗,为什么?

1.2.1 对象的属性

一个概念描述这个语词所指谓的对象的属性。属性有性质和关系两大类。性质指对象的形状、颜色、重量等规定性,如红的、轻的、方的;关系指对象之间所处的一定的联系,如大于、小于、在……之间。

属性首先可区分为偶有、固有两种。

偶有属性指某一类中的有些对象所具有,而不为该类对象都具有的属性。例如,人作为一类事物,除了共同的固有属性之外,还有许多偶有属性存在。诸如不同的肤色、毛发、语言、风俗习惯等。这些不同的属性只是存在于人类的某些对象中,白色皮肤存于白种人,黑皮肤存于黑色人种,金发和蓝眼大都存于白色人种。

固有属性则是一类中所有的对象都具有的属性。如"人类"的属性,有眼睛、耳朵、毛发、双足直立、有感情、有语言、有理性、能制造和使用工具等等。其中又可分为两种:一种是一般属性,它为该类对象所固有,也可为别的对象所共有的属性,如有眼睛、有毛发等属性,不是人类所专有,许多动物都具有;另一类属性只为人类所具有,如有语言、有理性等等。特有属性我们还可以区分为本质属性和派生属性,如人的本质属性是有语言、有理性、能制造劳动工具,它的派生属性,相对于本质属性来说,可以是能够推理、能够进行生产劳动等等。

目前,逻辑学界对概念反映的是对象的固有属性、特有属性,还是本质属性,尚有争议。笔者认为选特有属性为好。特有属性并非属于科学概念,而归之于日常概念,实际上,逻辑所研究的概念并非仅仅是科学概念,更非仅仅是自然科学概念,它们只是对客观事物的本质属性的反映。此前,我们使用的大都是"对象"这个词,而不是"事物"。

由此,我们也将承认"上帝"是概念,承认"孙悟空"、"玉皇大帝"也是概念。思维对象不仅包括客观事物,还包括思维本身的产物,也就是说,思维自身有反思功能,存在着对思维的思维。

1.2.2 内涵与外延

概念的内涵是概念所反映的对象的特有属性。

概念的外延就是具有概念所反映的特有属性的对象等所组成的类。如"商品"这个概念,它的内涵就是为交换而生产的劳动产品,它的外延就是古今中外的所有商品。

逻辑史上关于概念的内涵和外延的提出,以及对它的解释,始自17世纪欧洲有影响的课本《波尔—罗亚尔逻辑》,即《王港逻辑》,该书写道:"在普通观念(即概念)中有两个东西要加以区别——内涵与外延。包含在一个观念之中,并且一旦失去即不再成为这一观念的那些属性,我们称之为一个观念的内涵。例如,三角形这一观念的内涵包括大小、形状、三条直线、三个角、三内角之和等于两直角等等。""一个观念所适用的那些对象,我们称之为一个观念的外延,它们也叫做一个普通项的较低的类。而这个普通项对于它们来说的称作较高的类,例如,三角形这一观念,一般说来,包括所有不同的三角形。"①

客观事物由于彼此相同或相异而形成许多类,每一事物都分别属于一定的类。在逻辑学中,把同一类的对象叫做"类",把同属一类的每个对象叫做分子,把一个"一类"中包含的小类叫做"子类"。类可以由几个或多个分子组成,也可以由一个分子组成,甚至可以不包括任何具体的分子。

例如,"地球上的洲"这个类是由亚洲、欧洲、非洲、北美洲、南美洲、大洋洲、南极洲七个分子组成;"桌子"这个类是由许许多多的分子组成;"地球的自然卫星"是由月球这个唯一分子组成的;而"圆的四方形"则无法找到属于它的分子,分子为零,这种分子为零的类叫做"空类"。外延为零并非没有外延。在数学上,零虽然表示没有,但零还是数。

内涵是概念的质的方面,通常说的概念的含义、意义就是概念的内涵。它说明概念所反映的对象是什么样的。外延是概念的量的方面,通常说的概念的适用范围就是指概念的外延,它说明概念反映的是哪些对象。

概念的内涵和外延是两个密切联系、互相依赖的因素。每一科学概念在一定时期、一定条件下既有其确定的内涵,也有其确定的外延。科学思维要求概念之间互相区别,界限分明,既不容混淆,更不容偷换。唯有这样,概念才能作为思维的细胞形成人类知识的纽结,才能借助概念把同一类对象统一起来,使不同对象区分开来,建构起科学的系统的概念体系。

概念是确定性与灵活性的统一。人们的认识是发展的,科学也是发展的。一定时期一定条件下概念是确定的,这是其确定性;但概念也会随事物发展变化而相应变化发展,这是概念的灵活性。爱因斯坦对于科学发展的理解就是一个不断否定和修正旧概念、创立新概念的过程。他的方法论就叫做科学发现的概念逻辑。只有否定了牛顿的绝对时空观念,才能在光速不变原理基础上创立相对论,

---

① Antoine Arnauld and Pierre Nicole, *Logic or the Art of Thinking*, Cambridge University Press, 1996, pp. 36-37.

实现20世纪初物理学上的伟大革命。

很久以前，人们就根据现象的各种多样性而把所有的存在物(物质存在、思想存在等)基本上分为三大类：对象，特性和关系(对象、这些对象的特性，对象之间、特性之间以及对象与特性之间的关系，即联系)。世界上各种语言的结构，特别是语法中词类的划分，证实了上述这种划分方法的客观性质。对象主要由名词(或名词性词组)表示，特性用形容词、助词和形动词表示，关系则是用语言中的其余各种词类(包括动词在内，因为动词表现人的动作，而人的动作就是人和物的关系，以及人和人的关系)来表示，这样的特性始终表现在关系中。

还应注意，自然语言中的词义和思维中的概念内涵有一定区别。由于科学概念的存在，科学家对他们所从事的专业的科学概念的理解肯定要比常人深刻得多。词义只能包括其中的常识部分，不可能是它的全部。从这个角度讲，词义窄于概念。但是，每个词都具有其基本含义之外，还带有感情色彩、风格色彩、修辞色彩等。语言逻辑中称它为副语气成分，从这个角度上看，词义宽于概念。但是，一般形式逻辑并不研究这些副语气成分。

2. 概念的类型

概念按其具体内容可分为许多种类，如"哲学概念"、"历史学概念"、"语言学概念"、"经济学概念"，这些都不是逻辑学研究的内容。逻辑学只是在其他科学提供的具体知识的基础上，根据概念内涵与外延的一般特征，把概念分成若干种类，这有助于我们理解概念的内涵和外延，也有助于我们准确使用概念。

2.1 普遍概念、单独概念、空概念

按照概念外延类的分子的数量，可以把概念分为普遍概念、单独概念、空概念。

普遍概念，是指反映某一类对象的概念。它的外延不是由一个单独的分子构成，而是由两个以上乃至许多分子组成的类，如矛盾、国家、革命、偶数、城市等。从语言角度来看，这些都是语词中的普通名词，它们一般都表达普遍概念。

单独概念，是指反映某一个对象的概念，它的外延仅指一个单独的对象，比如，我们现实世界中的上海、北京等某个地方，鲁迅、邓小平等某个人，"十月革命"、"七七事变"等某一个历史事件等等。

以上从语言角度来看,语词中的专有名词都表达单独概念。另外,语词中的某些词(一般指摹状词)也表达单独概念。如"世界上最大的沙漠"、"我国第一座长江大桥"、"大于2小于4的正整数",这些词所表达的概念都只是一个单独的对象,因而都是单独概念。

空概念是指外延为空类的概念,以及在现实世界中不存在的任何具体分子。我们看过马,心中有了马的概念,可以造字来装载它(因而"马"这个语词指谓马),而我们从未见过龙,内心也可以构成龙的概念(即"龙"),因此我们创造"龙"这个字来装载"龙",可是"龙"这个字并没有指谓着任何存在的事物。

因此,如果我们说"龙"指谓龙,这与下一个语句"马"指谓马,极为不同。当我们说横刀跃马,我们言之有物,可当我们说龙飞凤舞,我们言之无物,因为并没有龙和凤这样的东西存在①。我们可以说像"龙"这样的语词是一种空洞语词,空洞但并非没有意义,它也表达一个概念。

我们再看"方的圆"、"未婚的寡妇"等,不只是空洞语词,还可以说是绝对空词,因为它所指谓的对象不但没有存在,而且不可能存在,因为它本身的意义内涵在逻辑上相互矛盾,相对于这种绝对空词,我们可以把上帝、永动机、金山叫做相对空词,它们都只存在于我们的思维之中,我们承认它们是逻辑可能的。

空概念以及含有空概念的语句,用途极广,小说虚构、神话传说、理想实验中都有,对于人类文明的助益极大,因为我们心中的概念,常常是引导我们发明与发掘的指针,它也常常是我们试图实现理想的蓝图。

2.2 集合概念与非集合概念

根据概念所反映的对象是否为集合体,可以把概念分为集合概念与非集合概念。

在思维过程中,存在三种不同的关系:一是类和分子的关系,如中国人和鲁迅;二是事物的整体和部分的关系,如教室和黑板、身体和手;三是集合体与个体的关系,如《列宁全集》和《全集》第十卷、申花队和申花队教练及申花队队员。事物的类是由若干词类的分子组成的,事物的整体是由若干不同的组成部分构成的,事物的集合体是由若干个同类的个体有机组成的统一体。

集合体和类的区别在于,组成类的各个部分分子都必然有类的属性。鲁迅作为中国人,具有在中国出生、中国国籍等属性。而组成集合体的个体却都不具有集合体的属性。比如说,申花队战胜国安队,10号球员进了一个球,但我们不能说

---

① 参见何秀煌:《思想方法导论》,台湾三民书局1987年版,第115—117页,本书中不少其他例子也选自该教材。

是10号球员一人战胜了国安队,申花队还是作为一个集合体,是由许多其他队员、教练等众多个体有机组合出现。

集合体和整体的区别在于,集合体是由同类的个体组成的,而整体是由不同的部分组成的。身体作为一个整体,它由四肢、头颅、躯干等部分组成;教室作为整体,由墙体、门窗、地面、桌子、黑板、讲台等组成。

一个概念是否为集合概念就是看它在思维中是否以集合体为反映对象。如果是,则为集合概念;如果否,则为非集合概念。这样我们必须从思维语境中考察一个语词。同一个语词在不同的语境中,有的表达集合概念,有的表达非集合概念。

中国人是黄种人,其中中国人表示非集合概念。由鲁迅是中国人,可以得出鲁迅是黄种人。"中国人是勤劳勇敢的"中"中国人"是集合概念,但并非每一个张三、李四作为中国人都是勤劳勇敢的。说"我是中国人,中国人是勤劳勇敢的",并不能得出"我是勤劳勇敢的",在这里,我们说"中国人"这个语词表达了不同的概念。

达尔文提出进化论,认为"人类是由类人猿进化来的"。于是,有位大主教勃甫司为维护上帝造人的权威,就问进化论的捍卫者赫胥黎:"请问,究竟是你的祖父,还是你的祖母,和无尾猿有亲属关系?"赫胥黎首先指出,一个人没有任何理由为他祖先是无尾猿而感到羞耻,然后严正指出研究科学问题时宗教偏见的罪恶。从逻辑上,我们说,"人类是由类人猿进化来的",该句子中的"人类"一词,反映的是集合体概念,并非是某一个具体的人——他的祖父或他的祖母——是由猴子变来的,那位大主教完全是没有逻辑常识的诡辩。

2.3 相对概念与绝对概念

对象的特有属性,可以是某种新问题,也可以是某种关系。例如,男人的特有的属性就是生理方面的某种性质,父亲的特有属性就是他与其他人在血缘方面或法律方面的某种关系。

相对概念就是反映具有某种关系的对象的概念,如兄、原因、大、重。绝对概念就是反映具有某种性质的对象概念,如人、孙中山、人民公社。相对概念涉及某种关系,而关系总是自己相对于另一个或另一些对象,因此,一个相对概念总是相对于另一个概念而言的。例如,"兄"这个概念是相对于"弟"或"妹"而言;"原因"是相对于"结果"而言的;"大"、"重"这些概念也是相对一定的事物而言。

在应用相对概念时,应特别注意它的相对性,我们说这是一只大老鼠,这里"大"是一个相对概念,这是相对于其他老鼠而言;我们说这是一只小象,这里的

"小"是相对概念,它是相对于其他大象而言,忽略这里"大"、"小"的相对性,有时就会导致不正确的判断。

2.4 正概念和负概念

根据概念所反映的对象是具有某种属性还是不具有某种属性,概念可以分为正概念和负概念。

在思维中,反映对象具有某种属性的概念,就叫正概念(或叫肯定概念),如正义战争、马克思主义、勇敢等都是正概念。在思维中反映对象不具有某种属性的概念就叫做负概念(或叫否定概念),如非正义战争、非马克思主义、不勇敢的都是负概念。

从语言角度来看,表达负概念的语词往往带有"无"、"负"、"非"等字样,但反过来,许多带有"无"、"负"、"非"等字样的语词表达的并不都是负概念。例如,无产阶级、不丹、非难等,这要看是否把"无"、"不"、"非"等语词当作否定词来使用。

要明确负概念的内涵和外延,必须了解和掌握它所处的论域,因为负概念总是相对于一个特定范围而言的。这种特定的范围,在逻辑学中称为论域。例如,通常情况下"非正义战争"这个负概念是相对于战争而言,而"非正义战争"就是表示一切不具有正义性质的战争。一般来说,某个负概念所对应的正概念的最邻近的属就是负概念外延类的范围,亦即负概念的论域,上述非正义战争和正义战争的论域即是战争。

以上我们从各个不同的角度,把概念作了四次分类,其目的是要明确概念的各种特性。一个概念不仅是属于某种划分中的一个种类,而是可以分别属于几种不同划分中的一个种类。例如,"中国人是黄种人"一句中的"中国人"既是普遍概念,也是非集合概念、绝对概念和正概念。

3. 概念间的关系

形式逻辑所考虑的概念间的关系指的是概念外延间的关系,一般简称概念间的关系。这是因为外延是对象性的东西,具有一定的可共有性,形式逻辑才显示出它形式的一方面。有时人们把亚里士多德所创立的形式逻辑也称外延逻辑,或说类逻辑。

任何两个概念或两个类 a、b 之间,可能有五种关系,即全同关系、真包含于关系、真包含关系、交叉关系、全异关系。18世纪瑞士数学家欧拉提出用圆圈图形代表概念外延间的关系。用一个圆圈A表示概念A的外延;用一个圆圈B表示概念B的外延,一般称之为欧拉图。

3.1 全同关系

全同关系就是S的外延和P的外延重合。其欧拉图见图2-1。

图 2-1

S、P两个概念外延间合二为一。所有属于S类的分子都属于P类,并且所有属于P类的分子也都属于S。如等边三角形与等角三角形,《史记》的作者与司马迁。

此外,一些表示某个事态的抽象词,在逻辑上也认为在外延上全同。如上一节中提到的"窃"与"偷"实在只是同义词,它们在外延上是全同的。还有"死"这一概念在语言学中有许多委婉用词,即修辞中的婉曲,如逝世、作古、归西、仙游、圆寂、长眠、坐化、牺牲、献身、光荣等等,这些代用语在一般的外延逻辑理论上都称为全同关系的概念。

适当采用全同关系的概念说明同一个对象,首先可以揭示对象丰富的内涵,多侧面地反映对象,使其具有立体感。同时也使语言表达更加灵活,富于感情色彩。比如在篮球比赛中上篮成功、勾篮得手、远投中的、又添两分等,都是进球得分的意思。

3.2 真包含关系与真包含于关系

如果一个概念的外延圆圈全部被另一个圆圈包住,它们之间就有真包含于关系或真包含关系,统称属种关系。如图2-2所示。

图 2-2

两个概念的真包含或真包含于关系是相对应的;如果S类对于P类有真包含于关系,那么P类对于S类则有真包含关系;如果P类对于S类有真包含关系,那么S类对于P类则有真包含于关系。

真包含于关系,比如,复旦大学和普通高校、奇数和整数;反过来,真包含关系就是普通高校和复旦大学、整数和奇数之间的关系。这里我们看出,关系是有次序的,先后次序一变,关系也就会改变。关系概念本身也是如此,甲是乙的父亲,就不能说乙是甲的父亲。对此,我们以后还要分析①。

具有真包含于关系和真包含关系的概念在外延上是相容的,有时表达思想时并列两者并不恰当,不可随意而为。比如,田野里,水稻、庄稼长势喜人。公园里,游人、儿童熙熙攘攘。这样不加限定或强调其一地并列两者,人们不禁会问,水稻是不是庄稼,公园里的儿童算不算游人。有个笑话,据说,大科学家牛顿养了两只猫,一只大猫、一只小猫。牛顿为了方便大猫、小猫在门内、门外进出,于是在门上开了两个猫洞。一个为大猫进出,一个为小猫进出,这个为小猫开的洞是否有必要呢?

3.3 交叉关系

从图形上看,具有交叉关系的概念,如图 2-3 所示。

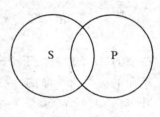

图 2-3

它们的欧拉图就是两个互相交叉的圆。S 类、P 类共有一部分分子,且有属于 S 类的不属于 P 类,有属于 P 类的不属于 S 类。比如,"青年"和"女学生"两个概念外延间就具有交叉关系,有女青年学生,也有男青年不属于女学生类,也有小学生不属于青年类。同样,如果说 P 交叉于 S,那么 S 也交叉于 P,它们是相互对称的。

和上述属种关系的概念一样,交叉关系的概念也不能随意并列,但在有些语言习惯下,为了点面顾及的表达法,也可以并列使用。比如:

女排夺冠极大地激发了广大运动员和全国人民振兴中华的热情。

积极培养青年、妇女干部和少数民族干部(这里是为了突出三者都应积极培养)。

3.4 全异关系

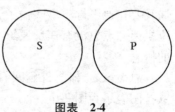

图表 2-4

S 类和 P 类有全异关系,S 类的外延圈和 P 类的外延圈全部分离,没有一点重合的部分。如图 2-4 所示。也即所有属于 S 类的分子都不属于 P 类,反之亦然。S 类和 P 类完全排斥,不是生就是死,没有什么半死不活、不生不死,这些都是语言表达上的修辞手法。在逻辑看来,半死不活,不生不死,还是生还是

---

① 参见本书第三章 3.2.2。

活。但是，我们不能说不是好就是坏，也可以不好不坏；不能说不是快就是慢，也可以不慢不快。

于是，我们发现全异关系的概念还可以细分为两种。一种是矛盾关系，比如说生与死、男学生与女学生。我们看出，具有矛盾关系的概念的外延相加刚好等于其论域。而是否矛盾关系也是相对于特定论域而言，生与死只是相对于有生命的事物而言，石头一般就无所谓生与死，刚出生的婴儿也无所谓男学生与女学生。如图 2-5 所示。

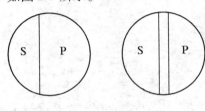

图 2-5

还有另一种全异关系的概念进一步具有反对关系。也就是好与坏之间还有不好不坏，快与慢之间还有不快不慢，正整数、负整数之间还有一个零。它们两者的外延之和小于其相关论域。如图 2-5 所示。

鲁迅《小杂感》就在革命者与反革命者之间还区分出不革命者。于是，革命的被杀于反革命的，反革命被杀于革命的，不革命的或当作革命的被杀于反革命的，或当作反革命的被杀于革命的，或并不当作什么而被杀于革命的和反革命的，最后鲁迅呼吁革命、革革命、革革革命……这些不革命者就是骑墙派，或说对革命无动于衷者，这也就是在当时历史情境下三种对待革命的态度。

输和赢是属于反对关系还是矛盾关系要看一定的场合。比如，排球、网球、乒乓球、羽毛球等，不是输就是赢，没什么不输不赢的平局。但是，足球、篮球、象棋等比赛则可以出现平局、和局的现象。只是到了决赛阶段，或者通过加时赛、加赛，直至分出高下。

有一个棋迷棋艺不高，但对输赢和三者的逻辑关系还是比较明白，与人对弈，结果三盘皆负。于是有人问结果，他说，第一局我不曾赢，第二局他不曾输，第三局我要和他不肯。事实输了，但心里不服，于是在输赢和上还要补回来。但是，这位棋迷一点也没有违反逻辑，因为这里"输"、"赢"、"和"三者两两都是反对关系的概念。

总而言之，概念外延间有全同、真包含于、真包含、交叉、全异五种关系，可用欧拉图表示为图 2-6。

这也穷尽了两个圆位置关系五种可能的类型。概念外延间关系是我们以后分析判断、推理时的重要工具，在以后许多章节中都有应用。

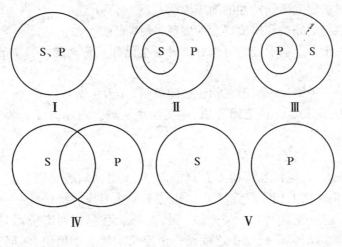

图 2-6

4. 明确概念的方法

明确概念的方法主要是从概念本身的两个基本特征入手。一是从内涵方面对概念的内涵加以规定;二是从外延方面对其适用范围作出规定。

概念明确是每个人进行正确思维的首要条件,因为概念是思维的"细胞",是构成逻辑思维的最小单位。如果概念不明确,那么由概念构成的判断也就不会恰当,而由判断构成的推理和论证也就不能保证它的正确性和逻辑性。

例如,过去有人把"计划供应"等同于"凭票供应",这作为一个概念问题值得进一步说明。我国曾经有一段时期,商业工作者把配给供应和计划供应混为一谈相当普遍。因而在不需要实行凭证供应,或不需要那么多票证的时候,过多地印发了那么多票证。过去我们有布票、粮票、油票、盐票等等,随着有中国特色的社会主义市场经济的进一步发展,这些早已废除,并直接为人民币所取代。这告诉我们在各种思维过程中要注意明确概念。

4.1 定义法

关于"定义",逻辑史上曾有过不同的定义。R·罗宾逊(Richard Robinson)在其《定义》一书列举了 13 种关于什么是定义的观点,例如:

定义是对事物本质的陈述。(亚里士多德)

定义是对被定义事物特性的简短说明。(西塞罗)

定义是事物的完整和原始概念的展现。(康德)

定义是关于一个新引进的符号意指另一个已知其意义的符号串的说明。(怀特海和罗素)

定义是同一种语言中词语互相转换的规则。(卡尔纳普)

我们认为:定义是一种逻辑方法,定义法是从概念内涵方面着手分析明确概念的方法。

我们先看一个例子:

一位猎人上山打猎,看到树上有只松鼠,松鼠也面对着他看。猎人在树下走了一圈,松鼠也在树上相应跟着绕了一圈。问:猎人有没有绕松鼠走一圈?

正确的反应首先是问"绕……走一圈"是什么意思?列宁说,如果要进行论争,就要确切地阐明各个概念。这就是一个定义问题。如果说有,那么一位猎人环绕着松鼠走了一条封闭曲线。如果说没有,我只看到松鼠的面部,没有看见它其余各个部位。

将手中的一张小纸片轻轻地抛向空中,任其落地,这纸片落到地上时有没有声音?如果声音指一种客观实在,即指物理学上纸片和空气摩擦所形成的振动声波,那么,有。如果声音指主体感受,即指某些刺激造成的某种生理上的感觉,那么,没有。

由此我们说,定义是揭示概念内涵的逻辑方法。例如:

价值是凝结在商品中一般无差别的人类劳动。

法人是指依法成立并能以自己的名义独立参与民事活动、享有民事权利和承担民事义务的社会组织。

在逻辑上,定义有它自身的逻辑结构,一般分为三部分:被定义项、定义项、定义联项。

被定义项就是需要明确其内涵的概念本身,如上述例句中的"价值"、"法人"。

定义项是用以揭示被定义项内涵的概念,如上述例中的"凝结在商品中的无差别的人类劳动"、"依法成立并能以自己的名义独立参与民事活动、享有民事权利和承担民事义务的社会组织"。

定义联项就是连接被定义项和定义项的语词,一般是"就是"、"是"。

按照通俗的理解,定义就是给出一个表达式的意义,这比较有概括性,很实用,避免了许多争议。

4.1.1 定义的类型

定义一般分为两大类,一类是语法定义,另一类是语义定义。

Ⅰ 语法定义①

隐定义:在定义项中隐含了被定义项本身,主要出现于数学、逻辑学等纯粹符号系统中。

公理定义:通过公理系统的使用来自然地明确被定义项的语法作用。如"蕴涵"这个概念,用符号表示就是"→",p 蕴涵 q,符号形式为 p→q,我们可以通过有关的一系列运算而明白蕴涵概念的含义。我们曾说过 p→q,加上 p,就可得到 q,就是一例。

递归定义:这应当说是数学归纳法的应用。先给出被定义项规定出适合于自然数列的首项,即 0 时的值,然后再给被定义项规定出适合于任意项的后继项时的值。如加法"+"的递归定义如下:

(1) 0 + m = m;

即,任何一个数 m 加上零等于它本身;

(2) n`+ m = (n + m) + 1;

对于任意项 n 的后继项 n`,即,n + 1,我们将得到如下序列:

(3) 0 + m = m

   1 + m = (0 + m) + 1

   2 + m = [(0 + m) + 1] + 1

   3 + m = {[(0 + m) + 1] + 1} + 1

   ⋮

以此类推,再大的数字相加,都可以用这个式子不断相加而实现。

显定义:把几个已知的基本概念组合起来和置换被定义项。例如 0 = y,当且仅当,对于每一个 x,x + y = x,其中的"当且仅当"意思就是,如果 0 = y,那么对于每一个 x,x + y = x。如果对于每一个 x,x + y = x,那么 0 = y。

Ⅱ 语义定义

传统逻辑研究的主要是语义定义。语义定义分内涵定义和外延定义两种。后者就是稍后要讲的划分。

内涵定义,顾名思义,就是从内涵方面来规定概念特征的逻辑方法。它分为两种:属加种差定义和语词定义。

A. 属加种差定义

列宁说,下定义是什么意思呢? 这首先就是把某一个概念放到另一个更广泛的概念里,一个种概念,一个属概念,种概念不同于属概念的部分就形成种差。比如,人作为种概念相应于动物这一属概念,其种差是"能思维、劳动,并能制造生产

---

① 参见朱志凯主编:《逻辑与思维方法》,人民出版社 1995 年版,第 294—295 页。

工具"。

用公式表示,即:被定义项＝属＋种差

使用属加种差定义的方法,首先要找出被定义概念最邻近的类(属)概念,其次区分出种差。

亚里士多德曾说,定义是表示事物本质的短语,还说过一类事物的本质属性就是该事物的属加种差。对于种差我们可以分析为如下四种。

a. 种差可以是事物的属性,比如,天文学是研究天体结构和演化的科学。属性可以是一个简单的属性,也可以是几个属性组合而成的复杂属性。如,民族是历史上形成的,一个有共同语言、共同地域、共同经济文化,以及表现于共同文化上的共同心理素质的稳定的人的共同体。

b. 种差也可以是概念形成、发生的方法,即发生定义。如,圆就是由一线段的一端点在平面上的一端不动点运动而形成的曲线。

发生定义中我们还可区分出另一种种差,也即对象或事物发生的原因,即因果定义。

如:痢疾是由于杆状菌或阿米巴菌在肠内寄生而产生的疾病。

c. 除了性质,种差还可以是该对象与另一对象的关系。如:偶数就是能被2整除的数。

属加种差定义是以类概念间的属种关系为基础而形成的,但如果存在一个最大的类,它就没有任何一个类是它的属,它也不是任何一个类似的种,因而一个最大的类无所谓种差或没有种差,对它也不可能用属加种差的方法定义。

哲学上的范畴,如存在、物质、精神等都是最普遍的概念,在哲学研究领域表示最大的类,也就不能用属加种差定义。虽然它们无所谓有种差,但我们还是可以找出他们这一类对象的共同属性,以此为定义项做出定义,这就是具体科学的研究内容。

另外,我们说话、写作时,下一个属加种差定义,并非一定要把属与种差都说出来或写出来,为了简洁,有时属常被省略,如:哲学是关于自然科学和社会科学的总结与概括。如在最后还加上的科学、知识之类的语词,就未免有些画蛇添足了。

B. 语词定义

语词定义是规定和说明语词意义的逻辑方法。

说明的语词定义要求指出被定义语词的同义词,它的根据就在于一义多词,同一个概念可以用不同的语词来表达。对于一个词,我们很可能知道它的同义词所表达的概念,而不知这个词表达什么,那么指出它的同义词也就使我们明白了这个词所表达的概念。当别人不知道康拜因(combine)的意思时,我们说,就是联合收割机。物理学中的第一宇宙速度指的就是每秒7.9公里的速度。

中国逻辑史上《墨子》还提出一个通意后对的原则：

《经上》："通意后对,说在不知其谁谓也。"《经说下》："问者曰：'子智（知）骈乎'？应之曰：'骈,何谓也？'彼曰：'骈,施。'则智（知）之。若不问'骈何谓',径应以'弗智（知）',则过。且应必应问之时,若应长,应有深浅大小,不中,在长人之长。"

就是说,在进行思想交流时,语词定义可以帮助明确对方所使用的概念的内容。骈,施也,对于一个说明的语词定义,知道"施"（一种农具）也就能明白"骈"的含义所指。

规定的语词定义就是一个有歧义的词或词组在一个特定的语境中,规定一个确切意义或创立一个新语词或符号。在科学研究、学术讨论中,为了避免歧义,这种方法常用。如,"青年人"、"成年人"意义含混模糊,而在我国法律上则明确规定,成年人就是年满十八岁的人。

实际上,一切定义本身都是一种规定,只不过规定的语词定义主要从防止歧义、表达方便而言。

规定的语词定义可以起到一种压缩简化作用。比如论及概念间的关系时,规定如果S类、P类共有一部分分子,且有属于S类的不属于P类,有属于P类的不属于S类,那么就可以以S类与P类有交叉关系代替上面那句长话。数学中,这种情形很常见。

4.1.2 定义规则

怎样做出一个正确和恰当的定义,怎样的定义才是正确的和恰当的,这都涉及我们关于定义对象的具体知识,而这些是由各种具体科学所提供的。形式逻辑只是给出在已有的具体知识的基础上,要作出一个正确恰当的定义所必须遵守的一些规则。

下面我们要介绍的四条规则,主要适用于属加种差定义,对于有些规定的语词定义也适用。

A. 定义必须相应相称

也就是定义项的外延与被定义项的外延必须全同。违反这条规则,或者是定义过宽,定义项的外延真包含被定义项的外延；或者是定义过窄,就是定义项的外延真包含于被定义项的外延。

定义过宽,如：

"经济法是国家的法律"这一定义,就包括了其他的法律。

"正方形就是四边相等的四边形"这一定义,就包括了菱形。

"人是无羽两足动物"这一定义,就包括了某些鸡。

平时小打小闹赌博不能算作犯赌博罪,只能批评教育。而《刑法》168条指出,犯赌博罪者,指以营利为目的、聚众赌博、以赌博为业者。

定义过窄,如:

"商品是商店里出售的产品"这一定义,就没有发现商品从生产出来,到被用于消费,存在一系列环节过程。

过去定义死亡时认为,一旦呼吸系统、循环系统停止,就宣布死亡,这就没有考虑这时人的大脑可能还在工作,这是生命科学中的伦理问题。后来,经过美国一个总统委员会中法学、伦理学等各方面的有关专家专门审议后认为,如果整个大脑(包括大脑中枢的一切功能)不可逆转地停止,医生即可凭经验宣布病人死亡。

B. 定义项一般不能直接或间接地包含被定义项

直接包含定义项,就犯了"同语反复"的错误。如:

贪污分子就是贪污了国家和集体资财的分子。

神话学是关于神话的学科。

又如,中国人一向重情面,但什么是情面,明末皇帝崇祯问周道登,周道登对曰:"情面者,面情之谓也。"左右暗笑,崇祯自然也不知他在说些什么。

梁启超在《学问的趣味》中,说到怎样才算趣味,说凡是一件事做下去不会生出和趣味相反的结果,这件事便可以为趣味的主体。这样说来,人们对趣味还是不甚了解。

定义项间接地包含着被定义项就是循环定义。如:

奇数是比偶数少1的数,偶数是比奇数多1的数。

原因是引起结果的事件,结果是原因引起的事件。

普通的一般定义不堪忍受彻底的追究,它一般要停止于一些已为人所知并已为人理解的明晰概念,若再追究,则再下定义,结果不外乎有两种:一是作无限的推演,再就是用循环转轮的方法作为避难所。

20世纪二、三十年代美洲心理学会对心理学下的定义是:心理学是研究心理现象的科学,心理现象是有关意识的现象,意识是心理生活的特性,心理生活指心理现象的生灭变化。这一定义转了一个弯,仍旧回到原来的出发点。

事实上,要严格做到不循环似乎不可能,问题在于应尽可能地把循环的圈子尽量绕得大一些,再不就干脆规定一些不加解释的基本概念,它们自身不被解释,而只是用以解释其他的概念,这就是公理化系统的基本思想[①]。

C. 定义项不能包含含糊不清的概念

[①] 参见本书第六章3.4.3。

定义是为了明确概念而服务的,如果在定义项中包含了含糊不清的概念,也就不成其为定义。

定义中歧义、含混、模糊的语词都会导致概念的含混不清。同时,概念定义也不允许隐喻式的表达。如:

共产党像太阳。

宗教是麻醉人民的精神鸦片。

爱情是美妙飘逸的音乐。

记忆是意识中的腊板。

这些形象生动的比喻不能作为定义,而只是作为理解某一概念的辅助手段。

D. 定义项一般不包含负概念

定义必须揭示概念的内涵,内涵是指概念所反映的对象拥有的属性。若定义应用负概念指出对象不具有某些属性,便常常达不到明确概念的目的。

比如,经济基础就是非上层建筑;商品就是不供生产者本人消费的产品。这些都不能算是正确的、恰当的定义。

定义中包含负概念,不是绝对不允许,而且在有些情况下还是有必要的。如果某些事物缺乏某种属性,并且这种缺乏本来就是它的特有属性,那么,关于这种事物的定义,就必须用负概念。例如,无机物就是不含碳的化合物。不正确的思维就是没有如实反映客观对象的思维。

有些肯定概念的定义可以是否定的。如:平行线是在同一平面把两条直线无限延长而不相交的线。生荒地就是没有开垦的荒地。

否定概念的定义一般可以是否定的。如:非军事区是不驻扎任何武装部队的区域。

有些否定概念的定义可以是肯定的。如:非亚洲青年是亚洲区域以外的青年。非正常职业就是兼职。

4.1.3 定义的作用

定义是揭示概念内涵的逻辑方法,在人们的思维中,它具有重要的作用。

首先,它能使思想更清晰地得到表达,说得形象一些就是它能增加词汇量。在现代逻辑中,它能引入新的符号,从而通过缩写达到简化表达式的目的。

其次,定义是巩固人们认识成果的重要方式,人们采取定义的形式总结概括对一类事物的有关认识。

再次,定义有助于人们掌握知识。明确各部门学科的基本概念需要定义性的认识。

最后,定义同时具有检验概念是否明确的作用,如果不能给所讨论的概念下一个明确恰当的定义,这概念本身就难以明确。我们在说话、写文章时,要注意自觉运用下定义这种明确概念的方法。

4.2 划分

定义揭示概念的内涵,而划分则是一种明确概念外延的逻辑方法。划分有时也叫做外延定义。

对于一个单独概念和部分普遍概念,若其外延类的分子仅是一个或少数、有穷可数,我们可以用一一列举的办法来明晰外延。它有指示法和枚举法两种形式。

指示法。例如,当客机飞临上海上空时,某一乘客指着窗外对另一乘客说,"看,上海",即用指示法指出了"上海"这一词所反映的对象的外延。

枚举法,即列举被定义项的全部外延。例如,我们考察地球上的"洲"时指出,地球共有七大洲:亚洲、北美洲、南美洲、非洲、欧洲、大洋洲、南极洲。

但是,如果该普遍概念外延类的分子为数无穷或数目巨大,枚举法就不适用,于是我们就必须采用划分的方法,把一个概念所反映的对象按不同的属性分为若干小类,借以明确概念的外延。

比如,脊椎动物包含的个体对象为数十分巨大,我们不能一一列举,我们就把脊椎动物的外延分为哺乳纲、鱼纲、鸟纲、爬行纲、两栖纲五个小类,当我们把一个概念的外延分成几个小类时,这种概念的外延就比以前明确多了。

由于小类是大类的种,大类是小类的属,哺乳动物相对于脊椎动物,一个是种概念,一个是属概念,所以,划分也就可以称作是将一个属概念分为几个种概念的逻辑方法。

4.2.1 划分的要素

A. 划分三要素

划分有三个基本要素:划分母项、划分子项和划分标准。划分母项即被划分对象,如上例中的脊椎动物;划分子项即母项所包含的小类,如哺乳纲、鱼纲、鸟纲、爬行纲、两栖纲动物等;划分标准即划分时所依据的属性,上述例中即是这种脊椎动物的生殖方式、体温、心脏结构、身体表面状况等等。

划分标准基于实践需要可以不同。不同的归类标准体现了不同的使用价值。比如,对于植物的划分,植物学家和农业与药物学家就由于实践要求不同与研究方向不同,采取不同的属性作为划分标准。我们查字典,有的习惯于四角号码,有的习惯于拼音字母,或是部首笔画,上述每一种查字方法都是对汉字进行的一次复杂的划分或归类。

划分标准应从实际出发。例如，处理一批古旧书，若送到废纸收购站时，那是按纸的形式、大小规格归类论价；若送到古旧书店，则按质论价，以书的内容、版本为衡量标准，这与前者大有差异。

B. 划分与分解

划分与分解不同，我们在分析集合概念与非集合概念时，就涉及这方面的内容。

分解整体得到部分，部分不具有整体所具有的属性。一般说来，部分的总和不等于全体。如复旦大学分为各个系与单位，各自为政，互不联系，就算是通通搬进一幢大楼办公也不成其为复旦大学；只有一块黑板、一个讲台、几堵墙壁和几扇门窗、一批椅子，但若它们不以一种整体的方式和形成特定的整体组织结构，也不成其为教室。

划分大类得出的子类在外延上是相容的，具有真包含关系，属于子类的分子必然也属于大类。例如，若说某动物是白马，则他一定也可以说该动物是马。

C. 划分与分类

分类是根据对象的本质属性，将对象分为若干个类，每个类相对其他类又具有确定的地位。具体说来，分类的根据和一般划分的根据在要求上有不同，凡能够区别对象的一般属性的都可以做划分的依据，而分类的根据则要求是对象的本质属性，其属性越是本质性的，分类的价值越大。

划分的作用与分类的作用不同，划分是由人们日常实践的需要决定的，常常是为了某些理解操作上的方便；而分类则是人们关于某些对象知识的系统化，这种系统化固定在每门学科之中，在科学发展的相当长时期中都起作用。如门捷列夫对化学元素的分类，在科学史上就有重大价值。

总之，划分是分类的基础，分类是划分的特殊形式，任何分类都是划分，但不是所有的划分都是分类。科学研究中有一种自然划分法，就是分类，生物学中各种动物有门、纲、目、科、属、种，就是多层分类。分类只是一种方便的设计，它本身并不隐藏着什么不可动摇、不可改变的分析。瑞典的林耐因为首创科学的动物分类法而与牛顿一起被尊为近代科学之父。实际上，例如将生物区分为动物、植物，只是为了适应生物学研究的方便，但还有一些小生物介于动物、植物之间未被包括进去。

4.2.2 划分的类型

最常用的划分方法是一次划分和连续划分。一次划分就是，根据一定的需要对被划分的概念一次划分完毕，这种划分只有母项和子项两层。

如,三角形分为锐角三角形、直角三角形、钝角三角形。

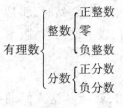

图 2-7

连续划分就是把被划分的概念划分为若干子项后,再将子项作为母项进行划分,连续进行直到满足一定的需要为止。

如,把有理数分为整数和分数,再把整数分为正整数、负整数和零;把分数分为正分数和负分数。这里划分就出现了三个层次,如图 2-7 所示。显然,连续划分的极限是单独概念。

我们必须分析一种特殊的方法:二分法。二分法是把母项分为具有正、负关系的两个子项,由一个属概念划分形成一个正概念、一个负概念,如,将化学元素分为金属元素和非金属元素,将战争分成正义战争和非正义战争。

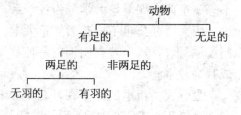

图 2-8

西方逻辑史上苏格拉底曾用连续多次二分法形成定义,叫分类法的定义。比如,"人是无羽两足动物"这一定义的形式就是二分法,见图 2-8 所示。把上面左列的划分子项和母项结合起来,就是人的定义。

柏拉图《智者篇》还举了一个复杂一些的钓鱼人的定义。交谈中,甲方就某个问题提出两种可能的答案,让乙方承认正确的那种,再就正确的那种划分出两种可能,让乙方承认正确的,依次下去,最后将所有正确的那一面依序组合起来,就是钓鱼人的完整的定义:使用一种带强制性的技术,想获取东西,并通过在白天用钩子袭击和捕获在水里游动的活物的技人①。

4.2.3 划分的规则

对概念进行划分,除了明白其类型、方法,还必须遵守一定的规则。

A. 划分必须相应相称

这一规则要求子项必须穷尽母项,即划分所得到的各个子项外延之和必须等于母项的外延,不能多,也不能少。

如果子项外延之和小于母项的外延,那么必定有一些属于母项的子项被遗漏,出现"划分不全"的逻辑错误。比如,将经济信息划分为宏观经济信息、微观经济信息,在同一层次上就遗漏了部门经济信息。我们行政机构的设置就存在对个

---

① 参见宋文坚:《西方形式逻辑史》,中国社会科学出版社 1991 年版,第 23 页。

人工作的职能划分,如果划分不全,那么就有些工作没有人做,有些事没有人管,办事推诿拖拉,助长官僚主义作风。

如果划分所得的子项外延之和大于母项外延,就会犯"多出子项"的错误。比如,将汉语代词划分为"人称代词、疑问代词、指示代词、不定代词",就把不属于母项外延的对象概念当作子项了。当然,有些时候,划分子项太多,不必一一列举,那也应当加上"等等"、"……"、"之类"等等,以保证划分完全。

再如,设 A 可以分为 A1、A2、A3 是一个正确的划分,且 A 与 B 全异,则 A 可以分为 A1、A2、B3。作为划分,其错误既是"划分不全",又是"多出子项"。我们不宜说 A1、A2、B3 的外延之和大于 A 的外延,因为它们无法直接比较。

B. 每次划分标准必须同一

在每一次划分中,标准只能有一个,不能时而采取这个标准,时而采取另一标准,这样划分结果就会混乱不清,我们称之为"混淆根据"或"标准不同一"的错误。

伊索寓言中,鸟兽开大会,分班站列,蝙蝠到禽类阵营中因为有四只脚而被拒绝,跑到兽类阵营中因为有翅膀而遭到排斥。在常识看来,物以类聚,人以群分,实则禽兽不懂得逻辑划分,归类采取了不同的标准,同时也是错误的标准。实际上,在生物学中蝙蝠属于哺乳动物,当属兽类。

C. 划分子项必须不相容

划分所得的各个子项外延间的关系应为全异关系,违反这一规则就会犯"子项相容"的逻辑错误。

子项相容往往是由于在同一划分中采取不同的标准造成的。过去国家工商管理某公司曾将广告分为出口广告、来华广告、政府公告、经济广告、文化广告、社会广告。这里就出现了子项相同,或说划分标准不统一,因为其中各个子项外延间属于交叉关系。

这种划分在实践上也行不通。比如有个小孩分 8 个桃子,他决定为爸爸选两个最大的,给妈妈选两个最好的,给弟弟两个最红的,给自己挑两个最圆的,结果他怎么也分不好。还有一位领导布置劳动时说,男同志去推车,女同志去扫地,党员搬石头,非党员跟我来。这样的安排肯定很多人身兼两职而无所适从。

在行政机构设置职能划分中,也有这种情况,职能交叉,造成机构重叠,一个媳妇几个婆婆,办件事要盖一百个公章,同一项费用,这个部门来征,那个部门也收,苦的只是下面的被领导、被管理者。

严格遵守划分标准,在行政职能中就能明确分工、权力分配合理,可尽量减少管理层次、铸造最短的指挥链条,这样才能治理得成功,提高工作效率。

4.3 限制和概括

明确概念,我们可以用定义法、划分法。在逻辑上,要懂得恰当应用概念、准确使用概念,还必须掌握概念的限制和概括。

4.3.1 概念内涵和外延的反变关系

内涵和外延是概念的两个基本特征,它们相互联系、相互制约。具有属种关系的两个概念或一串概念序列,它们的内涵、外延具有反变关系。即,一个概念的外延越大,则它的内涵越小;一个概念外延越小,则它的内涵越多。反之,一个概念的内涵越小,则它的外延越大;一个概念的内涵越多,则它的外延越小。

战争→革命战争→中国革命战争

这三个概念具有从左到右依次出现"外延越小,内涵越多"的情况;从右到左,则是外延越大,内涵越小。

根据概念内涵、外延的反变关系,我们就能懂得如何缩小概念的外延,或者如何扩大概念的外延以及正确、恰当地使用概念、表达思想。前者称为概念的限制,后者叫做概念的概括。

当我们想缩小所讨论的问题的范围的时候,我们使用概念限制的方法。当我们想对事物加深认识的时候,我们也使用概念限制的方法。我们在火车上遇到一个人,跟他谈话,知道他是学生,再问知道他是大学生,再细问知道他是理工大学生。这样,就一步一步地加深了对他的认识。

4.3.2 概念的限制

概念限制就是通过增加概念的内涵而缩小概念的外延。概念限制有助于我们具体、准确地表达思想,恰如其分地反映客观事物、思维对象。如陈云指出,"我们国家进行的经济建设是社会主义的经济建设,经济的体制改革也是社会主义的经济体制改革,我们搞的是社会主义的四个现代化。"这里"社会主义"对经济建设、经济体制改革、四个现代化的限制就是恰如其分、准确的。

一方面,如果该限制的没有限制,那就是缺乏限制,会造成概念不明确。比如,一个外贸公司与某一厂家订购一批服装,货到打开一看,发现服装颜色全是"紫色",而不是外商所需要的青莲紫色,后来查合同发现外贸公司业务员在起草合同时漏掉了"青莲"两字,这一小小的缺乏限制使外贸公司蒙受了巨大的损失。

另一方面,从恰当性来说,限制有恰当、不恰当之分。如果不该限制的却又限制了,这就是不恰当的限制,也是一种多余的限制,等于是大热天戴帽子、画蛇添足。

多余的限制还包括重复限制。例如,他的第一篇处女作发表了。还有我们常常听到某某办事稳妥可靠、充分可靠,这在一定语言习惯上还可忍受,但说到某某对某事大概几乎感到毫无兴趣,就简直太过重复了。

不恰当的限制还有一种是自相矛盾的限制,如杜林提出来的"可以计算的无限序列"概念。再如:

我将乘 2 月 19 日夜间零点二十四分的快车到达上海。

北京晚报曾报道天外来客西乌陨石时,有那么一句:"由于陨石是唯一可供人类探索宇宙秘密的主要对象……"既然是"唯一",又怎么能是"主要",那么"次要"是什么呢?

不当限制的第三种是胡乱限制,比如"四人帮"横行时期,任何事物、对象都被戴上"革命"的帽子,革命同志、革命家庭、革命乘客、革命大楼、种革命田、读革命书、过革命年,革命成风,你稍不留意人家就采取革命行动,实行革命的打砸抢,全是胡扯,荒唐之极。

还有一篇报道讽刺那些所谓领导亲自到现场指挥的,如某工程进入攻坚阶段,连日来工程指挥部某某指挥亲自到第一线指挥,激发了大家的热情,民工亲自垒墙、泥工亲自和泥、木工亲自刨木头、司机亲自开车送料、炊事员亲自下伙房做饭,难道只允许领导办事"亲自",他们就不能"亲自"?

限制还有一种是歧义限制,它是否恰当要看一定的语言环境。电影《满意不满意》中,某单位请老劳模小杨的师傅去做报告,可后来司机接来的是游手好闲的小杨。问题在于"小杨师傅"是有歧义的,"小杨师傅"若是同位结构,就指小杨本人,若是偏正结构,就是小杨的师傅,这才是老劳模。

总之,概念如果限制不当,则不能具体地、准确地表达思想,会产生歧义,甚至产生一些不伦不类的空概念,如我们曾提到过的圆的方、未婚的寡妇等,对此我们应当有清醒的头脑。

4.3.3 概念的概括

与概念限制相对应的是概念的概括,就是根据内涵和外延的反变关系,通过减少概念内涵而扩大外延的逻辑方法。

如,正方形概括一次而成矩形,再概括一次到四边形,再概括一次为几何图形。

一定领域内,存在特定的最大的属概念,如几何学中的几何图形,哲学中的范畴,则不能再概括。

应用概括也能简略、恰当地表达思想。比如,一个人上街,某同学顺口问去干啥,答曰:去买本书,就没有必要再说去买什么书,具体哪一本,买多少之类。

在外交辞令上,由于自然语言的多义性,以及语境的差异,可以使概念保持不同程度的模糊,这其实也是一种概括。比如说,某某讨论是坦率的、谈判是有益的,这种外交辞令也不能说不准确。

不当概括也有两种,一是不能概括,一些风马牛不相及的概念,即使外延再大,也概括不了外延较小的种概念,鞋子不能当帽子戴,上衣不能当长裤穿。比如问,巴黎公社的性质如何,就不能回答说是农村人民公社。历史上这两个概念相差甚远,不能概括。

概括不当还有一种是越级概括。我们说5斤萝卜加3斤韭菜等于8斤蔬菜,这样的概括是可以的,但如果问商鞅是哪个朝代人?答曰古代人,这就不行。同样问康德是哪国人?答曰外国人,这也不行。

因此,概括一次最好应找到其种概念的最临近的属概念。

本章思考与练习:

1. 试举例说明指号、符号、语词与概念的异同。
2. 试结合交通红绿灯分析一个符号系统的构成。
3. 试分析专名和摹状词之间的关系。
4. 试选择三至五个本专业研究中的基本概念,分析其内涵和外延。
5. 试举例说明多义、歧义、含混的语词之间的差别。
6. 定义有没有真假?如果有真假,为什么?
7. 指出下列各句子中划有横线的概念的种类。

    (1) <u>中国人民</u>有志气自立于世界民族之林。

    (2) <u>无罪的人</u>不适用于刑事处分。

    (3) <u>杜甫</u>是一位诗人。

    (4) 复旦大学<u>图书馆</u>在国年路300号。

8. 试用欧拉图表示下列各组概念之间的关系。

    (1) A. 能被10整除的数 B. 能被15整除的数 C. 能被3整除的数

    (2) A. 红色   B. 蓝色   C. 黄色

    (3) A. 好人   B. 名人   C. 古代名人   D. 现代名人

    (4) A. 文盲   B. 中国人   C. 著名科学家   D. 青年科学家

    (5) A. 正数   B. 整数   C. 奇数

    (6) A. 概念   B. 判断   C. 推理

    (7) A. 中国白马 B. 美国黑马 C. 非白马   D. 非美国白马

9. 试分析下列语句中概念间外延的关系。

(1) 禁止破坏婚姻自由,禁止虐待<u>老人</u>、<u>妇女</u>和<u>儿童</u>。(宪法49条)

(2) 党重视培养和选拔<u>女干部</u>和<u>少数民族干部</u>。(党章34条)

10. 试举例分析"有些肯定概念的定义可以是否定的"和"有些否定概念的定义可以是肯定的"两种情况。

11. 试分析下列句中画线的概念是集合概念还是非集合概念。

    (1) 一个宽肩膀,一脸<u>横丝肉</u>的<u>警备队</u>,抓着雨来的脖领子,向上一提,雨来就不由地坐起来。

    (2) 比赛当中,北京市第二某某厂<u>拉拉队</u>和个别运动员不断哄骂裁判员,在距离下半场比赛结束还差25秒时,某某厂运动员不服裁判员裁决,追打裁判员,一些"观众"(某某厂<u>拉拉队</u>)也乘机冲进赛场,对裁判员进行围攻和谩骂。

    (3) 的确,语言单调、<u>词汇</u>贫乏在工作和学习中是会受憋的。语言、文字是人的交际工具,我们每个人无时无刻不在使用这些工具,<u>词汇</u>是"语言的建筑材料"。我们说的每一句话都是由许多词汇组成的。因此可以说,每个人头脑中都存在一个<u>词汇</u>的仓库。

    (4) 国庆前夕,园林部门在天安门广场上摆出了十万盆<u>花卉</u>,使首都北京显得更加美丽。

    (5)《<u>家常食谱</u>》共分十五类,包括三百余种家常菜和点心的作法。

12. 如何理解下述与概念定义有关的论断。

    (1) 柏杨《丑陋的中国人》:世界上有一种现象是人人都知道的事,如果把它加一个定义的话,这事的内容和形式都模糊了,反而不容易了解真相,这是一个画蛇添足的事情。

    (2) 理论上说,定义只是引进新符号而不是引进新概念。

    (3) 子游问孝。子曰:今之孝者,是谓能养,至于犬马,皆能有养,不敬,何以别乎?

    (4) 毛泽东指出,人民这个概念在不同的国家和各个国家在不同的历史时期有着不同的内容:在抗日战争时期,一切抗日的阶级、阶层和社会集团都属于人民的范围。日本帝国主义、汉奸、反动派都是人民的敌人。在解放战争时期,美帝国主义和它的走狗即官僚资产阶级、地主阶级与代表这些阶级的国民党反动派,都是人民的敌人。一切反对这些敌人的阶级、阶层和社会集团都属于人民的范围。在现阶段,在建设社会主义时期,一切赞成、拥护和参加社会主义建设事业的阶级、阶层和社会集团都属于人民的范围,一切反抗社会主义革命和敌视、破坏社会主义建设的社会势力和集团,都是人民的敌人。

13. 试指出下列定义的类型,并分析它们是否合乎定义规则。
    (1) 邓小平:什么叫领导,领导就是服务。领导者必须多干实事,那种只靠发指示、说空话过日子的坏作风一定要转变过来。
    (2) 法律是衡量某种行为犯罪的标准。
    (3) 三角形就是把不在一条直线上的三点,两两用线段连接起来的图形。
    (4) 杜林:生命是通过塑造出来的模式化而进行的新陈代谢。
    (5) 哀的美敦书就是最后通牒。
    (6) 乌托邦:乌,没有;托邦,地方;乌托邦就是没有的地方。
    (7) 信息是通向世界的桥梁。
    (8) 三三制指抗日战争时期,抗日民主政权的人员分配,中国共产党人、党外进步分子、中间派各三分之一。
    (9) 五保户指农村中无亲属供养,而获得社会保障的住户,五保指保吃、保穿、保烧、保教、保葬。享受五保者是缺乏劳动力,又属鳏、寡、孤、独,生活无依靠者。

14. 试分析下列各组概念间是否存在划分。
    (1) 15世纪的工人 16世纪的工人 17世纪的工人
    (2) 煤矿工人 纺织工人 钢铁工人 建筑工人
    (3) 鲁迅 少年时期的鲁迅

15. 试分析下列语句中概念的限制与概括。
    (1) 若有不合理的重复建设,是否有合理的重复建设?
    (2) 毛主席和其他党和国家领导人观看了演出。
    (3) 爱护人民的军队。
    (4) 七十六岁的康有为的女儿康璧这几天正忙着参加中国人民政治协商会议。
    (5) 1956年,北京故宫博物院展出了两千五百年前新出土的文物。
    (6) 《吕氏春秋·离俗》平阿子之余子亡戟得矛,却而去,不自快,谓之路人曰:亡戟得矛可乎? 路人曰:戟,兵也,矛,亦兵也,亡兵得兵,何为不可归? 叔无孙曰:矛非戟也,戟非矛也,亡戟得矛,岂无责也哉? 遂反战而死。
    (7) 《孔子家语》楚恭王出游,亡乌号之弓,左右请求之,王曰:止,楚人失弓,楚人得之,又何求之? 孔子闻之曰:惜乎其不大也。亦曰:人遗弓,人得之而矣,何必楚也?
    (8) 一顾客挑选白菜时把外面老一点的菜叶剥掉,售货员提醒说:同志,请注意别把菜叶碰掉了。一顾客没给钱就把菜拿走了,售货员叫住他:同志,您是不是忘记了付钱?

16. 试分析下列概念间是否存在限制与概括。
    (1) 喜爱读书 →业务挂帅 →资产阶级个人主义
    (2) 骄傲自满→故步自封 → 资产阶级世界观
    (3) 少先队做好事→乐于助人→ 高尚的品德→共产主义风格
    (4) 非战争→非正义战争→非现代正义战争
    (5) 工业→重工业→中国的重工业/非中国的重工业
    (6) 非重工业→中国的非重工业/非中国的非重工业

17. 试用"语义三角"理论模型分析以下陈述中带下画线的语词。
    (1) 《尹文子·大道》:宣王好射,悦人谓己能用强也,其实所用不过三石。以示左右,左右指试引之,中关而止,皆曰:"不下九石,非大王孰能用是。"然则宣王所用不过三石,而终身以为九石,三石实也,九石名也,宣王悦其名而丧其实。
    (2) 《尹文子·大道》:齐有黄公好谦,二女国色,常谦辞毁之,以为丑恶,年正而一国无聘者。卫有鳏夫,失时,冒娶之,果国色。后曰,黄公谦毁其子,妹必美,争礼之,亦国色也。丑恶,名也;国色,实也。
    (3) 一个孤僧独自归,关门闭户掩柴扉,半夜三更子时分,杜鹃谢豹子规啼。秀才学伯是生员,好睡贪鼾只爱眠,浅陋荒疏无学问,龙钟衰朽驻高年。
    (4) 爸爸:"有时候,一个愚蠢的人提出的问题,会使聪明的人回答不出来。小明你想一想,有没有遇到过这种情况。"儿子:"爸爸,您的这个问题我回答不出来。"
    (5) 儿童用品商店送给每位顾客的孩子一只气球。一个男孩想要两只,店员说:"非常抱歉,我们只给每个孩子一只气球,你家里还有弟弟吗?"男孩非常遗憾地说:"不,我没有弟弟,但是我姐姐有个弟弟,我想给他领一个。"
    (6) 法官正在审问被告约翰:"你结婚了吗?"约翰:"是的。"法官:"和谁?"约翰:"和一位女性。"法官:"你不要耍小聪明,每个人都知道是和女人结婚。"约翰:"可不能这样说,比如您母亲,她就得和一个男人结婚。"
    (7) 法国的《真理报》一天报道世界汽车大赛成绩揭晓:"世界汽车大赛,结果美国得到倒数第二名,法国得到世界第二名。"所以法国车得到亚军,美国得到从最后倒数第二名。你知道吗,那个比赛只不过是有两部车比赛,一部是美国车,一部是法国车。美国车胜了,法国车败了。

（8）Tom 的朋友 Jack 是一个吝啬鬼,有进无出,从不给人一点东西。某日,Tom 与 Jack 及几个朋友一起到河边散步,不料 Jack 失足滑入河中。朋友纷纷施救,某男喊:"把你的手给我,我拉你上来。"Jack 却一直挣扎着就是不肯伸手。Tom 遂走过来喊道:"拿着我的手,我拉你上来。"Jack 马上伸出了自己的手并顺利上岸。众人不解,Tom 说:"当你对他说'给'时,他无动于衷;如果你对他说'拿'时,他肯定来劲。"

（9）有一天,老师问:谁知道世界上有多少个国家啊？小毛说:我知道！老师说:那你说说都有哪些国家。小毛说:有两个国家,就是中国和外国！

（10）某饮料公司进口的椰浆原料,其包装上所印的"BEST BEFORE"字样,与国内习惯使用的"保质期"表述不同。该公司在上海某报刊登的一份"公告"中称,"BEST BEFORE"直译应为"在此日期前使用最佳",而政府卫生及质量技术监督部门却认定为"保质期限"。

（11）贼做一万件好事,也是贼！（电影《天下无贼》中的台词）是不是说,做一件好事,不能成为好人；做一件坏事,就成为一个坏人。

（12）"一亿元对你意味着什么？"一个人问上帝。"一分钱。"上帝回答。"那么一亿年对你又意味着什么呢？"这个人又问道。"一秒钟。"上帝答。"噢,上帝,请你给我一分钱吧！"这个人哀求上帝。"请等一秒钟吧。"上帝说。

第三章

命 题（上）

一定意义上，概念是命题的浓缩，单个的语词不能形成概念；同样，一种思想一定以命题形式得到表达。本章我们考察命题的基本性质，以及性质命题、关系命题和模态命题，在下一章考察联言命题、选言命题和假言命题等复合命题。

1. 命 题

1.1 什么是命题

人类的语言是一种特殊的符号系统，根据语言学家们的分析，它有许多特性，其中最重要的是语言的表谓性。这就是说，语言中的语词、词组和语句都指谓某种对象（事物或事态），这是语言的指谓性。和指谓性密切联系，语词、词组和语句都表达说话者的某种思想情感，这就是语言的表达性。

语言的指谓性和表达性，统称为语言的表谓性。语言必须具有表谓性，这直接源自语言是一个符号系统。形式逻辑主要是从指谓性这一角度研究语言所表达的思想。

虽然在特定的语境下，或者说特定的交际环境中，一个字词、一个字符，也能表达某个思想，如一个在沙漠中昏迷的步行者，或者一个负伤昏迷的病人，当他口中说"水、水"的时候，他所表达的实际上是"我渴了，快给我一些水喝"等语句形式的思想。但是，从语言作为符号系统的表谓性的角度来分析，话必须一句一句地说，而不能一个字一个字地说，一般说来，语句才表达一个完整的思想。同样，由概念组成了命题，思维活动才能继续进行。概念本身就是命题的浓缩，因为概念的定义就是一个语句、一个命题。

思考一下，先有命题还是先有概念，这是不是一个先有鸡还是先有蛋的问题？

1.1.1 命题

所谓命题,就是反映对象情况的思维形式。对象在这里指作为思维主体的人所思考的一切对象:客观存在着的事物和现象,思维的现象,表达各种思想的物质外壳(如语言中的词、句等等)。情况,指对象具有的性质或是与其他对象之间的关系,或是情况之间的联系。就客观存在的事物和现象来说,对象情况也可以认为是一种事态。在讲概念的时候,我们曾说过一个语义三角,一个语词被赋予意义后,就形成了一个概念,而这个概念就反映该语词所表达的被指谓的对象。

图 3-1

和语词的情况类似,一个语句表达一个命题,其中包含的概念意义的有机组合,形成一个命题,它反映对象的某种情况。由此,一个语句也指谓一个对象的情况(包括事态)。见图 3-1 所示。

比如说,2 是奇数,2 是偶数;鬼是红脸,鬼是黑脸;鲁迅是文学家,鲁迅是共产党员;南京在北京与上海之间,上海在北京与南京之间。

1.1.2 命题的真值

我们可以看出,一个命题反映一个对象情况,存在一个符合不符合客观事实的问题,也就是命题有真假。

上述例句中,2 是偶数、鲁迅是文学家、南京在北京与上海之间,它们所指谓的对象情况符合事实,所以是真的。而 2 是奇数、鲁迅是共产党员、上海在北京与南京之间,不符合事实,所以是假的。

另外,鬼是红脸,鬼是黑脸,由于我们从未见过鬼,鬼根本不存在于我们客观世界中,它不是物质存在,只是人脑中的精神虚构,所以这两个命题相应于事实来说都是假的。我们将规定,如果一个命题所描述的和一个抽象语句所指谓的事态存在,这个(抽象语句)就是真的,否则就是假的。

这里真假是对语句来说的,不是对事实而言的。我们只能说有没有某一事实,或说某一(可能)事态是否为某一(这世界的)事实,只有语句我们才可以称为真假,把它分为真的语句(命题)和假的语句(命题)。

这样,我们把一个语句是真或是假的性质,称为该语句的真假值。一个语句若为真,则其真假值为真;一个语句若为假,则其真假值为假。

一个语句之有真假值,正如一个整数有正负值一样。正负值是整数的性质,但不是它的内容。

同样,真假值是语句的性质,可它不是语句的内容。否则,一个语句只有真与假两种内容,许多(事实上是无数)同为真或同为假的语句,也就分别有了相同的内容。

由此,我们还将规定:用来表达命题的语句,只有是真或假的性质,而且一定有是真或假的性质。这一规定排斥了下列的可能性:某一语句既真又假;某一语句既非真,又非假。这一规定却容纳了下列的可能性:某一语句不是真,就是假;不是假,就是真。也就是说,它容纳了下列两种可能:某一语句为真,但非假;某一语句为假,但非真。

要注意的是,在上述句子中,我们的意思是,一个语句不可能既不是真的也不是假的,我们并没有排斥,有些语句的真假不为我们所知的可能性。

上述规定显然表明,我们现在所讨论的是二值逻辑,它是建立在二值逻辑的基础上,对于一个问题的解答,只有准确与不准确二值,对应于一个问题的答案(语句)只有真假二值。

当然为了理论上的兴趣和实际应用,人们也发明创造了三值逻辑,甚至多值逻辑,真假之间还有不真不假,在何种程度上的真,在何种程度上的假。

在二值逻辑中,对于说谎者悖论中"我在说谎"的真值困境,其解决办法之一就是,取消和排斥法,也就是认为它是没有实际意义的命题,无真假可言。当苏格拉底说他自己说谎时,他并没有说什么。对于理发师悖论,则认为世界上从来没有一位给那些不给自己刮胡子的人刮胡子的理发师。当然,解决悖论还有许多其他办法,我们还会陆续涉及[①]。

1.2 判断

1.2.1 命题与判断

判断是对对象情况有所断定的思维形式,判断是断定了的命题,或者肯定某种性质、某种关系,或者是否定某种性质、某种关系。也就是说,判断后于命题,命

[①] 马佩先生认为,对于理发师悖论可以做出两种不同的分析。第一种,要分清楚"刮脸者"和"被刮脸者"。理发师为"刮脸者",理发师以外的塞维利亚村的人为"被刮脸者"。理发师的宣言是只对自己以外的塞维利亚村的人而言的,根本不涉及本人,因此根本不存在理发师属于不属于自己不给自己刮脸的人的问题。悖论的形成乃是由于混淆了"刮脸者"和"被刮脸者"。第二种,在理发师发表自己的宣言之前,塞维利亚村的人(包括理发师本人)分为两类:一类为"自己给自己刮脸的人",一类为"自己不给自己刮脸的人"。如果理发师属于前者,则理发师发表了他的宣言之后,他就应该不再给自己刮脸;如果理发师属于后者,则他宣布了他的宣言之后,他就应该给自己刮脸。因此,这里也不存在什么逻辑矛盾。悖论的产生乃是由于把"理发师发表宣言之前"和"理发师发表宣言之后"加以混淆所致。参见马佩:《再论悖论的本质》,载于《河南大学学报·社科版》1995 年第 5 期,第 34—37 页。

题先于判断,判断是对命题的断定。例如,我们断定 2 是偶数,我们断定鲁迅是文学家,我们断定南京在北京和上海之间。

对于同一对象及其情况,不同的人有不同的认识,不同的文化背景、不同生活层次的人对同一对象的看法各有差异。就拿同一个人来说,今天可以下这样的判断,明天思想变化发展了,可以推翻昨天的判断,下另一个新的判断。一个命题能不能成为判断,得依据具体的人是否有所断定而转移。

科学发展到今天,我们不能最后确证是否有外星人,一般来说,我们不断定"外星人存在",也不断定"外星人不存在"。外星人存在也好,外星人不存在也好,这些思想都不是我们的判断,它们仅仅是命题。

人的思维活动,在他有所断定之前,可以有怀疑、考虑、研究等等,由语句表达而未被断定的思想就是命题,由语句表达而已被断定的思想是判断。我们可以考虑"外星人存在"这个命题,也可以考虑"外星人不存在"这个命题,至少对于我和大家来说,我们无法对它做出断定。也就是说,判断离不了心理,离不了历史的背景,离不了一时一地的环境。

我们看书、听课、接受别人的知识和想法,首先要把它当成命题,别人写的、别人说的都是别人的判断,对你来说,只是命题,只有当你经过分析、检验或是亲身实践认同了,也对它做出了断定,它才成为你自己的判断。我们在学习生活中都应当注意这种由命题到判断的过程,不要轻信,不要盲从,要大胆地怀疑,小心地求证,给出自己的判断。

历史上也有"房谋杜断"的说法,从字面的意义了解,房玄龄可以说是提出了好些命题,而杜如晦则善于下判断。《水浒传》中,吴用与宋江的作用是不一样的,吴用作用是提出一些命题,宋江的作用是作出判断,宋江的判断经常是吴用提出的命题,两者当然会有所差别。

我们区分命题与判断,还有一个目的是要明确判断作为行动指南的作用,它给判断者带来了责任。如果你提出一个想法、一个建议、一个理论,比如"任何一个大于 6 的偶数都可以是两个素数之和",若当它只是命题,则是为了提供给大家讨论或研究求证;若你作出这样的判断,你就必须为他辩护,给出自己断定它的理由,或者构造对它作这样一个断定的证明。实际上,上述命题就是哥德巴赫猜想,它还仅仅是命题,若有一天哪位断定了,那么他就可能获得国际数学最高奖。

所以,我们在学习生活中,要多多地、大胆地提出命题,分析别人作为判断的命题,但要小心地、谨慎地作出自己的判断,切忌武断,自以为是,因为作出一个判断需要有证据,担负一定的责任。最突出的一个例子是各国家领导人的某些判断,将直接影响国家的经济、文化的发展、趋向与态势。

我们不能独断,我们需要理性。在英文中有一些习惯表达,如,I think that, In

my opinion,等等,就注意了这一点。这也是一种特别的思维方式:一是表明有自主性,是被自己所认可的思想;二是表示你准备为他辩护。

1.2.2 判断的真值

命题(语句)有真假,断定一个命题(语句)自然就有对错,这个判断同样也有了真假。对真命题的断定是真判断,对假命题的断定则是假判断。

比如:断定 2 是偶数,则形成真判断;断定 2 是奇数,则是假判断;断定"2 是偶数"是假的,则形成一个假判断;断定"2 是奇数"是假的,这就形成一个真判断。

由此,我们看出,判断的真假和命题的真假,以及事实情况有一定联系,但也要注意一定的层次性。也就是,断定真命题为真,断定假命题为假,则会形成真判断;但断定真命题为假,断定假命题为真则又形成了假判断。

判断与命题很多时候都是两者并称的,在一般的逻辑教科书中可以直接互用。以后只要不引起误解,我们也不强调它们用词之间的差别。

1.3 语句、命题和判断

命题的形成和存在依附于语句,命题的表达也要借助于语句,判断也是如此,这是命题(判断)与语句密切相关的一面。但是语句与两者也有差异,判断属于思维范畴,语句属于语言范畴。它们之间还可归纳出以下两个不同点。

1.3.1 并非所有语句都直接表达命题(判断)

在语法划分的四种语句中,陈述句自然表达命题,可以构成判断。而疑问句、感叹句、祈使句,由于它们没有对对象情况直接做出断定,所以不直接表达命题或判断。

也就是说,并非一切语句都能够直接表达判断。须提及的是,疑问句中的反问句、设问句和反诘问句等,由于它们实际上是无疑而问,直接表达某种肯定或否定的断说,只是换了一种语言形式而已,因而也可以认为是直接表达了判断。例如:

(1) 上海是中国东部的一个大城市。
(2) 上海是中国东部的一个大城市吗?
(3) 难道上海不是一个国际化城市么?
(4) 我们一定要把上海建设成为国际一流的大城市。
(5) 上海真不愧为一个国际性大城市呀!

这里(1)、(3)作为陈述句和反诘句,都表达了一个命题,即该说话者的判断或说陈述(statement);(2)、(4)、(5)虽然没有直接对对象断定什么,只是发出一个疑问,提出要求,仅就这一意义上说无所谓真假,不能叫做命题和判断,但它们都预设或隐含了某个命题,而这个命题是有真假的。

A. 预设

预设是交际双方共有的背景命题,是语句 S 和 S 的否定都能推导出来的语句,无论双方观点如何对立,它总是能够为双方共同接受的东西。如"老赵戒烟了"蕴含"有人戒烟"、"老赵没戒成烟"、"至少老赵原来抽烟"。

比如:"上海是中国东部的一个大城市么?"这一问题就预设了有这么一个城市叫上海,或者的确是中国东部的一个大城市,或者不是中国东部的一个大城市。对这个疑问句的回答,实际上还是对它的预设的部分的肯定或否定。

预设有多种,如存在预设、事实预设等。存在预设,如"老李家的彩电是国产的";事实预设,如"老李不辞而别令老赵很纳闷"。

还应注意,预设并非必然是对方的已知信息,如:我的男朋友需要我读一点泰戈尔。

B. 复杂问语

另外一种叫"复杂问语"的预设也值得注意。

比如说,在一个特定语境中,A 问 B:"你是否停止虐待你孩子了?"这就预设了"B 以前曾经虐待过他的孩子"。对这样的疑问句的回答,就得认真指出其预设的真假,然后再行考虑是否回答,否则就会上圈套。

比如,某次审讯中,审判员忽然问 A:"你把赃物藏到哪里去了?"这就预设了 A 偷了东西。

再比如,三国时的大将军钟会去看望当时的名士嵇康,嵇康正脱光衣服打铁,当钟会看了一阵正想离开时,嵇康忽然问:"何所闻而来?何所见而去?"钟会回答说:"闻所闻而来,见所见而去。"

实则嵇康的问话预设了钟会是有所闻而来,也有所见而去。钟会回答不出或不想回答问题,因而说了那个巧妙的答话,但我们从逻辑的角度看来,钟会这个回答只是重复嵇康问话的预设,没有其他什么新内容。

以上是疑问句的预设。思考一下,陈述句有没有预设?祈使句、命令句有没有预设?比如:老张后悔读了哲学系;王又掌权了;请把大门关上!我们要努力学习!这些都预设了什么。

C. 索引句

命题与语句并非一一对应,还有一种情况,这就是索引句。它也不直接表达命题。

索引句是指包含有代词,或者时态动词(汉语中则是时间名词、时间副词、时态助词、时间助词)等索引语词的句子。索引语词由美国逻辑学家皮尔士提出,指英语中的代词、时态助词一类的语词。就汉语而言,索引句主要指"我"、"你"、"他"、"它"等称谓代词,"这"、"那"等指示代词,"过去"、"现在"、"将来"、"曾经"等时间副词,"着"、"了"、"过"等时态助词。

索引句和语境密切相关,一旦离开语境,就无法确定其所指,索引句也就无法确定其所指。"他在写作"是一个索引句,因为"他"是一个索引词,离开了语境,它就不表达一个确定的命题或判断。

再比如,"我失娇杨君失柳,杨柳轻飏直上重霄九",这是毛泽东诗词《蝶恋花·答李淑一》中的句子,"杨"指"杨开慧","柳"指李淑一的丈夫"柳直荀"烈士,毛泽东的老战友,战死疆场。离开了语境就根本无法理解"杨柳轻飏直上重霄九"的双关语境。所以,索引句只是句子,离开了语境,不是命题,没有真假可言。

但是,有时可以通过确定其索引语词的语言所指而使索引句转化为命题。比如:

a. 他是一个伟大的钢琴家。

b. 那个地方,夏天很热。

这里是两个索引句的例子,它们无所谓真假,但如果我们对"他"、"那"做一个解释或限定,比如,

a′. 他,鲁宾斯坦,是一个伟大的钢琴家。

b′. 香港,那个地方,夏天很热。

句子就变成了命题,就有了真假。这实际上也是数学中一种变项约束赋值的工作。比如:

c. $x+5=0$;

d. $x+y=x-y$。

这两个式子,本身无法确定其真假,但如果我们对该式子做某种限定,也就是在前面加上一个前行词,对变项作某种约束,如,将 c 约束为,"有一个数 $x, x+5=0$",则该句子为真;将 d 约束为,"对于所有的数 x 和 y 而言,$x+y=x-y$"则该句子为假。

这样式子就有了真假,可以表达命题。分清楚了这一点后,对于索引句,只要不引起混淆,我们还是根据习惯称它们为命题,或者假设它存在于有所指的语境。比如:今天下雨;张三有死,等等。

1.3.2 不同语句可代表同一个命题

语句和判断的第二个不同点是:同一个命题可以由不同的语句代表。

首先,不同民族的语言可以表达同一命题。比如,今天是星期三,英文、德文

中就各有不同的表达方式。

其次，在同一民族语言中，也可以用不同的语句表达同一命题。这是由于任何语句都具有同义和多样化的结构层次。日常语言中，为了表达"并非所有人都到了"，也可以说，不是所有人都到了，并不是所有人都到了，所有人并没有都到，所有人并不是都到了，所有人并不是全到了，人并不是都到了，人们并没有全到，人并不全到了，人并非全到了，等等。

再次，同一个语句可以表达不同的命题。这首先是任何语言都有多义词的缘故。

比如，春秋时，有学生在书上看到"夔一足"这句话，就问老师孔子，夔这个人只有一只脚，这是怎么回事。孔子是个学问大家，就解释说，你不懂历史，理解错了。夔是舜帝时期的一个乐师，舜让他负责调和六律五声，节制风雨，协助安定天下，夔的工作很出色，后来有人提议再任命一个乐师，舜就说，像夔这样的乐师，只要有一个就足够了，所以"夔一足"，并不是指这个人只有一只脚。这就是说，理解这个命题，或者说舜的判断，同样也需要确定其语境。语境确定，该句子所指谓的命题还是确定唯一的。

有时由于语句结构不完全确定，也会使一个语句在不同的情况下表达不同的命题。

比如，古时候有一个国王，他准备出征与邻国波斯王交战，事先他去了神庙占卜他和他的将士们的命运。神谕说，"假如你与波斯王作战，将摧毁一个强大的王国。"国王听到这，满怀信心，带着他认为的神灵护佑出发了，但结果却是悻悻然大败而归。于是，国王就回去质问神庙里的住持，住持解释说，神谕并没有错误，你的确摧毁了一个王国，只不过这个王国是你自己的而已。这个例子，从概念的角度来说，"一个强大的王国"这个表述缺乏限制，有点类似于一个索引句。国王的理解是，我与波斯王作战，将摧毁一个强大的王国。这个王国当然是波斯王的王国。而从神的谕示本身看来，国王出征胜了，神谕固然没有错，输了也没有错，这就是神谕本身的巧妙了。

中国的许多相面术士玩的也是这类把戏。比如相某某有几个兄弟，他说："桃园三结义，孤独一枝。"这可以有一兄弟、二兄弟、三兄弟、四兄弟等好几种解释。再比如，问父母如何，答曰"父在母先亡"，这也可以有多种不同的解释。

我们有时为了逃避明确判断的责任，也大多会使用这方面的技巧，也就是用不同语句表达同一个命题，或用同一语句表达不同的命题，这在生活中很常见。

1.4 命题形式

思维形式有两层意思，这里我们要讨论的命题形式就是命题的形式结构，简称命题形式。

在第一章中,我们介绍了两个命题形式:所有 S 都是 P;如果 p,那么 q。这种命题形式可以分成两个因素,一是常项,二是变项。而所谓命题形式就是由常项和变项组成的思想表达方式。

所谓常项,就是有固定含义的词,这是从语言方面来说;从思想方面来说,常项的含义也是如此。在上述形式中"如果,那么"联合形成一个概念,但它跟"人"、"书"等具体概念不完全一样,它不反映具体的一类的事物,而是反映某种抽象的关系。它是逻辑所要专门研究的概念,因而有时被称为逻辑概念,或说是逻辑常项。

所谓变项,从语言方面来说,往往可以理解为没有固定含义的一个代词,从思想方面来说,变项并不反映某一个或某一类对象,而是反映某一类特定的对象里的任意一个,这一个类是完全确定的,但不确定的是它反映其中的哪一个分子。正如莫绍揆在《数理逻辑初步》中曾指出的:"供应任何书籍"等于供应一张"空白订单"。如果变元可以代替别的任何符号,实际上就等于空位[①]。

如果一个变项反映某一类事物里的任何一个,那么这个类就叫做变项的变域或变程。一个变项的变域里的任何一个分子,都可以是变项的值,变项必须从它的变域里取值。

上述的 A、B 变域就是概念,而且必须是普遍概念。p、q 的变域就是命题,也就是说,我们可以用任何具体的概念替换 A、B,用任何具体的命题代换 p、q。因此,A、B 是概念变项,p、q 是命题变项。具体的概念、命题就是该变项的值。一个命题形式中的所有命题变项都代入具体的值时,就得到一个具体的命题。

但是,在我们对于命题形式的研究过程中,我们常常把"所有 A 是 B"、"如果 p,那么 q"直接叫做命题,只是为了叙述上的简便,当我们这样称呼时,指的是将命题形式中的变项经过代换赋值得到的具体命题。

1.5 判断的类型

在哲学史和逻辑史上,对判断有许多不同的分类,提出了诸多类型的判断,比较著名的就是康德对判断的分类。在《纯粹理性批判》中,他按照判断的质、量、关系和模态把判断分为四类:

判断按量分为全称判断、特称判断、单称判断;

判断按质分为肯定判断、否定判断、不定(无限)判断;

[①] 莫绍揆:《数理逻辑初步》,上海人民出版社 1980 年版,第 126 页。

判断按关系分为直言判断、假言判断、选言判断；

判断按模态分为或然判断、必然判断、实然判断。

其中，康德所说的不定判断是这样一种判断，其中所否定的不是联项，而是谓项本身，如"这朵玫瑰花是不红的"。康德这一分类实际上概括了亚里士多德以来的传统逻辑关于判断的主要分类，因而在很长时期为讲述传统逻辑的人们所采用，并一直延续到现在。

为叙述和章节编排上的需要，我们给出另一种命题的分类，参见图3-2。

$$命题\begin{cases}简单命题：性质命题、关系命题\\复合命题：联言命题、选言命题、假言命题、负命题\end{cases}$$

$$命题\begin{cases}模态命题\\非模态命题\end{cases}$$

图 3-2

一方面，以命题自身是否包含其他命题为依据，把命题分为简单和复合两种类型。从复合命题分出联言命题、选言命题、假言命题和负命题。

另一方面，以命题是否包含模态词为依据，将命题分为模态命题和非模态命题。

这两方面的分类当然存在交叉：有简单的模态命题，也有复合的模态命题；有简单的非模态命题，也有复合的非模态命题。

2. 性 质 命 题

2.1 概述

性质命题，传统逻辑又称直言命题，台湾学者译作定言命题，它是对对象性质的断定。例如：

凡人都爱真理。

凡金属加热都会膨胀。

有鬼是爱夜游的。

有哺乳动物不是胎生的。

由此，我们观察性质命题的结构，它分为四个部分：主项、谓项、量项和联项。

主项，即表示思维对象的概念，上述例句中，人、金属、鬼、哺乳动物，在命题形式中,通常用 S 表示。

谓项,即表示对象性质的概念,如爱真理、会膨胀、爱夜游、胎生的,在命题形式中通常用 P 表示。

联项,即连接主项和谓项的概念,或者是肯定的"是",或者是否定的"不是",英语语法上称作系词。肯定与否定的区别,在逻辑上叫做命题的"质"。

量项,表示命题主项数量的概念,它与"质"相对应。量项有两种,即全称量项和特称量项。全称量项,以"所有"、"一切"、"凡"表示,在不引起误会的情况下,全称量项可以省略,如"人是爱真理的"。特称量项,以"有的"、"有"表示,在表达中,一般不能省略,如"有的人是爱美的"。

2.2 性质命题的类型

我们把性质命题的量和质相结合,就可以得到性质命题的四种类型:全称肯定命题、全称否定命题、特称肯定命题、特称否定命题。中世纪逻辑学家西班牙彼得把两个拉丁单词 Affirms 和 Nego 中的四个元音字母大写,分别表示四种命题。全称肯定命题用 A 表示,全称否定命题用 E 表示,特称肯定命题用 I 表示,特称否定命题用 O 表示。

2.2.1 A 命题

全称肯定命题的标准形式是"所有 S 都是 P"。可简写作 SAP。"所有"是全称量项,它的含义是,任何、一切、凡、每一个、所有等语词的共同含义。"是"是肯定系词,S、P 都是概念变项,而且必须是普遍概念,不能是单独概念。我们不能说所有鲁迅如何如何、所有地球如何如何。如果把句子中的变项全部代以具体的普遍概念,即得到了一个具体的全称肯定命题。日常语言中,全称肯定命题的例子有很多,如:

凡人都是爱真理的。

心理过程为任何方式的动物所具有。

凡商品是为交换而生产的。

一周有七天。

具有"所有 S 都是 P"形式的命题,在什么情况下为真,在什么情况下为假呢[①]? 在《概念》一章中我们讨论过,两个不空的类有并且只有五种关系。我们把

[①] 为了方便,以后我们对类似命题形式都简单说成该形式,如,"SAP"在什么情况下为真,在什么情况下为假。命题有真假,但命题形式不是命题,它无真假可言。仅是为了方便,我们把具有某种命题形式的真假说成该命题形式的真假。

这两个不空的类叫 S 类和 P 类,它们可能的关系有五种,如图 3-3 所示。

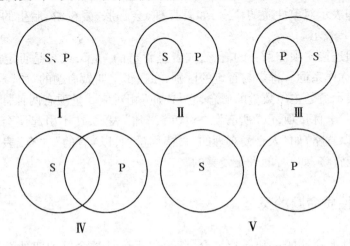

图 3-3

由图形直观地看出,SAP 真,当且仅当 S 和 P 属于图形 Ⅰ 或 Ⅱ 之一的时候,而当 S 和 P 关系属于图形 Ⅲ、Ⅳ、Ⅴ 时为假。

如,人是有理性的动物,"人"和"有理性的动物"外延类全同,所以 SAP 真。白马是马,由于"白马"类真包含于"马"类,所以"所有白马是马"为真,但不能说"所有马是白马",因为马和白马的关系是图形 Ⅲ 的关系,故为假。

英国 19 世纪逻辑学家文恩(John Venn)曾用两个交叉的圆来浓缩地表示两类间的五种关系,我们将称之为文恩图解。

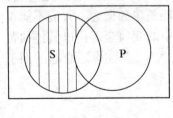

图 3-4

比如,对于 SAP,我们先画一个长方形,里面画两个交叉的圆,用阴影表示这部分不存在。那么,SAP 的意思是说,凡是 S 但又不属于 P 的那部分是不存在的,用阴影表示,如图 3-4 所示。即,所有 S 是 P,这就概括了 S 与 P 全同,S 真包含于 P 的两种情况。

它也可用等式表示为 $\overline{SP}=0$,即表示 S 类和 P 类的交集为空,是 S 但不是 P 的部分是不存在的。

在现代逻辑中,它被表示为:

$$(x)(S(x) \to P(x))$$

读作:对于所有的 x 而言,如果 x 是 S,那么 x 是 P。

全称肯定命题到底有什么特点呢?当我们说凡人皆爱真理的时候,我们的意思是说,凡是是人的,都是爱真理的。说得比较呆板、但比较清楚些的可以是:凡是属于人的这种事物,就是属于爱真理的这种事物。从这里我们可以分析出全称命题一个很重要的特色,应特别强调。

当我们说"凡人皆爱真理"的时候,我们并没有因而肯定有人存在(当然也没有否定有人存在)。因此,即使在某一班上,实际并没有人考试得零分,我们也可以说,凡是考零分的都不及格。我们的意思只是说,如果有考零分的人(或万一有考零分的人),那么这个人是不及格的。如果没有考零分的人,那么我们一定找不到考了零分而又不是不及格的人。这就是说,我们不可能有"凡是考零分的都不及格"这一语句的反面证据,也就是说,该语句无法被否证,它一定成立。

基于此,我们再来分析"凡鬼皆夜盲"、"凡鬼皆非夜盲"这两个句子。由于事实上没有鬼存在,任你怎么说鬼的性质都可以。这样"凡鬼皆夜盲","凡鬼皆非夜盲"都是真的(假的),这两者的冲突是语言意义上的事,而不是有关事实的,事实上并没有鬼。凡鬼皆夜盲,凡鬼皆非夜盲,两句话具有不同的意义,表示不同的命题,但却有同样的真假值。

2.2.2 E 命题

全称否定命题与全称肯定命题的区别在于联项,也即质的方面的区别,它的形式是"所有 S 不是 P"。在语言表达上常为"没有 S 是 P"、"无 S 是 P"。例如:

所有宗教都不是科学的。

任何知识都不是先天具有的。

没有鸟类是胎生的。

没有机会主义者是马克思主义者。

无圆是方等等。

用欧拉图分析 SEP,则当且仅当 S 类与 P 类全异关系时,SEP 为真,也就是欧拉图 V 时为真,用文恩图表示,参见图 3-5 所示。

也可用等式表示为 SP=0,即表示 S 类和 P 类的交集为空,是 S 也是 P 的部分是不存在的。

阴影部分表示既属于 S 类又属于 P 类的部分是不存在的,也即所有 S 不是 P。

在现代逻辑中,它被表示为:

$$(x)(S(x) \rightarrow \neg P(x))$$

读作:对于所有的 x 而言,如果 x 是 S,那么 x 不是 P。

从全称否定命题分析,它表示并不肯定主项一定存在。如"没有鸟类是胎生的"这个句子,意思是,所有的鸟类都不是胎生的。再进一步分析就表明"凡是属于鸟类的事物,都不属于胎生的这一类事物"这话本身并没有肯定鸟类一定存在,当然也没有否定鸟类的存在。

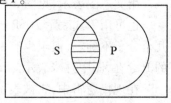

图 3-5

由此分析"所有鬼都不是会说话的"、"所有鬼都是会说话的"同真,也是同样的道理。

但是如果主项事实上不存在,外延为零,则我们既作不出欧拉图,也作不出文恩图,我们所作的欧拉图、文恩图都以是非空类为前提,但这仅是借助图形上的直观分析全称命题这一形式,我们不能由此否认全称命题不肯定主项存在的特点。

2.2.3　I命题

特称肯定命题的形式是:有S是P。

特称肯定命题与全称肯定命题的区分是量方面的区别。一个是所有S都是P,一个是有S是P。量项"有"在这里的意思是,至少有一个,是不是全部,我们并没有肯定。也就是说特称量项对对象分子数量的限定并不确定。

日常语言中,"有"、"有些"也可作为特称量项,但是,日常语言中讲有些大多是指"仅仅有些",因而一般讲"有些是什么"时,往往意味着"有些不是什么"。当我们说"有些人来上课了"往往还意味着"有些人没来上课"。而在逻辑学中,"有些人来上课了"并不含有这样的意思。它只是断定了有些人来上课了,是否全部都来了,我们没数人数,没有点名,所以不清楚。也许全部人都来了,我说有些人来上课,在逻辑上也没有错,就是说该命题本身还是真的。

例如:

甲:某厂有没有工程师是工人出身的?

乙:有。

乙的意思是至少有一个,有多少不清楚,但有一个就能保证乙的话为真。解释清楚了量项,我们采用欧拉图来看I命题。

前四种情况都表示至少有一个S是P,所以SIP是真的。S、P如果在外延上具有前四种关系,则SIP就是真的,否则,如图V时的情况,没有一个S是P,SIP就是假的。例如:

有的人爱真理。

有的哲学家不喜欢运动。

用文恩图表示,见图3-6所示。

也可用等式表示为$SP \neq 0$,就是说,既是S又是P的部分是存在的。虽然存在几个分子不确定,但至少有一个S存在。另外,至于是否有不是P的S或不是S的P存在,图中并未表示。

在现代逻辑中,它被表示为:

$$(\exists x)(S(x) \wedge P(x))$$

读作:至少存在一个x,x是S,并且,x是P。

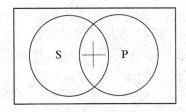

图　3-6

这里我们可以分析出相对于全称命题的特称命题的特点。当我们说 SAP 时候,它的含义是,对于任何东西而言,如果它是 S,那么它是 P。而当我们说 SIP 的时候,我们只是说,有既是 S 又是 P 的事物,或者说得更清楚些,至少存在一个这样的东西,它既是 S 又是 P。

比如,当我们说,有的人爱真理,意思就是说,有些既是人又是爱真理的东西,也即,有属于"人"这个类又属于"爱真理"这个类的分子存在。这样,当我们说有 S 时,我们的意思是,有 S 存在,换言之,特称命题有存在假定。这和全称命题不同,当我们说有 S 是 P 的时候,我们已肯定有属于 S 的东西存在,所以特称命题也叫存在命题。

当没有东西是 S 的时候,显然不会有东西既是 S 又是 P,那么 I 命题一定是假的。如,"有龙吐金珠"这一命题一定是假的。这是特称命题和全称命题很不同的一个地方。

试比较"没来的请举手"这句话的预设,或考虑"有鬼神出现在莎士比亚的戏剧中"这一命题的存在假设是什么?

在文恩图中,我们对 S、P 的共同部分用"+"号,当我们要检验"有的人爱真理的时候",只要举出既是人又是爱真理的个例就行,但若你指出一个反例,既是人又不爱真理的某个人,却不足以否证一个特称肯定命题。

2.2.4　O 命题

特称否定命题与特称肯定命题是质方面的区别,其形式是:有 S 不是 P。用欧拉图解释,当 S 与 P 外延间的关系是 Ⅲ、Ⅳ、Ⅴ 三者之一时,它就是真的,或者有一个不是,或者有一部分不是,或者全部不是。用文恩图表示,见图 3-7。

也可用等式表示为 $S\bar{P} \neq 0$,图里的"+"号表示,是 S 但不是 P 的部分是存在的,而且是至少有一个,具体有多少并不确定。

在现代逻辑中,它被表示为:

$$(\exists x)(S(x) \wedge \neg P(x))$$

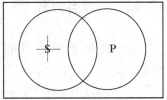

图　3-7

读作：至少存在一个 x，x 是 S，并且，x 不是 P。

比如，我们说，这批产品有些不合格，只要抽到一个样品，它不合格，则这句话就是真的，到底几样不合格，是否全部都不合格，并不清楚，但只要知道一个不合格，就可证实这批产品有些不合格这一命题。

至此，我们可以认识到，I 命题和 O 命题不同。"有 S 是 P"不等于说"有 S 不是 P"，因为它们在欧拉图解及文恩图解上都有差异，它们的真假情况并不完全相同。同样，有 S 不是 P 也并不意味着一定"有 S 是 P"。

2.2.5 单称命题

单称命题指的是以单独概念作为主项的命题。若用小写字母 a 表示一个个体，用大写字母 F 表示一个谓项，则它的形式就是：a 是 F，或，a 不是 F。它与前述 A、E、I、O 中主项的不同之处是：单独概念作为主项，它不能再加全称或特称量项，这两者只有主项是普遍概念时才有意义。比如，对于单称肯定命题"罗素是逻辑学家"，我们不好说，所有罗素或有的罗素是逻辑学家，单称否定命题也一样。

另外，单称命题的联项"是"与"不是"不同于 A、E、I、O 命题的联项。"a 是 F"表示 a 作为类 F 的个体的属于关系，"S 是 P"表示的是 S 与 P 两个类之间的包含关系。

在数理逻辑中，a 是 F 表示成 $a \in F$，但 S 与 P 类的包含关系将表示成 $S \supset P$ 或 $P \subset S$。当然在单称命题中，如果主、谓项都是单独概念，那么就可以表示成 $a = b$，即等于关系，这也是"是"的第三种关系含义。

逻辑史上，德摩根最早把"是"当作一种关系来分析，但在此之前的传统逻辑中，包括亚里士多德，一般仍然把单称命题当作全称命题的一个特例。就是说，一个单称命题可以看作是对一个类的所有分子作了断定，只是这个类的所有分子只是一个。

以后我们在三段论讲解中，对单称命题将沿用这种理解，但在下面讲的对当方阵中，这种理解却行不通。

2.3 对当方阵

我们先把上面所讲的 A、E、I、O 四命题的真假情况作个总结，如表 3-1 所示。

表 3-1

命题	真的情况	假的情况
A	Ⅰ、Ⅱ	Ⅲ、Ⅳ、Ⅴ
E	Ⅴ	Ⅰ、Ⅱ、Ⅲ、Ⅳ
I	Ⅰ、Ⅱ、Ⅲ、Ⅳ	Ⅴ
O	Ⅲ、Ⅳ、Ⅴ	Ⅰ、Ⅱ

根据此表,我们来讨论具有 SAP、SEP、SIP、SOP 四种形式的命题之间的真假关系①。

讨论之前我们规定,所讨论的四种命题具有相同的素材,也就是说,A、E、I、O 四命题具有相同的主项和谓项,它们之间的差别仅仅是逻辑常项的差别,也即量项与联项的差别。比如:

A:所有商品是优质的;E:所有商品不是优质的;

I:有商品是优质的;O:有商品不是优质的。

这里四个命题就具有相同的素材,主项 S 是"商品",谓项 P 是"优质的",它们的差别仅在于"质"和"量"的方面。

而且我们还要规定,我们所讨论的 4 种命题的主项、谓项 S 类、P 类非空,也就是一定有它的分子存在。

在逻辑学中,A、E、I、O 之间的关系称作"对当关系",也指主、谓项都是相同的 A、E、I、O 四种命题之间的真假制约关系,其中一个命题的真假可以制约其他三个命题的真假。它们之间的真假制约关系,用一个四方图形来表示,就是一种逻辑方阵。如图 3-8 所示。

图 3-8

它们之间的对当关系是很直观的,方阵中的每一条线都表示两种命题之间的一种特定关系,这里一共有四种。

2.3.1 反对关系

主、谓项相同的全称肯定命题和全称否定命题之间的关系是一种反对关系。例如:"所有商品都是优质的"与"所有商品都不是优质的"两个命题之间的关系就是反对关系。

特点:不可同真可同假。从欧拉图上可以看出 SAP 在情况Ⅰ、Ⅱ下为真,而

---

① 这句话我们往往简略地说成讨论 A、E、I、O 之间的真假关系。

SEP 在 Ⅴ 情况下为真，但两者可以同假，如情况 Ⅲ、Ⅳ。

用具体的例子来说，"所有商品都是劳动产品"真，"所有商品都不是劳动产品"假；"马克思主义者都不是唯心主义者"真，"所有马克思主义者都是唯心主义者"假；而"所有整数都是奇数"和"所有整数都不是奇数"都假。

推理方向：可以由真推假。这种推理方向叫顺向推。具有反对关系的两个命题中，因为不可能同真，已知其中一个是真的，就可以推出另一个是假的。例如，从上述例子中"所有商品都是劳动产品"真，可推出"所有商品都不是劳动产品"假；若"所有马克思主义者都不是唯心主义者"真，则"所有马克思主义者都是唯心主义者"假。但是，反对关系却不能由假推真，因为它可以同假，比如，"所有商品都是优质的"假，也可能"所有商品都不是优质的"也假。

在爱匹曼尼德斯的"说谎者"悖论中，我们说，关于克里特岛人的悖论是不完全的，因为"所有克里特岛人都是说谎者"假，不能推出"所有克里特岛人都不是说谎的"真，也就不能推出爱匹曼尼德斯说的就是真的，也可能是假的，悖论也就不能成立了，也即反对关系已知其中一为假，另一则真假不定。

关于全称肯定命题与全称否定命题还有个有趣的例子。

据说，国外有位滑稽演员侯波，有一次他外出表演，所住旅馆的房间又小又矮。他抱怨说"我住的旅馆里连老鼠都是驼背的"，店主听了认为这有损于旅店名誉，侯波就郑重声明更正说："那里的老鼠没有一只是驼背的"。侯波的前一个判断是全称肯定命题，后一个是全称否定命题，两者为反对关系，他到底更正了什么呢？

思考一下，侯波在这两个全称命题中有没有一定肯定旅店有老鼠存在？

2.3.2 下反对关系

特称肯定命题与特称否定命题之间的关系为下反对关系，如"有的商品是优质的"与"有的商品不是优质的"。

特点：不可同假可同真，这恰与反对关系相对应。具有下反对关系的两个命题不能同时都是假的，其中一个是假的，则另一个必须是真的。从欧拉图上可以看出，当 SIP 处于情况 Ⅴ 的时候为假，SOP 却为真；而当 SOP 处于情况 Ⅰ、Ⅱ 的时候为假，SIP 为真，但二者在情况 Ⅲ、Ⅳ 的时候可同真。

如，"有的地主不是剥削者"假，则"有的地主是剥削者"必真，但"有商品是优质的"与"有商品不是优质的"可同真。

推理方向：可以由假推真，这种推理方向叫"反向推"。在具有下反对关系的两个命题中，已知其中一个是假的，就可以推出另一个是真的。

如"有的昆虫是哺乳动物"假，则"所有昆虫不是哺乳动物"真；"有的商品不是优质的"假,则"有的商品是优质的"真。

但是,已知其中一个为真,则另一个可能为真,也可能为假。

例如,已知"有的商品是优质的"为真,显然不能肯定"有商品不是优质的"假,它可假可真。

马克·吐温曾经在一次酒会上讥讽美国国会议员说:"美国国会中有些议员是狗崽子养的。"结果掀起轩然大波,许多人要求马克·吐温道歉,于是他在报上登了一则启事,承认那天自己口误,现更正为:"美国国会中有些议员不是狗崽子养的。"

马克·吐温前一个命题是 I 命题,后一个为 O 命题,这里马克·吐温更正了什么呢? 前后两句话究竟有什么关系? 用对当关系一看就昭然若揭了,常识来看,他还是骂了这些国会议员,但从逻辑来看,马克·吐温也可以解释成他没有骂这些国会议员,因为 O 真不能必然推出 I 的真假。

试比较马克·吐温与侯波的机智,两者有何不同。

2.3.3 矛盾关系

在对当关系中,A 与 O、E 与 I 之间都是矛盾关系。

特点:既不能同真,也不能同假,具有矛盾关系的两个命题,两者之中有一真必有一假,有一假必有一真[①]。

推理方式:矛盾关系既可以由真推假,也可以由假推真。

这种推理方向叫"双向推",全称肯定命题为真,则特称否定命题一定为假。"所有商品都是优质的"为真,则"有商品不是优质的"一定为假。全称否定命题为真,则特称肯定命题一定为假,如"所有商品都不是优质的"为真,则"有商品是优质的"一定为假。

反过来,如果我们要找到全称肯定命题和全称否定命题为假的证据,就在于判定相应的特称否定命题或特称肯定命题为真。

要证明命题"凡金属加热后膨胀"为假,只要说明存在第 51 号金属锑,它是冷胀热缩的,也就是其特称否定命题"有金属不是加热后膨胀"为真,仅此一项足以否证一全称肯定命题。说"天下乌鸦一般黑",只要找到一只白乌鸦,就可以否证这句话。

2.3.4 差等关系

对当方阵中,A 与 I、E 与 O 为差等关系,所谓差等就是同质而不同量,A、E 断

---

① 可以对照欧拉图 5 种情况来分析。此略。

定的范围分别大于 I、O 断定的范围。

特点:从欧拉图 5 种情况看,在同质的两个命题中,全称命题真,特称命题就真,特称命题假,全称命题就假。即,两者可以同真,也可以同假。

推理方向:在一对同质的命题中,A 与 I、E 与 O,往下推,真推真,往上推,假推假。

例如:"全班同学都来上课了"为真,则"班里有同学来上课了"也真;"班里有同学来上课了"为假,则"全班同学都来上课了"也假。又如:"所有商品都不是优质的"真,则"有商品不是优质的"也真,"有商品不是优质的"假,则"所有商品都不是优质的"也假。

总结上面 4 种推理关系,如表 3-2 所示。

表 3-2

反对关系	A、E	由真推假	顺向推
下反对关系	I、O	由假推真	反向推
矛盾关系	A、O/E、I	真推假、假推真	双向推
差等关系	A、I/E、O	真推真 假推假	往下推 往上推

由此我们还可以归纳出反驳一个全称命题的三种方式:对于全称肯定命题,
(1) 断定其全称否定命题为真;
(2) 断定其特称否定命题为真;
(3) 断定其特称肯定命题为假。

如,要反驳"所有该厂产品都是优质的",可以通过以下三种方式:
(1) 断定"所有该厂产品都不是优质的"为真;
(2) 断定"有的该厂产品不是优质的"为真;
(3) 断定"有的该厂产品是优质的"为假。

其中,(2)的反驳最为直接、有力,因为它直接来源于矛盾关系。

同样,反驳全称否定命题也有三种方式:
(1) 断定全称肯定命题为真;
(2) 断定特称肯定命题为真;
(3) 断定特称否定命题为假。

例如,一位日本来的柳田教授到玉佛寺参观,寺里的法师说,隆重佛事七七四十九天日日夜夜都要敲钟。柳田教授不同意,寺庙规定"晨钟暮鼓",夜里敲钟,佛典没有记载。法师不置可否,给他看了林升的一首唐诗《枫桥夜泊》,其中有一句"姑苏城外寒山寺,夜半钟声到客船"。柳田教授马上意识到自己太过武断了,实则柳田作的是全称否定命题,一切佛教寺庙夜里都不会敲钟,法师给他看唐诗,实际上是给出一个特称肯定命题,有的佛教寺庙夜里是会敲钟的。这里,从特称肯定命题为真就可以反驳全称否定命题。

再如,一位鞋油厂厂长要求用萧伯纳的名字做一种新鞋油的牌子,于是他对萧伯纳说:"假如你同意这样做,全世界都会因此而知道你的大名。"萧伯纳说:"您说的对极啦,可是那些打赤脚的人呢?"萧伯纳反驳的是厂长的全称肯定命题:所有人都会知道萧伯纳的大名,具体他反驳使用的是特称否定命题:有的人不会知道萧伯纳的大名,至少是那些打赤脚的人。这里特称否定命题为真,可用以反驳全称肯定命题。

注意,我们曾说,把单称命题看作全称命题来理解。现在我们来看看单称肯定命题和单称否定命题是否为反对关系。由"鲁迅不是文学家"为假,真的推不出"鲁迅是文学家"为真吗?

实际上,我们可以将上述对当方阵进一步的扩充,在加入单称命题后,图 3-8 变为图 3-9。

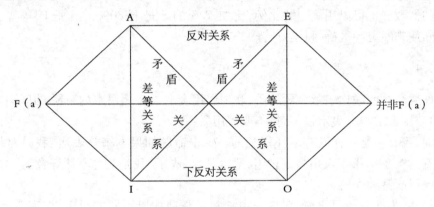

图 3-9

在表3-2中,A 命题与命题 F(a)、命题 F(a)与 I 命题、E 命题与命题并非 F(a)、命题并非 F(a)与 O 命题之间,都是差等关系,而命题 F(a)与并非 F(a)之间则是矛盾关系。

试思考一下:命题 F(a)与 E 命题是什么关系?命题并非 F(a)与 I 命题是什么关系?

总之,全称命题受到反驳是很普遍的,只要找到一个个例就足以否证一个全称命题。也即满口话说不得,不要开口就所有什么都怎样怎样,全部什么都不怎样怎样,个人独断、盲目武断往往很容易受到反驳。因为全称命题本身就是规律的形式,它是科学所追求的普遍化目标,应当谦虚一点,理智一点,谨慎一点。

2.4 准确使用性质命题

准确使用性质命题主要有三个方面。

2.4.1 准确选择量项

首先是慎重选用全称量项,如说"乡镇企业产品的质量都不行",这是一个全称命题,其量项被省略了,然而这是一个不恰当的命题。比较合理的说法是,有些乡镇企业的产品质量不行,要么明确一些,就专指某个乡镇企业产品的质量不行,而不能以偏概全,来个"所有……"、"全都……"。

另一方面,特称量项的运用也可根据需要而具体化一些。汉语中表达特称量项的语词是很丰富的。比如,几乎全部 S 是 P,绝大多数 S 是 P,大多数 S 是 P,多数 S 是 P,相当多的 S 是 P,少数 S 是 P,极少数 S 是 P,个别 S 是 P,这些都是无法确定的概数。也可以用确定的比例,比如,2/3 的 S 是 P,80% 的 S 是 P,等等。性质判断使判断更为准确、科学、严谨[1]。

2.4.2 准确使用联项

性质命题的联项表示命题的质,联项误用会造成命题根本的"质"的区别。首先,当使用多重否定表示强调时,不要误用联项。

如:我并不是对你没有不怀好意的。这个命题如果本来是表达"我是对你怀有好意的",那么由于误用多重否定,适得其反,成了"我是对你不怀好意的",结果就可能引起某种误解。

另外,为准确使用联项,在汉语中常常对联项加以不同的限定,如完全是、绝对是、基本上是、本质上是、主要是、一般是、可以说是、在某种意义上是。

比如:我们说,这部作品基本上是好的;民族资产阶级一般都有着两面性;这次失败使他头脑清醒了,在某种意义上是好事,要注意也许在另一种意义上就不是了。

不过,加限制也要注意逻辑,比如说:阿尔伯特·加缪,法国的存在主义文学家,1957 年诺贝尔文学奖获得者,死得较早,主要是死于车祸……既然是"主要",那么"次要"是什么呢?

---

[1] 我们说过全称命题没有存在假定。就是说,"所有考零分的都不及格"并不肯定或否定考零分者存在。那么,当说 85% 的人爱真理时,我们可以推出有人存在,但当说 100% 的人爱真理时,可不可以呢?作为统计语句,它和凡人都爱真理同义,为此,我们将把它解释为:有人存在,并且他们之中百分之百都是爱真理的。

不过我们也要注意联项限制会导致一种模糊语言,比如,下级为某事向上级领导征求意见,领导批复,原则同意,亦即原则上同意。这样,话不说死,留有余地,模棱两可,基本同意,又没完全同意,到时都是进退皆宜,事情办好了,是由我经手审批的,洋洋得意;若是办糟了,我没有全部核准,责任在你,这种官僚心态实在要不得。

2.4.3 对有些命题限制必要的前提条件①

任何命题都是在一定条件下成立的,但有的条件是人所共知的,无须专门指出;而有的命题是在特定的条件下成立的,在作出这样的命题时,必须同时指出这些命题成立的条件。例如,江泽民主席曾提出,在台湾宣布放弃独立,坚持一个中国的立场的前提下,共产党是随时都可以和国民党谈判祖国统一的问题的。

再比如,一个人说"一切话都是假的",人们就问你说的这句话是真的还是假的,于是这个人补充说,"除了我现在说的这句话以外,一切话都是假的"。怎样反驳这句话,使他再次陷入悖论?若有第二个人说:"你这句话是真的。"则可问:第二个人的话是真的还是假的。于是这个人又补充说,"除了我和第二个人的话外,一切话都是假的。"如果第三个人说"第二个人说的是真的",那么,第三个人说的是真的还是假的?"除……之外",之所以在这里不起作用,是因为悖论本质上存在一个语言层次的问题。

有的逻辑书称上述命题为除外命题,其肯定形式为:除 x 之外,S 都是 P。它等于说,任何非 x 的 S 都是 P;并且任何 x 是 S;并且,没有 x 是 P。其否定形式为,除 x 之外,S 都不是 P。它的意思是说,任何非 x 的 S 都不是 P;并且任何 x 是 S;并且,任何 x 是 P。例如:除闰年外,年年有 365 天;除辩证唯物主义以外,所有哲学体系都不能彻底解决真理问题;除乌鸦外,所有鸟都会飞,等等。

2.5 周延问题

有一道数学题:解方程 $x^2=4$。A 回答:2 是方程式的根;B 回答:方程式的根是 2。试问 A、B 的回答是否一样?谁对谁错?我们的回答是,B 错了。这牵涉到性质命题中主谓项的周延性问题。

2.5.1 项的周延性

项的周延性指在性质命题中对主谓项外延数量的反映情况。具体地说,一个

---

① 加限制条件主要是针对一些全称命题,因为"所有"、"一切"往往是一定范围的所有,一定时间、地点的所有。

概念(普遍概念)在一个性质命题中出现时,如果该命题对这一概念的全部外延有所反映,那么这个概念在该命题中是周延的,如果该命题没有对这一概念的全部外延有所反映,那么这个概念在该命题中就是不周延的。

根据上述定义,全称命题的主项是周延的,而特称命题的主项是不周延的。由于全称量项"所有"的作用,全称命题反映了它的主项的全部外延,而由于特称量项"有"的作用,特称命题没有反映它的主项的全部外延。如,所有脉管炎病人都是吸烟的,有的吸烟者是运动员,等等。

性质命题的谓项不带量项,其周延情况如何? 首先考虑 SEP 的情况。所有 S 不是 P,也就是说"所有 S 都不是任何一个 P","P"在 SEP 中虽然不带量项,但根据上述分析,SEP 对 P 来说反映了"P"的全部外延,因此,P 在 SEP 中周延。比如,在 E 命题"马不是猫"中,"猫"是周延的,所以我们可以反过来说"猫不是马",在这里,马的外延和猫的外延互相排斥,为全异关系。

再看,有 S 不是 P,反映了至少有一个 S 排斥在任何 P 之外。欧拉图Ⅲ、Ⅳ、Ⅴ都有这个特点,有的 S 不在任何 P 之列,"有 S 不是 P"也就是"有 S 不是任何一个 P"的意思,因此,P 在 SOP 中周延。如,"有的师范大学不是面向全国招生的"这一命题反映出,"面向全国招生的"这个概念的全部外延与"师范大学"的部分外延是互相排斥的,因而这个命题的谓项周延。

总之,否定命题的谓项周延。

再看肯定命题。SAP 并没有反映 S 是全部 P,就是说"所有 S 是 P"不是"所有 S 是任何 P"的意思,SAP 反映的是欧拉图情况Ⅰ和Ⅱ的共同点。说"所有金子是闪光的",但"闪光的未必都是金子";说"真理是赤裸裸的",但"赤裸裸的不都是真理";说"所有的狗是四只脚的",但"所有四只脚的不都是狗"。SIP 同样没有反映至少有一个 S 是任何 P,就是说"有 S 不是 P"不是"有 S 是任何 P"的意思,SIP 反映的是欧拉图Ⅰ、Ⅱ、Ⅲ、Ⅳ四种情况的共同点。说"有动物是会飞的"并不是说"所有会飞的都是动物";说"有的花是红的"同样也不是说"所有红的都是花"。

总之,肯定命题的谓项不周延。性质命题中项的周延性可参见表 3-3。

表 3-3

	主项	谓项
SAP	周延	不周延
SEP	周延	周延
SIP	不周延	不周延
SOP	不周延	周延

2.5.2 几个需要澄清的问题

在周延问题上,应明确以下三点。

(1)周延问题是指一个普遍概念出现于性质命题中对主项和谓项的外延的反映或断定的问题。

因此离开了性质命题,仅就某个孤立的概念而言,无所谓周延与否。如"人"这个概念离开了句子,无所谓它周延与否。

(2)项的周延性问题是指在性质命题中对主项和谓项的外延的断定情况,因此,它所表示的只是命题提供者对主项和谓项外延之间的关系的一种认识或反映,而不是直接表示主项和谓项所反映的对象在现实中实际存在的客观关系。我们在分析周延情况时,就不能仅仅根据后者去断定前者,不能根据主项和谓项所反映的对象类之间的客观关系而去断定命题中项的周延情况。

事实上所有奇数都是整数,但"奇数"在"有奇数是整数"中是不周延的;事实上并非一切整数是奇数,但在"所有整数是奇数"中,"整数"是周延的。

(3)不能认为肯定命题谓项有时周延,有时不周延。

有人认为如果S与P两类有全同关系,"P"在"所有S是P"中周延,这个说法混淆了类的客观关系和命题形式的含义。事实上的"等边三角形"和"等角三角形"有全同关系,但是"等角三角形"在"凡等边三角形都是等角三角形"中不周延,因为这个命题没有对全部"等角三角形"有所反映,如果"等角三角形"在"凡等边三角形都是等角三角形"中周延,就是说在命题反映了"等角三角形"的全部外延,那么有了这条定理马上就可以合乎逻辑地得到"凡等角三角形都是等边三角形",后面这条逆定理就无需另行证明了,然而这在平面几何中却显然行不通。

还有人认为,定义的谓项周延,因为定义要求定义项和被定义项外延全同。不错,定义项和被定义项外延应该全同,但不能由此证明肯定命题的谓项有时周延。

定义的形式不仅仅是反映全称肯定命题的形式,定义S就是P,S是P,它实质上是表达了"SAP并且PAS"形式的命题,定义还可能采用其他的语言形式,但肯定不是"所有S是P"。周延问题是只在A、E、I、O中发生的问题,我们只能说"P"在"SAP"中不周延,"S"在"PAS"中不周延,不能笼而统之的说"P"在"SAP并且PAS"中是否周延。

如果"S就是P"可以分析为"任何S是任何P",这样倒似乎可以说"P"在其中周延了,然而它不是SAP,也不是SIP,即它不是传统的肯定性质命题。

2.5.3 区别命题

区别命题指具有"只有S才是P"、"只有S才不是P"形式的命题。

例如,"只有数学家才能解决哥德巴赫猜想"是说"一切非数学家都不能解决哥德巴赫猜想"。上述命题并没有"凡数学家都能解决哥德巴赫猜想的"的意思,由此可见,"只有S才是P"即"没有非S是P",而不是"没有非S是P,并且所有S是P";"只有S才是P",亦即"所有P是S"(在这个命题中,S不周延,P周延)。

这样,只有 S 才是 P,相应的"P"不一定存在,"只有数学家才能解决哥德巴赫猜想"不蕴涵"有能解决哥德巴赫猜想的人是数学家",事实正好是,至今仍不知道哥德巴赫猜想能否解决。只有 S 才是 P,并没有断定"所有 S 是 P",如,只有自然数才是素数。

有时"只有小轿车才准超车",也可以说成"除轿车外,都不准超车"意即"凡非小轿车都不准超车",它与"凡准超车的都是小轿车"等值。

有人认为"S"在"只有 S 才是 P"中周延,这是错误的。"只有 S 才是 P"也可以是"所有非 S 都不是 P","非 S"、"P"在这一命题形式中周延,而不是 S 在其中周延。

试考虑:"只有 S 才不是 P"是什么意思?"只有未成年人才不能参加"即"凡成年人都能参加",即"所有非 S 是 P"。

"只有 S 是 P"是什么意思? 只有实践是检验真理的标准,可以分析为"凡不是实践的东西都不是检验真理的标准,并且,有实践是检验真理的标准",即"所有非 S 都不是 P,并且有 S 是 P"。

总之,周延性是针对 A、E、I、O 四个命题的形式来说的,它是我们以后检验推理、三段论推理中需要掌握的一个重要环节。

3. 关 系 命 题

3.1 什么是关系命题

关系这个词大家都不陌生,我们已经讲过概念外延间的关系,性质命题的对当关系,"是"反映了三种不同的关系等等,这些仅仅是关系的一小部分。

在社会生活及其他学科领域中我们还可以见到量的关系(如长、短、大、小),质的关系(如深、浅、快、慢),空间关系(如远、近、序言、后记),因果关系(如原因、结果),时间关系(如前、后、同时),部分对全体的关系(如手足和身体),社会关系(A 是 B 的部下、A 是 B 的敌人、血缘关系、亲属关系),人与自然的关系,等等。

一句话,关系是普遍存在的,我们的一切思考、一切生活都无法逃脱于关系之外。现有的对于关系命题的定义,往往把"关系"直接作为一个基本的已知概念,可以说,没有一个尝试确切定义关系的企图是成功的,也很难得到广泛接受的关系定义。原因很简单,因为我们不可预先假定某种关系来界定(定义)关系,定义本身就反映了某种关系。

但是,就我们现在要达到的目的来说,我们对于关系性质的常识的解释就足够使我们了解"关系"的概念了。可以大致地说,关系是两个或两个以上对象之间的一种联系形式,尽管这一解释可能引发永无休止的哲学争论。

应该指出,关系不同于性质。性质是一个或一类对象所具有的属性,尽管一个对象具体具有什么属性需要以某种关系来表达;而关系则为两个或两个以上的对象共同具有的联合属性。

我们说,曹操是人,曹操是军事家、谋略家,但我们不能说曹操是父子,曹植是兄弟,我们只能说曹操和曹植是父子,曹植和曹丕是兄弟。父子、兄弟是关系概念,它牵涉到两个个体之间的一定的联系。我们能说周总理和鲁迅是伟大人物,却不能说周总理和鲁迅是同乡。是性质更根本,还是关系更根本,我们无法确切划分,只是在不同的情况下,有不同的侧重点而已。必要时,性质可以分解为关系,但有时关系也可以当作性质来理解。

3.2 关系命题的结构

关系命题就是反映两个或两个以上对象间关系的命题。从逻辑研究的角度分析,它有三个要素:关系主项、关系项和量项。

3.2.1 关系主项

关系主项,即反映关系承担者的概念,比如"曹操和曹植是父子"中的"曹操"和"曹植",一般用小写字母 a,b,x,y 等表示。

如果一个关系有两个承担者,则该关系为二项关系,如有三个承担者,则为三项关系,如镇江在南京与常州之间,其中有镇江、南京、常州三个承担者,依此类推。有 n 个承担者就有 n 个主项,该关系就称作 n 项关系。

四项以上的关系多存在于数学、逻辑等形式抽象学科中,社会生活中的实例较少。限于篇幅,这里主要介绍二项关系及传递性的三项关系。

3.2.2 关系项

关系项,即表示主项之间关系的概念。如,大于、小于、是父子、是兄弟,等等,一般用 Relation 的打头字母 R 表示。我们把 a 和 b 有 R 关系记作 aRb,或 R(a,b),对关系命题的否定就是¬ aRb,或¬ R(a,b)。其中 a 可叫做关系前项,b 可叫做关系后项。

3.2.3 量项

量项,即表示主项被反映的数量的情况。数学中,函数映射就有着一一关系、一多关系的说法。

再如,所有学生和所有工人交朋友,所有学生和有的工人交朋友,有的学生和所有工人交朋友,有的学生和有的工人交朋友,这四个命题的含义有所不同。也就是说,关系主项也有所谓周延与不周延的问题。

关系主项不仅有次序先后之分,如,交朋友有主动与非主动的情况,学生和工人交朋友,工人和学生交朋友,在意义上有所不同;还有量项多少之别,多少学生、多少工人交了朋友,这里有量的差异,这涉及现代关系逻辑的许多内容。

试比较"有一些真话是苏格拉底和柏拉图都说过的"和"柏拉图和苏格拉底都说过一些真话"两句话,以及"所有展品都有人欣赏"与"有人欣赏所有展品"两句话意思的差异。

3.3 关系的性质

一定义上说,一切规律都是一种关系。关系性质的重要性在于,一切演绎推论都是以某种关系的逻辑性质为根据。性质命题间的真假关系推演根据也在于概念外延间的类的包含关系,这在三段论中尤为明显。另外,"蕴涵"这一逻辑基本概念也是一种关系,大多数形式系统主要以"→"这一蕴涵符号为基本符号、初始符号,但演绎推论所依据的关系的性质本身并不是关系,而只不过是关系的种种特征,对此可以分为三方面。

3.3.1 自反性(reflexivity)

这是一个对象与它自身的关系,有三类。

A. 自反的(reflexive)

在特定论域中,对任何 x 而言,如果 $R(x,x)$,那么关系 R 在该论域中是自反的,关系 R 即为自反关系。

例如,在自然数论域中,任何一个数都等于它自身,所以,"等于"关系在该自然数论域中是自反的,其他如"全同"、"同一"等关系在特定的论域中都反映自反性关系。

B. 反自反的(ir-reflexive)

在特定论域中,对任何 x 而言,如果并非 $R(x,x)$,那么关系 R 在该论域中则是反自反的,关系 R 则是反自反关系。

例如,在自然数论域中,任何一个数不会大于它自身,"大于"就是反自反关系,其他如"不等于"、"重于"、"轻于"也是这样。

C. 非自反的(non-reflexive)

在特定论域中,如果存在 x_1,使得 $R(x_1,x_1)$,又存在 x_2,使得并非 $R(x_2,x_2)$,则关系 R 在该论域中是非自反的,关系 R 则是非自反关系。

例如,对全人类来说,有些人自杀,即自己杀自己,有些人则不会,还有其他自尊、自爱、自怜、自卑、自我批评、自我改造、自我折磨、自我欣赏都是这样。如果一批人集体自杀,我们把论域设为这批人,那么自杀关系在这批人中就是自反的。

3.3.2 对称性(symmetry)

这涉及两个对象之间的关系,也有三类。

A. 对称的(symmetrical)

在特定论域中,对于任何 x,任何 y 而言,如果 $R(x,y)$,那么 $R(y,x)$,则关系 R 在该论域中是对称的,关系 R 就是对称关系。

王元泽小时候,人家问他:"笼子里两只动物哪只是鹿,哪只是獐?"他从来没有见过,于是回答:"鹿旁是獐,獐旁是鹿。"这"在……旁"就是对称关系。阿 Q 说他和赵太爷是本家,赵太爷不想和他做本家,就揍他一嘴巴,骂他不配姓赵,"……是本家"其实正是对称关系。

其他概念,如不等于、等于、邻居、同盟、相交、相似、同时、共存、交叉、矛盾、对立、战友、同班、同事等等都反映对称关系。

有一个笑话,妈妈教导儿子说:"强强是坏孩子,你不要和他玩。"孩子问:"我是好孩子吗?"母亲:"当然是。"儿子:"那么强强就可以和我玩了。""……和……玩"是否对称关系,这里有一个时态问题。若 a 正在和 b 一起玩,则该关系是对称的;若 a 只是想和 b 一起玩,则 b 不一定想和 a 一起玩。

B. 反对称的(asymmetrical)

在特定论域中,对于任何 x,任何 y 而言,如果 $R(x,y)$,那么并非 $R(y,x)$,则关系 R 在该论域中是反对称的,关系 R 就是反对称关系。

例如,树在庙前,则不能推知庙在树前,而只能是庙在树后;A 在 B 之南,则推不出 B 在 A 之南,而是 B 在 A 之北。

其他概念,如大于、小于、重于、在……前面、在……后面等等都是反映反对称关系。如从圣诞节到新年只需几天,但从新年到圣诞节却要经过漫长的等待。

C. 非对称的(non-symmetrical)[1]

在特定论域中,如果既存在 x_1, y_1,使得若 $R(x_1, y_1)$,且 $R(y_1, x_1)$,又存在 x_2, y_2,使得 $R(x_2, y_2)$,且并非 $R(y_2, x_2)$,那么关系 R 在该论域中是非对称的,关系 R 就是非对称关系。

例如,在人群中,既存在甲照顾乙,乙照顾甲,又存在丙照顾丁,而丁不照顾丙,所以"照顾"关系是非对称关系。

其他如讨厌、喜欢、认识、信任、赞美、批评、欣赏、轻视等关系也是同样的道理。A 是 B 的哥哥,B 却不一定是 A 的弟弟,"……是……的哥哥"也是非对称的关系。

3.3.3 传递性(transitivity)

这涉及三个对象之间的关系,有如下三类。

A. 传递的(transitive)

在特定论域中,若对所有的 x, y, z 而言,如果 $R(x, y)$,$R(y, z)$,那么 $R, (x, z)$,则关系 R 在该论域中是传递的。

例如,对于实数而言,$x = y, y = z$ 那么 $x = z$,其他大于、小于、轻于、重于、高于、矮于等关系都是传递的。

B. 反传递的(intransitive)

在特定论域中,若对所有的 x, y, z 而言,如果 $R(x, y)$,$R(y, z)$,那么并非 $R(x, z)$,则关系 R 在该论域中是反传递的。

对于血缘关系来说,A 是 B 的父亲,B 是 C 的父亲,那么 A 一定不是 C 的父亲,这是显然的,许多血缘关系都是如此。但在平辈中间,A 是 B 的兄弟,B 是 C 的兄弟,则 A 是 C 的兄弟,"……是……的兄弟"在这里是传递的。

其他反传递的关系还有,……年长……几岁,……年幼……几岁,以及平面上的垂直关系等等。

试思考,矛盾关系的传递性如何?

C. 非传递的(non-transitive)

在特定论域中,如果既存在 x_1, y_1, z_1,使得有 $R(x_1, y_1)$,$R(y_1, z_1)$,并且 $R(x_1, z_1)$,又存在 x_2, y_2, z_2,使得有 $R(x_2, y_2)$,$R(y_2, z_2)$,且并非 $R(x_2, z_2)$,那么,关系 R 在该论域中是非传递的,关系 R 就是非传递关系。

对有些人来说,朋友的朋友还是朋友,但对有些人却不是这样。其他如认识、关心、喜欢、讨厌也都如此。在体育比赛的循环赛中,A 队胜 B 队,B 队胜 C 队,有

---

[1] 有的译作半对称、准对称。

时 A 队胜 C 队,有时则不然。

3.3.4 关系的性质的规律性

以上从自反性、对称性、传递性三个角度区分出 9 种不同的关系的性质,但一个关系可以同时兼有这三方面的性质,比如"等于"既是自反的,又是对称的,而且是传递的。若用正、反、非分别表示自反性、对称性、传递性在三方面的取值情况,理论上讲可以形成 27 种可能的组合,但其中只有 14 种能找到与其对应的关系实例(如表 3-4 所示),其余 13 种可证明它不存在,因为一关系的性质有如下规律:

① 如果 R 是反传递,那么 R 一定是自反的;
② 如果 R 是反对称的,那么 R 一定是反自反的;
③ 如果 R 是对称的、传递的,那么 R 一定是自反的;
④ 如果 R 是传递的、反自反的,那么 R 一定是反对称的。

表 3-4

自反性	对称性	传递性	关系实例	自反性	对称性	传递性	关系实例
正	正	正	……等于……	反	反	非	……比……长一寸
正	正	非	……在……三尺之内	反	反	反	……是……的父亲
正	非	正	不大于……	反	非	正	直接帮助……
正	非	非	……不是……的父亲	反	非	反	……是……最好的朋友
反	正	反	……和……成直角	反	非	非	……在……之前
反	正	非	……不等于……	非	正	非	……和……矛盾
反	反	正	……大于……	非	非	非	……爱……

现给出规律①、③的证明,②、④留待读者自证。

证明①

已知关系 R 是反传递的,根据定义,

(1) 若 R(a,b) 和 R(b,c) 成立,则 R(a,c) 不成立;

用 a 替代 b 和 c,(1) 变成 (2),

(2) 若 R(a,a) 和 R(a,a) 成立,则 R(a,a) 不成立;

(3) 所以无论如何 R(a,a) 不成立①;

所以关系 R 是反自反的。

证明③

---

① 本步骤应用了命题逻辑定理"$p \wedge p \vdash p$"、"$(p \rightarrow \neg p) \vdash \neg p$"。

已知关系 R 是传递的、对称的,根据定义,
(1) 若 R(a,b)和 R(b,c)成立,则 R(a,c)成立;
用 a 替代 c,(1)变成(2),
(2) 若 R(a,a)和 R(b,a)成立,则 R(a,a)成立;
再根据定义,
(3) 若 R(a,b)成立,则 R(b,a)成立;
(2)、(3)并用得到(4)①
(4) R(a,a)一定成立;
所以关系 R 是自反的。

明确关系的性质对于正确判断、正确进行思维推理,尤其是认识对象及其规律有重要的意义。生活中的例子也屡见不鲜。如,有一位皇帝做了一个梦,梦见一个人把他的牙齿拔光了。皇帝受到惊吓,次日邀群臣解梦,丞相说:"陛下全家将比陛下先死。"皇帝大怒,把丞相杀了,"……比……先死"是反自反的、反对称的、传递的关系,但皇帝听不惯的,还是一个"死"字。恰巧阿凡提路过,他解释说:"陛下将比你所有的家属长寿。"这里关系的性质没有改变,妙在避开了"死"字,于是龙颜大悦,重赏阿凡提。

再如,中国古时候,有一位内阁大学士,他的儿子不成才,但他儿子的儿子却考中了进士,这位内阁大学士常责备他的儿子,他儿子反驳说:"他的父亲不如我的父亲,您的儿子不如我的儿子,我有什么不成才的呢?"这里这位大学士的儿子把三人的关系是弄清楚了,但他的反驳不成立。问题在哪里呢?因为这里的关系(血缘)与性质(成才)并无推导、证明关系。

4. 模态命题

4.1 模态词

模态逻辑研究涉及命题的模态性推理。

模态命题就是包含模态词的命题。而模态词,狭义上专指必然、可能、偶然等逻辑概念;广义上则包括应当、允许、将来、过去、相信、知道等道义逻辑、时态逻

---

① 本步骤应用了命题逻辑定理"p,p→q ⊢ q"、"p,q ⊢ p∧q"。

辑、信念逻辑、认知逻辑概念。研究前者形成理论模态逻辑,研究后者形成应用模态逻辑。

这里将主要探讨"必然"、"可能"两种模态词,这也是模态理论逻辑中各家论述最为丰富的部分。

康德曾经把模态命题分为三种,即可能命题、必然命题、实然命题。设 p 为一命题,则三者可分别记作 ◇p、□p、⊢p,意思分别是 p 是可能的;p 是必然的;p 是实然的。⊢p 读作"断定 p",也就是断定命题 p 所反映的对象情况(事态)在现实世界里是真实的,因此,⊢p 往往简记作 p。

只有命题反映的事态和对象情况才有必然、可能的问题。一个概念、一个对象无所谓必然、可能,有时我们说"上帝是可能的",只是说"上帝的存在"是可能的,我们说"共产主义必然会实现",意思是说"共产主义的实现"是必然的。所以,我们这里考察的都是命题的模态。

前面我们在对命题进行讨论时规定,一个命题不是真的就是假的,如果更深一步地考察,就会发现,无论真命题还是假命题,都可以分为两类,一类是必然的,另一类是偶然的,也即有些真命题不可能为假,而其他真命题则有可能为假。类似的,有些假命题是不可能为真的,而其他假命题则是有可能为真的。这里我们把必然性、可能性和偶然性看成是命题跟真值发生联系的方式,因此关于必然,可能的模态又叫真值模态。

4.2 可能世界

现代逻辑对真值模态的解释运用的是"可能世界"的语义理论,它来源于莱布尼茨的"可能世界"理论。

由无穷多的具有各种性质的事物所形成的可能的事物的组合就是一个可能世界。通俗地说,可能世界是一种可以想象的事物状态的总和。

莱布尼茨以无矛盾性(即逻辑的一致性)来界定可能性,只要事物情况或事物情况的组合推不出逻辑矛盾,该事物情况和事物情况的组合就是可能的,而可能的事物的组合就构成可能的世界,简称为"世界"。所以他说:"世界是可能的事物组合,有的组合比别的组合更加完美,因此有许多可能世界,每一个由可能事物所形成的组合就是一个可能世界。"[1]

众多可能世界的完美程度各不相同,莱布尼茨把可能世界比作神话中的一座皇宫,其中有无数多的房间,每个房间展示一个可能世界,上帝把其中一个挑选出

---

[1] 转引自周礼全:《模态逻辑导论》,上海人民出版社 1986 年版,第 397 页。

来就成了我们所看到的现实世界。我们所居住的现实世界也是一个可能世界,由所有现存的可能事物组成,莱布尼茨认为,现实世界是一个最丰富的世界,是上帝挑选出来的最完美的可能世界。

各个命题在各个可能世界中或者为真,或者为假,这样,历史就可以假设,小说就可以虚构,上帝、金山也就成为可能。如果一个命题正确地描述了一个世界,那么它在这个世界中就为真,否则它在这个世界为假。

一个命题在现实世界中为真或假,有时就直接简称它为真或假。必然命题就是在所有可能世界中都为真的命题,可能命题就是至少在一个可能世界中为真的命题。因此,必然命题一定是在现实世界中为真的命题,凡在现实世界中为真的命题,也一定是可能的命题。

在实际应用中,可能性、必然性是具有多重歧义的。哲学家常常区别三种不同的可能性,即逻辑可能性、经验可能性和技术可能性。我们还可以加上一种个人可能性。

一命题为真是逻辑的可能。亦即它所反映的事态(对象情况)的发生并不违反任何逻辑规律。因此,我们插翅高飞,畅游天上宫阙,并非逻辑上的不可能,相反地,我们是人同时又不是人,则是逻辑上的不可能。

一命题之为真是经验的可能。假如它所反映的事态(气象情况)不违反任何(经验)科学的定律,比如肺癌的免疫是经验上可能的,可是制造一部永动机,则是经验上的不可能。

一命题之为真是技术的可能。如果技术发展水平足以使其反映的事态(对象情况)实现,比如登陆月球是技术上可能的,大众化的私人星际旅行则是技术上的不可能。

一命题之为真对于某一个人是个人的可能。如果对于他而言,该命题反映的事态(对象情况)没有违反他的条件能力的限制。比如,对于文天祥而言,杀生取义是个人可能的;对于陶渊明而言,为五斗米折腰则是个人的不可能。这里个人的不可能性概念在伦理道义中有很大的用途。

相应的,我们可以给出必然性的四种区分:逻辑的必然性、经验的必然性、技术的必然性、个人的必然性。

数学和逻辑学中可证明的真理"$1+1=2$"、"如果所有人都是爱真理的并且苏格拉底是人,那么苏格拉底是爱真理的"等等,都是逻辑必然的命题,也是逻辑学所要致力研究的课题。命题"如果张三从十层楼上跳下来,那么他必然会落到地上",就是经验必然的,如果张三从十层楼顶跳下来,那么他必然会死,这也是经验必然的。不过前者是在经验物理学中成为必然的,后者是在经验认识中成为必然的,这里涉及个人认识的确实程度问题。

注意,上述四种可能性、必然性都是相对的。具体应说,对于某一逻辑系统 L 而言,A 是逻辑的可能(或必然);对于某一经验科学系统 S 而言,A 是经验的可能(或必然);对于某一技术发展阶段 T 而言,A 是技术的可能(或必然);对于个人 I 而言,A 是个人的可能(或必然)等。

4.3 模态对当关系

4.3.1 模态命题的形式

必然命题:必然 p,记作□p;所有金属是导电体,这是必然的,记作□SAP;所有金属都不是导电体,这是必然的,记作□SEP;并非所有金属是导电体,这是必然的,记作□¬SAP。

可能命题:可能 p,记作◇p;有的金属热胀冷缩,这是可能的,记作◇SIP;有的金属不热胀冷缩,这是可能的,记作◇SOP;并非有的金属热胀冷缩,这是可能的,记作◇¬SIP。

对□p、◇p 的否定:并非必然 p,记作¬□p;并非可能 p,记作¬◇p;并非必然非 p,记作¬□¬p;并非可能非 p,记作◇¬p。

4.3.2 模态方阵

不难看出,
¬□p↔◇¬p,¬◇p↔□¬p,
¬□¬p↔◇p,¬◇¬p↔□p。

即,否定必然得可能,否定可能得必然,这反映出□p 与◇¬p、□¬p 与◇p 是相互矛盾的,而上述四命题间也存在类似 A、E、I、O 的对当关系,称作模态对当。

如图 3-10 所示。

□p 与□¬p 为反对关系,◇p 与◇¬p 为下反对关系,□p 与◇p,□¬p 与◇¬p 为差等关系,等等。

在差等关系中,□p 蕴涵◇p,是以实然命题 p 为中介,一个必然命题 p 在任何一个可能世界为真,那么在作为可能世界之一的现实世界中它也为真;而在现实世界中为真,则表示在整个可能世界中是可能的。

□p→p,p→◇p,□¬p→¬p,¬p→◇¬p

但是,现实的却不是必然的,毛泽东逝世于

图 3-10

1976 年,这是现实的,但在逻辑学看来却不是逻辑必然的。可能的也不是现实的,中国可能成为一流强国,但是现在还不是,还需要经过一番努力,这只不过是众多可能性中的一种。

此外,◇p 并不蕴涵¬ □p,否则的话,我们由"必然明天下雨"推出"可能明天下雨",再由"明天可能下雨"推出"不必然明天下雨",于是,我们就从"必然明天下雨"又推出了"不必然明天下雨",这是荒谬的。

本章思考与练习:

1. 试举例说明命题、判断和语句、陈述句之间的异同。
2. 试举例说明二值逻辑和多值逻辑的差异。
3. 试用语言层次说分析说谎者悖论。
4. 试举例说明陈述句、疑问句、祈使句和感叹句的预设。
5. 试分析下列语句中的预设:
    (1) 有一天,看到一对龙凤胎,非常可爱,可是分不出大小。于是就问:你们谁大谁小啊?女孩子神神秘秘地说:你猜猜,我们谁是哥哥谁是妹妹。
    (2) 一次我姨问我姐姐家的小孩:"大的好,小的好?"他说:"大的好。"又问:"那你长大后当大坏蛋还是小坏蛋?"回答:"当大坏蛋。"笑倒一片。
    (3) 同事有一个 6 岁的女儿,开始换牙了,她的妈妈带她拔完牙回到单位里,我问她:"牙还疼不疼?"那小女孩的回答让旁边的一群人统统笑翻了:"啊呀,牙齿被留在医院里了,我不知道它疼不疼啊!"
    (4) 爸爸给女儿讲小时候经常挨饿的事,听完后,女儿两眼含泪,十分同情地问:"哦,爸爸,你是因为没饭吃才来我们家的吗?"
    (5) 警察在新隧道口迎接第一千辆通过的汽车,当局送给驾车人一千元和一枚纪念章,顺便问奖金何用?老实的驾车人说:"我要去领一份驾驶执照";一旁诚恳的太太忙说:"我丈夫喝了酒总是胡言乱语。"后面耳聋的母亲说:"我早就知道你偷来的汽车逃不了多远。"
6. 试分析下列语句的歧义性:
    (1) 此生或彼生。
    (2) 二桃杀三士(《孟子》)。
    (3) 民可使由之不可使知之(《论语》)。
    (4) 夔一足(《韩非子·外储说下》)。
    (5) 吾穿井得一人(《吕氏春秋·察传》)。

7. 试举例分析"是"的不同用法。
8. 试举例分析有存在内涵与无存在内涵的命题之间的差异。
9. 试用文恩图表示:
   (1) S 与 P 交叉关系。
   (2) S 与 P 真包含关系。
   (3) S 与 P 真包含于关系。
   (4) S 与 P 全同关系。
   (5) S 与 P 全异关系。
10. 试分析下列各组命题之间的真假关系:
    (1) A:上海人不都是苏州人;B:上海人都不是苏州人。
    (2) A:有人会填词;B:有人不会填词。
    (3) A:有人想长寿;B:有人并非长寿。
    (4) A:没有冷血动物不需要冬眠;B:有的冷血动物需要冬眠。
11. 试举例说明直言命题、区别命题与除外命题中项的周延问题。
12. 写出与下列各句相同素材的另三种直言命题,并分析其真假关系:
    (1) 甲班同学有的不会计算机。
    (2) 所有行星没有卫星。
    (3) 有的鸟不会飞。
    (4) 甲厂的产品质量不符合标准。
    (5) 鲸是鱼。
13. 试证明关系的性质的第3、4条规律:
    ③ 如果 R 是对称的、传递的,那么 R 一定是自反的;
    ④ 如果 R 是传递的、反自反的,那么 R 一定是反对称的。
14. 试分析下列各组关系概念的逻辑性质:
    (1) 全同 全异 属种 交叉 矛盾 真包含 真包含于
    (2) 认识 喜欢 追求 接受 拒绝 结婚
    (3) 大于 不大于 小于 不小于 重于 不重于
15. 试用关系概念与关系命题的知识分析以下论述
    (1) 妈妈给王杰与王刚兄弟两个梨,结果两人吵起来,哥哥说弟弟的梨大,弟弟说哥哥的梨大。妈妈讲了孔融让梨的故事,弟弟就说:"我学习孔融,不和哥哥争了,反正大梨已经在他手里。"哥哥叫道:"你怎么学习孔融了?你手里的梨比我的大!"如何避免兄弟两人的争吵?爸爸说,哥哥和弟弟的梨互换一下,"你们都得到了自己认为的大梨"。(见徐德清:《疑案审断的智慧》,上海古籍出版社2004年版,第122页)

(2) 1933年,萧伯纳访华,前往迎接的林语堂说:"今天天气真好。萧先生真是有福之人,能在多雨的上海见到这么好的太阳!"不料萧伯纳答道:"不是萧伯纳有幸在上海见到太阳,而是太阳有幸在上海见到萧伯纳。"

(3) 砍柴时,父亲差点把儿子的胳膊当柴砍下来,儿子冲着父亲吼:"傻瓜,往哪儿砍?"一旁的孙子听见了,愤愤然道:"这个混账,怎么能对父亲这么说话。"

16. 试举例说明可能性的四种类型;试举例说明必然性的四种类型。

17. 试比较逻辑的可能性与莫菲定律中的可能性。

莫菲定律:你可曾有过这样的经验,不带伞时偏偏下雨,带了伞时偏不下雨;在门外,电话铃猛响,进了门,就不响了。这样的事儿总是无可奈何,但在我们的日常生活中却是常有。为什么总是这样倒霉?每当你去见那个你一直暗恋着的人时,不是把桌上的咖啡打翻了,就是在他面前摔了一跤,或者卡到了鱼刺。莫菲定律大概会告诉你,倒霉时永远不要问为什么。一件事情如果可能被弄糟,那就一定会弄糟。坏事如果可能发生,它就一定会发生,并造成最大可能性的破坏。

18. 试写出下列模态语句在模态方阵中的另外三种语句,并分析其真假关系。

(1) 小张必然取得成功。

(2) 他可能不参加会议。

(3) 不可能所有的花都结果。

(4) 人不一定胜天。

(5) 明天不必然不下雨。

19. 试用可能世界理论分析以下几种"偶然性"的定义。

亚里士多德:某种不是必然的东西,而对这种东西设想的存在也不包含任何不可能。

亚历山大:偶然的是既非必然也非不可能的。

吴卡谐维奇:

a. P是偶然的,当且仅当,P不是必然的,并且非P不是必然的。

b. 某个东西是偶然的,当且仅当它不是必然的而又不是不可能的。

c. P是偶然的,当且仅当,P是可能的,并且非P也是可能的。

莱布尼茨:凡是事实的,就是偶然的。

20. 试举例分析规范模态句之间的对当关系(规范模态词指:允许、应该和禁止等)

第四章

命 题 （下）

人们在实际思维中大量运用的是复合命题,所常用的推理形式也大多是由各种复合命题所构成的推理形式。如果不了解各种复合命题的形式逻辑性质、逻辑含义,就无法正确地构成各种相应的推理,也就不可能对这些推理形式的逻辑规则有确切的理解,因而也就不能正确的掌握、运用它们。

1. 联言命题

1.1 联言符号

复合命题,在逻辑学中是指通过联结词(connective)联结各种原子命题形成的命题。

所谓原子命题,也即对原子事态的反映,一般指对思维对象个体的情况的反映。或者指一个个体的属性,或者指两个个体之间的关系。逻辑学中"个体"概念是不下定义的基本概念,系指不再加以分析的对象。原子(atom)最初由希腊人提出时,就是指最小的不可分解的物质单位,它不仅是日常生活中所指的个体事物,而且也可以是自然数、圆周率、上海市那样的对象。

联言命题就是用联言符号联结多个原子命题而形成的复合问题。

逻辑学中用合取号"$\wedge$"来表示联言符号,这样"$A \wedge B$"就表示一个联言命题形式。其中,A、B是这个联言命题的联言肢,A、B可以是原子命题,如$(p \wedge q)$,也可以是由原子命题组成的复合命题,$(p \wedge q) \wedge (r \wedge s)$也表示联言命题形式。

例如:

2+2=4,并且雪是白的。

鲁迅和郭沫若都是伟大的文学家。

哲学和逻辑学是属于文化范畴的,而且是文化研究的核心范畴。

日常语言中相当于联言符号的联结词还有:和、与、跟、又、兼、但是、既是……又是……、不但……而且……、虽然……但是……,等等。英文表示有:p and q, both p and q, p but q, not only p but also q, p although q, p despite q, p yet q, p while q,等等①。

但是,这些日常语言中的联结词有些包含了不同的语气及一些心理因素,有时表示转折,有时表示递进,而在逻辑看来,它们都表示一个个原子事态的联合存在。

比如:

① 他认罪态度较好,但是犯罪情节严重。

② 他犯罪情节严重,但认罪态度较好。

两句的语气转折不同,也有不同的心理预示,但在逻辑学上,只有两个原子事实,p:他认罪态度较好,q:他犯罪情节严重。p、q 同时存在。

类似的还有曾国藩上书"屡战屡败"换成"屡败屡战"的例子,逻辑也只认两个原子事态的联合存在,也不问其先后,$p \wedge q$ 与 $q \wedge p$ 都是一样的。

联言命题 $p \wedge q$ 的联言肢 p、q 在逻辑上也不要求有什么内容相似或其他什么联系。如:"2+2=4,并且雪是白的。"依然是具有形式"$p \wedge q$"的命题。

1.2 联言命题的真值

我们这里先只考虑只有两个联言肢的联言命题。"$p \wedge q$"怎么样才算真呢?我们可以通过分析 p、q 的真假可能情况来考察。

首先一个原子语句真假变化有两种,或者真(true),我们用大写的英文字母"T"表示,或者假(false),用大写的英文字母"F"表示。p 的真值有 T、F 两种,q 的真值同样也有 T、F 两种,把它们组合起来,就可以分出四种情况。如表 4-1 所示。

表 4-1

p	q	$p \wedge q$
T	T	T
T	F	F
F	T	F
F	F	F

我们定义 $p \wedge q$ 只有在 p 和 q 都真的时候整个联言命题才真,否则为假。有一个肢命题为假,或两个肢命题为假,其整个命题均为假。所以 $p \wedge q$ 的含义就是 p、q 都真。

上述表格我们称为真值表(truth table),在逻辑中它通常被用于对一个新的联结词的定义。同时,$p \wedge q$ 这种设定和我们日常思维的用法是一致的。

---

① 参见 S. C. Kleene, *Mathematical Logic*, New York: John Wiley & Sons, Inc., 1967, p.63。转引自刘福增:《逻辑与设基法》,台湾东大图书公司 1882 年版,第 34—35 页。本章中其他联结词的英译也大多出自该书。

比如,应用真值表来分析"张三和李四是学生"这一命题的真假可能:
(1) 张三是学生,李四是学生。
(2) 张三是学生,李四不是学生。
(3) 张三不是学生,李四是学生。
(4) 张三不是学生,李四不是学生。

在上述四种可能中,只有当张三和李四都是学生的时候,该语句才为真。而当两组符号的真值真假情况完全相同时,则称两组符号是等值的,比如 p∧q 就和 q∧p 等值,它们的逻辑真值在运算中没有什么差别,可以相互置换。也就是说,"张三和李四是学生"和说"李四和张三是学生"没有逻辑真值上的差别。

如果联言命题有 3 个联言肢,那么就有 8 种真假可能,有 4 个联言肢就有 16 种可能的变化。有 n 个联言肢就 2^n 个可能的分析和组合。

真值表的这样的真假排列,对于命题、语句内容的分析有很大的帮助,它可以扩展我们的思想领域,以免陷入"只知其一,不知其二"的思维误区。

例如,如果从"德与才"两方面来考查、提拔优秀青年干部,则根据这两个情况的真假变化,可以分别出四种不同的青年人。有的青年德才兼备,是提拔、培养的良好对象;有的青年有德但无才,这种人不是培养的理想人选;有的青年无德但有才,为社会道德所不齿,也不适合当领导;有的青年既无德又无才,万万不能让这种人当领导。在重视"德才兼备"的方针下,在上述四种青年中,只有第一种有德有才,即 p∧q 为真时,才是上选人才。

我们也许可再分析年轻一词。年轻可分为生理方面和心理方面,这样又可以形成四种真假变化:有的人生理年轻,心理也年轻,这种人永远年轻,那是不可多得的;有的人心理年轻,虽然生理不年轻,即有些老年人常有一份童真稚气,正因此,不年轻不一定就是年老;有的人心理不年轻,而生理却年轻,如少年老成之类,或是年纪轻轻,就看透了一切,看破红尘,熟谙人情世故;第四种就是生理不年轻心理也不年轻的人,年纪大了,思想成熟了,心理也稳定了,因此两者都不年轻。你们看看自己属于哪一类人,再分析一下你所认识的周围的人他们都是属于哪一类人呢?

孔子曾说:己所不欲,勿施于人。我们来分析一下[①]。欲包括人欲和己欲。有时是己欲,人也欲;有时是己欲,人不欲;有时是己不欲,人欲;有时是己不欲,人也不欲。孔子说这句话所指的应该是最后一种情况:己不欲,人亦不欲,所以勿施于人。自己不想挨打,就不要打人家,因为他人也不想挨打。自己不想被偷,也不要去偷人家的,因为他人也不想被偷。要是人人要做坏事时都这样想就好了。但是,孔子这话还是忽略了另一种情况。己所不欲还应包含"己不欲而人欲"的可

---

① 参见林玉体:《逻辑》,台湾三民书局 1987 年版,第 14—17 页。本书不少其他例子也选自该教材。

能。自己不要不一定别人就不要,张三不喜欢吃臭豆腐,但李四喜欢吃,按照孔子的勿施于人,张三就不要给李四吃。甚至有些人认为,自己因得不到而不想得到的,别人也别想得到。探讨这些问题可是一大学问,不过这实在是心理学的问题,逻辑学并不涉及。不知孔子当年说这话的时候是否想过我们现在这样的逻辑分析呢?

联言命题 $p \wedge q$ 得 T 的可能性很低。去找一份工作,如果要求条件有两种,而又用 $\wedge$ 作联结词。比如:工资收入高又轻松,则所有工作单位符合这条件的并不多,在真假变化排列之中,只有 $1/4$ 的可能;有些工作工资收入高但不轻松,如开出租车;有些虽然轻松但工资不高,如留校教书,不过高校教师的职业也不轻松;有些工作既不轻松工资收入也不高,比如去了老区种田,去小厂车间开机床。这些例子俯拾即是,到处都有。如果你要求的条件有三种或三种以上,使用联接词都是 $\wedge$,那么成功的可能性就更低了。三种条件之下比如工资收入高、离家近、又很轻松,成功率为 $1/8$,4 种条件下就是 $1/16$ 了。应该明白,一切事情总不会是十全十美的,我们待人交友、处世都应当注意减少联言条件,不要过于苛求。

上面我们举的都是经验世界中可以找到的实例,逻辑关系也可不必以经验世界为限制。比如对创造与被创造的分析:人本身是创造的又是被造的;上帝本身可创造却不是被创造的。本身不能创造但却被创造:比如桌子是被造的,但桌子生不出桌子;骡子是被造的,但它不会生小骡子。最后一种是本身不能创造也不能被创造,但这样的东西根本不可能存在。

2. 选 言 命 题

2.1 选言符号

选言命题是由选言符号联结多个原子命题而形成的复合命题。

选言符号有两种。

一种是"$\dot{\vee}$",读作"析取",英文为 wedge,译作"楔劈",拉丁文又称 vel,汉语的意思是"或"、"或者",又称"相容析取",它构成相容选言命题,其基本形式是"$p \vee q$",读作"p 析取 q"。p、q 称作该命题的选言肢(disjunct),一个选言命题的选言肢并不限于两个,可以有多个。

另一种选言符号是"$\dot{\vee}$",它表示不相容析取,它构成不相容选言命题,其基本形式是"$p \dot{\vee} q$"。

2.2 选言命题的真值

2.2.1 相容选言命题

表 4-2

p	q	p∨q
T	T	T
T	F	T
F	T	T
F	F	F

我们用真值表定义相容析取"∨"的真值情况,如表4-2所示。

这样 p∨q 的含义是"至少有一个选言肢为真",若所有选言肢为假,则该选言命题为假。

所谓选言肢是相容的（compatible）,意思就是其选言肢可以同时取值为真,从而使得 p∨q 取值为"T"。例如,我们用 p 代表"明天下雨",q 代表"明天刮风",r 代表"明天下雪",那么以这三个命题为选言肢用相容析取号∨联结,就形成 p∨q∨r 这一形式的选言命题。"明天下雨,或刮风,或下雪","或"在这一句中所表述的意思是"明天下雨"、"明天刮风"、"明天下雪"三者可以并存,甚至同时发生。

用"或"来表明"相容的"命题比较常见。

比如：

a. 张三吃菠菜,或马铃薯,或牛肉干。
b. 李四选逻辑学,或西方哲学史,或老庄哲学。
c. 王五喜欢听贝多芬,或巴赫,或肖邦的作品。

在 a 中,张三吃了所列举的食物之一,或三种食物之二,或三种都吃,该命题就真;在 b 中,李四选了那三种学科,或其中之一或之二,该命题也得真。同理,在 c 中,放了三种音乐,王五都会洗耳恭听,如果只听到其中一种或两种,他也会喜欢。与联言命题相比较,这种命题得真的可能性很高。

表示相同析取的日常语言中的语词还有：抑或,还是,或者……或者……,不是……就是……,也许……也许……,可能……可能……。其英文表示有：p or q or both, p except when q, p or q（通常用法）, p unless q（通常用法）, p and/or q（法律用语）, either p or q（通常用法）, p if not q 等等。

2.2.2 不相容选言命题

表 4-3

p	q	p∨̇q
T	T	F
T	F	T
F	T	T
F	F	F

不相容选言命题是由符号∨̇联结而形成复合命题。其逻辑形式是 p∨̇q,p、q 为选言肢,也可以不止两个,用真值表定义,如表4-3所示。

我们看出,要求其选言肢有且只有一个为真,否则取值为假。

所谓不相容(exclusive),也就是其选言肢之间互相排斥,不能同时真,当然也不能同时为假,否则还是假的。我们还可以用¬、∧、∨来定义∨̇:

$$p \dot{\vee} q \; df = (p \vee q) \wedge \neg (p \wedge q)$$

不相容选言命题在汉语中一般用"要么……要么……"表示。

例如,某人到家门口发现钥匙丢了,于是说:要么钥匙忘在办公室里了,要么钥匙在回来路上掉了。不可能一把钥匙既忘在办公室里又在路上掉了。这两个选言肢不能并存。再如,某位学生经常借口手表不准,上课迟到,老师跟他说"要么你换块手表,要么我把你换掉"。

表达联结词意思的语词还有:要不,不是……就是……,或……或……两者必居其一,或……或……两者不可得兼。英文表示有:p or q but not both, p or else q (通常用法), p unless q, p except when q 等等。

汉语中"不是A就是B"通常表示"A和B至少有一个成立,或说为真"。至于A和B是否可同真,存而不论:有时相容,有时不相容。相容的比如:"不是你去,就是我去",但两个人决斗时说"不是你死,就是我亡",这话断定你和我之中至少有一个会死,但谁都不会否认可能两个人都死。

孟子说:"鱼我所欲也,熊掌亦我所欲也,两者不可得兼,舍鱼而取熊掌者也。"这两句可用数理逻辑符号表示:p∧q(p:我欲鱼;q:我欲熊掌),当两者不可得兼时,则应译为(p∧¬q)∨(¬p∧q),舍鱼而取熊掌,可以用逻辑符号表示为:(¬p∧q)。

2.3 选言肢的穷尽问题

一个选言命题是穷尽的,如果它的各个选言肢无遗漏地考虑了该论域内对象情况的所有可能。很显然,一个穷尽的选言命题不可能是假的,总是至少有一个选言肢是真的,因而整个选言命题是真的。

比如,对于自然数a、b而言,或者a>b,或者a<b,或者a=b,总有一个是真的。所以,该选言命题必真。上例中,不仅选言肢是穷尽的,而且对于确定的两个自然数,还是不相容的。这样我们可以以相容、穷尽两个标准区分四类选言命题,如表4-4所示。

表 4-4

相容	穷尽
T	T
T	F
F	T
F	F

我们举出其中两种情况的几个例子。有些语句不相容也不穷尽,赞成与反对两者不相容,但没有穷尽所有意见,因此不赞成并不等于反对,不反对也不等于赞成。成绩好与成绩坏两者不相容,但却也不穷尽,因此成绩不坏,并不等于成绩好。考90几分是成绩很好,考80几分是成绩好,考70几分成绩不坏,但考70几

分的却并不是"很好"。

有些语句不相容,但穷尽。美国大学对大学教授要求经常发表著作,否则就得滚蛋。publish or perish(出版或解聘)成为一句口号,两者不相容,但也穷尽了。因此,一位大学教授选择发表著作,他就不会被解聘;反之则否。英国十一岁以上的考试(eleven plus examination)对决定学童前途的重要性,犹如台湾的大专联考,英国人批评他们的考试措施为 swim or sink(或游或沉),因为考生通过考试,则不会在学海中沉底,一位下沉的学生,则不能继续游泳,这两种语句都具有不相容且穷尽的性质。

乐观的人抱着一种人生观以为"不恨我的人都是爱我的人",悲观的人则持一种相反的人生观,以为"不爱我的人都是恨我的人",这两句都没有经验的验证性,即经不起事实的考验。因为不恨并不等于爱,不爱也并不等于恨,因此那两句话只能代表两种人生观而已。

其他在概念间外延关系一节中也讲过,死活、开关等等都是不相同但穷尽的例子①。不活即是死,不死即活,没有不死不活的第三种情况。也没有门又开有关,或半开半关的,半开半关其实是开的。一扇门不是开就是关,不是关就是开。生活中还有许多这样的例子。

另外,我们还应知道,一个穷尽的选言命题必真,但一个真的选言命题却不一定要求穷尽。只要保证其中至少有一个选言肢为真,该命题就为真。例如,不管怎样,选言命题"a=a,或者 a > b"总是真的,因为 a=a 是永真的。

3. 假言命题

假言命题(hypothetical proposition)又称条件命题(conditional proposition),它是形式逻辑中最常见的一种命题形式。

3.1 实质蕴涵

3.1.1 $p \rightarrow q$ 的真值表

如果 p,那么 q,英文 if p then q,逻辑学用"$p \rightarrow q$"表示其形式,意为蕴涵(implication),英文读作 arrow,有些逻辑书用"⊃"表示,叫 horse shoe,像马蹄铁。

---

① 参见本书第二章 3.3.4。

在 p→q 中,p 称作前件(antecedent),q 称作后件(consequent)。

假言命题就是前件和后件通过蕴涵号联结而形成的复合命题。我们用如下真值表规定其意义,见表 4-5。

"p→q"只有在前件真而后件假的情况下为假,其余情况都为真。即,假言命题是正确的,如果不是前件真、后件假。这是古希腊 Stoic 派的逻辑学家菲罗提出来的,所以又叫 Philonian implication,通称"蕴涵",也即实质蕴涵。

表 4-5

p	q	p→q
T	T	T
T	F	F
F	T	T
F	F	T

在历史上有很多种"蕴涵",比如与菲罗同时的第奥多鲁就提出第奥多鲁蕴涵(Diodorean Implication),认为一个条件命题为真,当且仅当,在任何时刻下,都不存在在 t 时刻 p 真,并且在 t 时刻 q 假的情况,也即,如果 p,那么 q 的成立条件是,当且仅当任何时刻都没有出现前件真而后件假的情况。

还有现代的刘易斯(C. I. Lewis)提出来的严格蕴涵(Strict Implication),p 严格蕴涵 q 被定义为,(p∧¬q)是不可能的,也就是必然并非(p∧¬q),这是现代模态逻辑重要的研究主题之一。

3.1.2 蕴涵怪论

实质蕴涵不考虑时态,不考虑必然性,不考虑 p、q 之间有什么事实关联,其真值完全由前后件的真假情况确定。这样,按真值表的规定,只要前件 p 是假的,不管后件 q 真假如何,p→q 总是真的;而只要后件 q 是真的,不管前件 p 真假如何,p→q 也总是真的。这里我们就发现一个蕴涵怪论(Paradox of Implication),简单地说就是,假命题蕴涵一切命题,其形式表示为¬p→(p→q)①;真命题为一切命题所蕴涵,其形式表示为 q→(p→q)②。

让我们来分析几个例子:

(1) 如果今天下雨,那么我们不去郊游。

a. 当 p、q 都真,今天下雨,我们不去郊游,前件、后件都真,结果当然真。

b. 当 p 真、q 假,今天下雨,我们去郊游,前件真、后件假,结果 p→q 得 F,这是人人都可理解的。

c. 当 p 假、q 真,今天不下雨,我们不去郊游,前件假、后件真,结果 p→q 得 T,因为在原命题只说"如果今天下雨,那么我们不去郊游",它并不限定假如今天"不"下雨的情况如何。

d. 当 p 假、q 假,今天不下雨,我们去郊游,前后件都假,结果 p→q 得 T,因为

---

① 这里 q 为任意命题。
② 这里 p 为任意命题。

今天不下雨,我们可以去郊游,也可以不去郊游,因此原句为真。

下面是假命题蕴涵一切命题的例子:

(2) 以 p 当作"考试题目正确",q 当作"答案正确",则 p→q 的取值变化如下:

　　a. 考试题目正确,作答也正确,p 真、q 真,则给分,p→q 得 T。
　　b. 考试题目正确,作答不正确,p 真、q 假,则不给分,p→q 得 F。
　　c. 考试题目不正确,作答正确,p 假、q 真,也给分,p→q 得 T。
　　d. 考试题目不正确,作答不正确,p 假、q 假,也给分,p→q 得 T。

我们可以这样理解,题目错了,当然不能怪学生做对、做错,都应该给分。

其他的例子如:

(3) 罗素非常支持实质蕴涵的这种解释,一次,有人请他证明一下,"如果 2＋2＝5,那么罗素和某个大主教是一个人"。罗素说,这很容易,如果 2＋2＝5,我们已知 2＋2＝4,于是 4＝5,也即 5＝4,等式两边减 1,得到 4＝3,再减 1,得到 3＝2,再减 1,得到 2＝1,我们已知罗素和某个大主教是两个人,所以,罗素和某个大主教是一个人。

真命题为一切命题蕴涵的例子如:

(4) 宋仁宗时,大将狄青受命前往平定侬智高的叛乱,军兵有些胆怯。军马路过一座据说很灵验的神庙时,狄青拿出一大把铜钱,仰天大声祷告"如果此战能得胜,我撒出去的铜钱应该都是正面朝上的"。众将大惊,一齐劝阻不要撒,这怎么可能全部朝上呢?但狄青不听,扬手撒开,叮当一阵响声过后,铜钱悉数坠地,大家一看,正面全部朝上,欣喜若狂,深信此番之行有神灵保佑,士气大振,后来果真大胜而归。

狄青的秘诀在于,那把铜钱是特制的,两面都是正面的图案,这样等于他能保证后件为真,不管其前件如何,就算他祷告"如果此战会败,我撒出去的铜钱应该都是正面朝上"也一样,p→q 为真。

由此我们看出,实质蕴涵怪论其实也不怪,只是看起来有些难以理解罢了。

3.2　假言条件

从实质蕴涵的规定中,我们可以分析出前件与后件所构成的三种关系,即前件是后件的"充分条件",前件是后件的"必要条件",前件是后件的"充分必要条件"。

3.2.1　充分条件

充分条件(Sufficient Condition)定义为:有之必然,无之不必然。换句话说,如果 p 为前件，q 为后件，则有 p 定有 q，但无 p 则不一定有 q（或无 q），在这种情况下，p 为 q 的充分条件，记作 p→q，读作 p 蕴涵 q，它的真值表我们已经讲过，就是实质蕴涵的真值表，参见表 4-5。

生活中充分条件的例子很多，例如，中国人"到美国"是"出国"的充分条件，因为到了美国，就一定出了国；但如果没有到美国，则不一定没有出国，要说出国可以去英国，也可以去加拿大。"是复旦学生"是"是学生"充分条件，是复旦学生则肯定是学生，但不是复旦学生则不一定不是学生，可以是华东师范大学的学生，也可以是上海交通大学的学生。再如，"断头"是"死"的充分条件，只要头断了，一定是死了，因为"断头"就足够（sufficient）致"死"。

日常语言中，表示充分条件的语句连词，除了"如果……那么……"、还有"只要……就……"、"若……则……"、"一旦……，……""在……时候，……"等等。英文表示有：if p, then q; provided that p, q; given that p, q; in case p, q; assuming that p, q; on the condition that p, q, 等等。

"只要……就……"和"如果……就……"从逻辑角度上两者并无区别，但从语气角度则有一点差异。

波斯有位国王，他问大臣："王宫面前的水池里共有几杯水？"大臣说："这种问题只要问一个小学生就可以得到正确的回答。"一小学生被召来后答道："这要看什么样的杯子，如果杯子和水池一般大，那就是一杯；如果杯子只有水池一半大，那就是两杯；如果杯子只有水池三分之一大，那就是三杯……"小学生还想"如果"下去。国王老早叫停看赏了。

在这个故事里，"如果 p 就 q"侧重于假设的意思，与"假如"、"倘若"、"假使"同义。p 可以是事实，也可以是可能性，或假定情况。而"只要 p 就 q"侧重于表达条件不高，不难做到，或只要求这一点，不要求别的。"只要"相对于"不要"讲，意思是只要满足 p，而不需要满足其他条件就会产生 q。

试理解列宁说，只要再多走一步，仿佛是同一方向迈的一小步，真理便会变成谬误。

3.2.2 必要条件

必要条件（Necessary Condition）定义为：无之必不然，有之不必然。换句话说，如果 p 为前件，q 为后件，则无 p 一定无 q，但有 p 则不一定有 q（或无 q），在这种情况下，p 为 q 的必要条件，记作"¬p→¬q"，或有的书上记作"p←q"，←读作逆蕴涵，或反蕴涵，它的真值表如表 4-6 所示。

表 4-6

p	q	¬p→¬q
T	T	T
T	F	T
F	T	F
F	F	T

生活中必要条件的例子也很多,例如,"有钱"是"捐款"的必要条件,"买奖券"是"中大奖"的必要条件,等等。

还有,如果p是q的充分条件,则q就是p的必要条件。前述充分条件的例子可以用来解释这种情况。当"到美国"是"出国"的充分条件时,"出国"就是"到美国"的必要条件;同理,"是复旦学生"是"是学生"充分条件,则"是学生"则是"是复旦学生"的必要条件。

日常语言中,表示必要条件的语句连词,有"只有……才……"、"没有……就没有……"、"唯若……才……"、"必须……才……"、"除非……才……"等等。英文表示有:only if p, then q; p, only when q,等等。

充分条件和必要条件两者有很大的不同,如果混同两者,将造成思维、推理的谬误。如下面一组句子,两字之差,意思完全不同:

a. 只有年满18岁,才有选举权。
b. 只要年满18岁,就有选举权。

有个混淆了充分条件与必要条件的例子。

有个人丢了一只放有贵重物品的皮箱,别人都很为他着急,他却不慌不忙地说:慌什么,开箱子的钥匙还在我手里,别人捡了箱子去也没有用。

如果有相应的钥匙,就能打开箱子,这是充分条件。但如果说,如果没有钥匙,就不能打开箱子,有钥匙成了必要条件,那就说不过去了。钥匙在于防君子,而不防小人,没人那么傻,难道他不可以砸开、撬开吗?

3.2.3 充分必要条件

将充分条件和必要条件合并,即成为充分必要条件(Sufficient & Necessary Condition),简称"充要条件",其定义是,有之必然,无之必不然。如果p为前件,q为后件,则充要条件的意思是(p→q)∧(q→p),记作"p↔q",读作"双蕴涵"。英文为biconditional,或double arrow。

表 4-7

p	q	p↔q
T	T	T
T	F	F
F	T	F
F	F	T

p↔q 意思是,p 当且仅当 q,它的真值表如表4-7:

其含义是:p真q必真,p假q必假,也即前件与后件同真假,p、q互相呼应,在逻辑上称为互相等值。如:

人不犯我,我不犯人;人若犯我,我必犯人。"人犯我"记为"我犯人"的充分必要条件。

定义形式中的定义项和被定义项一般也可构成充要条件。如:逻辑学是研究形式推理的有效性的学科。我们可以改说成,一门学科是逻辑学,当且仅当,它是一门研究形式推理的有效性的学科。这就是一种定义等值。

日常语言中,表示充要条件的语句连词还有:"……恰好如果……"、"……有且只有……"、"……若且唯若……"、"……是且只是……"。英文表示如:…if and only if…(简记作 iff)…exactly on condition that…,…just in case…,等等。

4. 负 命 题

4.1 否定符号

前面我们已经讲了∧、∨、→等基本符号,它们总的说来,有个特点,就是原子命题经它们一定的联结形成的复合命题还是命题。p 是命题,q 是命题,p∧q 等还是命题。否定符号也有这样的特点。

表 4-8

p	¬p
T	F
F	T

对命题进行否定就是,在原命题 p 前加上否定符号"¬",记作¬p,读作"并非 p",p 可以是原子命题,也可以是前述各种符号联结形成的复合命题,包括¬¬p 这样的双重否定命题、¬¬¬p 等多重否定命题。具有¬p 形式的命题,我们称为负命题。其真值表如表 4-8 所示:

显然 p 与¬p 属于矛盾关系,p 真¬p 假,p 假¬p 真,可由真推假,也可由假推真。

并非 p 的日常语言形式还有:p 是假的,p 是错的,p 是荒谬的,p 不对,p 不成立,p 不是这样,等等。

命题的否定的英文表示法有:not p, p does not hold, p is not so, It is not the case that p, It is false that p,等等。

4.2 命题的否定

4.2.1 性质命题的否定

英文 not 有两种用法,第一种在助动词 be 后直接写 not,第二种就是在语句前加 It is not the case that……,如:

John is not a student.

It is not the case that John is a student.

两句意思是一样的,因为其主词是个体,没有量词"所有"或"有些"的限制,对于量化的原子命题,则有部分否定与全部否定之分。如:

It is not the case that all students are intelligent.

All students are not intelligent.

No student is intelligent.

三句意义是不同的。前一个是对整个命题的否定,这已在对当关系中讲述,主要应该记住对当方阵中矛盾关系的两对命题:A 与 O,E 与 I,否定全称得特称,否定特称得全称。即:

¬ SAP↔SOP,

¬ SEP↔SIP,

¬ SIP↔SEP,

¬ SOP↔SAP。

4.2.2 模态命题的否定

基本模态命题也是类似的,在模态方阵中,□P 与 ◇¬ p,□¬ p 与 ◇p 是相互矛盾的,否定必然得可能,否定可能得必然。即:

¬ □p↔◇¬ p,

¬ □¬ p↔◇p,

¬ ◇p↔□¬ p,

¬ ◇¬ p↔□p。

4.2.3 联言命题的否定

联言命题要求联言肢同时都真,否则为假,所以,只要其中一个联言肢至少有一个为假,整个联言命题就是假的。p∧q,只要 p、q 至少有一个为假,即¬ p∨¬ q,就可以得到¬ (p∧q),也就是否定联言得选言,否定选言得联言。其形式表示为:

$$\neg (p \wedge q) \leftrightarrow (\neg p \vee \neg q)$$

安徒生自称又丑又穷,没人和他交朋友,"他又丑又穷"形成一个联言命题,事后有人研究发现,他富比王侯,只不过他隐瞒了身世,他是一位王子,即后来成为丹麦国王克里斯蒂安八世的私生子。这样,我们否定了"他又穷"这一肢命题,就可以说,并非安徒生又丑又穷。

4.2.4 选言命题的否定

对于相容析取,通过真值表我们可以看出,当且仅当两个选言肢都为假的时候,p∨q为假,即¬(p∨q)↔(¬p∧¬q),这是否定选言得联言,它与前述否定联言得选言并称德摩根律,在命题逻辑系统中它是一个很重要的规律。

对于不相容析取,只要其选言肢同真或同假,则整个析取(p$\dot\vee$q)为假,即¬(p$\dot\vee$q)↔(p∧q)∨(¬p∧¬q),这通过真值表可以很直观地看出来。

4.2.5 假言命题的否定

对于充分条件的假言命题的否定,只要指出前件不是后件的充分条件,也即并非有前件就一定有后件,而存在有前件成立而后件不成立的情况,则整个假言命题(p→q)为假,即¬(p→q)↔(p∧¬q)。

《三国演义》中,北海太守孔融自小聪明,有位客人说:"小时聪明,大时未必聪明。"孔融马上接着说:"如君所言,幼时必聪明者。"意思是:你小时是聪明的,反倒大时不聪明了。

试分析故事中"小时聪明"与"大时聪明"的条件关系。

现在西方有些国家常常散布"中国威胁论",其理由是,一个国家经济越发展,就会对世界构成威胁。那么,我们可以反问:世界上那么多发达国家,是不是都对世界构成了威胁?

对于必要条件的假言命题的否定,只要指出前件不是后件的必要条件,也即并非没有前件就一定没有后件,而存在前件假而后件真的情况,则整个假言命题(¬p→¬q)为假,即¬(¬p→¬q)↔(¬p∧q)。

例如:说"不打不成器",我们要否定"打"是"成器"的必要条件,只需说存在"不打而又成器"的情况就可以了。说"物以稀为贵",要否定"物稀"是"物贵"的必要条件,只要找到某个例子说,这种东西很稀少,但是价格不贵,或说不珍贵,就可以了。

对于充要条件的假言命题的否定,只要指出前件不是后件的充要条件,也即并非有前件与后件同真假,而存在有前件真而后件假,或前件假而后件真的情况,则整个假言命题(p↔q)为假,即¬(p↔q)↔(p∧¬q)∨(¬p∧q)。

我们要否定"湖里有鱼"是"钓到鱼"的充要条件,只要说,湖里有鱼但没钓上来的情况存在,就可以了。"湖里有鱼"仅是"钓到鱼"的必要条件,不能说某人在湖里钓了一天鱼,一无所获,就认为湖里根本没有鱼。

要否认"在作案现场留下他的指纹"是"他是凶犯"的充要条件,只要指出,有的人在作案现场留下指纹,但不是杀人犯,或,有的人没有留下指纹,但却是杀人犯的情况存在,就可以了。这里,"在作案现场留下指纹"与"是凶犯"又是什么条件联系呢?

4.3 求否定规则

在数理逻辑中,求否定规则是一个重要的语法规则,它给出了如何直接求一公式的否定式的方法①。

我们用一公式的右上角加"−"的办法来表示此公式的否定式,如用 E^- 表示 E 的否定式。并且如果在一公式里,→或↔出现多次,则可根据以下等值式:

$(A→B)↔(¬A∨B)$

和 $(A↔B)↔((¬A∨B)∧(A∨¬B))$

通过置换将→和↔消去。由此,求否定规则可以表述为:

设 E 为一公式,在其中→和↔不出现,其否定式 E^- 可以用以下方法直接得到:

(1) ∨被代以∧。
(2) ∧被代以∨。
(3) 不出现于部分公式中¬π中的π被代以¬π。
(4) ¬π代以π。

如:

公式 $p∧q$ 的否定式是: $¬p∨¬q$。

公式 $p∧¬q$ 的否定式是: $¬p∨q$。

公式 $(p∨¬q)∧r$ 的否定式是: $(¬p∧q)∨¬r$,等等。

若我们同时考虑命题中还有□、◇、(x)、(∃x)等符号,则求否定规则还可以加入下面几条:

(5) □被代以◇。
(6) ◇被代以□。
(7) (Δ)被代以(∃Δ)。
(8) (∃Δ)被代以(Δ)。

并将第3、4条改为:

(3) $¬π$ 代以 $π$;$¬Γ(Δ_1,…,Δ_n)$ 被代以 $Γ(Δ_1,…,Δ_n)$。

(4) 不出现于部分合式公式中¬π中的π被代以¬π;不出现于部分合式公式 $¬Γ$ 中的 $Γ(Δ_1,…,Δ_n)$ 被代以 $¬Γ(Δ_1,…,Δ_n)$。

如:

公式 $p∧(x)F(x)$ 的否定式是: $¬p∨(∃x)¬F(x)$。

公式 $(x)(F(x)∨¬G(x))$ 的否定式是: $(∃x)(¬F(x)∧G(x))$。

---

① 详见王宪均:《数理逻辑引论》,北京大学出版社1982年版,第65、169页。

公式□(x)(∃y)R(x, y)的否定式是:◇(∃x)(y)¬ R(x, y)。

根据求否定规则,"不可能所有的花都结果"的意思是:必然有的花不结果;"世界上不可能有某种原则适用于所有不同的国度"的意思是:世界上任何原则都必然有它不适用的国度。

5. 真值表及其运用

5.1 真值表的构成

真值表是判定复合命题真值的一种有效工具,任何一个语意清晰的复合命题,都可以分解成最基本的三类符号:

甲类符号:p,q,r……等原子命题符号。

乙类符号:¬、∧、∨、→、↔等命题联结词。

丙类符号:(,)。

反过来,我们说任何一个语意清晰的复合命题都由原子命题变项通过联结词的逐次联结而形成,必要时我们将运用括号。

形式语言中,这种语意清晰的式子称为"合式公式",英文为:Well Formed Formula,简记作 wff,同时,我们有如下的形成规则:

(1)p,q,r……等原子命题符号是合式公式(wff)。

(2)如果 A、B 是合式公式,那么¬ A,(A∧B),(A∨B),(A→B),(A↔B)等也是合式公式。

(3)此外,其他都不是合式公式。

比如:p, q, ¬ p, ¬ q, (¬ q∨¬ q), (p∧q), ¬ (p∧q), ¬ (p∧q)↔(¬ p∨¬ q)等都是合式公式。

构造一个复合命题的真值表,有如下步骤:

第一步:先写出 wff 中的每一个变项,然后给出变项的各种真值可能,如果是 2 个变项,则有 4 种可能的真值组合;若是 3 个变项,则有 8 种可能的真值组合;若是有 n 个变项,则有 2^n 种可能的真值组合。因此,真值表只适合于有 4 个以下变项的 wff,超过 4 个变项,则表格就画得过大,显得麻烦而不方便了。

第二步:由简到繁地写出表达式中的各个组成部分,如:对于 wff¬ (p∧q)↔(¬ p∨¬ q),其各组成部分如下:p, q, ¬ p, ¬ q, (¬ q∨¬ q), (p∧q), ¬ (p∧

q)，¬（p∧q）↔（¬p∨¬q）。

第三步：由表达式中各组成部分的真值和五大联结词的定义逐步给出其每一个组成部分的真值赋值，最后一列即是该 wff 的真值情况。

五大联结词的定义如表 4-9 所示。

表 4-9

P	¬P
T	F
F	T

p	q	p∧q	p∨q	p→q	p↔q
T	T	T	T	T	T
T	F	F	T	F	F
F	T	F	T	T	F
F	F	F	F	T	T

则 wff ¬（p∧q）↔（¬p∨¬q）的真值表构成如表 4-10 所示。

表 4-10

p	q	¬p	¬q	¬p∨¬q	p∧q	¬（p∧q）	¬（p∧q）↔（¬q∨¬q）
T	T	F	F	F	T	F	T
T	F	F	T	T	F	T	T
F	T	T	F	T	F	T	T
F	F	T	T	T	F	T	T

5.2 括号的用法

前此，我们讲过有五种基本的复合命题，由五大联结词¬、∧、∨、→、↔联结而成，而一个复合命题的肢命题也可以是复合命题，一个联结词可以在一个命题中重复多次，不同的联结词也可以出现在同一个命题中。这时，为了明晰命题的含义，就必须使用括号。

（1）今天下雨和刮风和下雪。
（2）今天下雨或刮风或下雪。
（3）今天下雨和刮风或下雪。

（1）、（2）句语意表达相当清楚，（3）句却有歧义。在日常语言中，我们用"，"逗号来明确其语意，如"今天下雨，和刮风或下雪"；或"今天下雨和刮风，或下雪"。逗号的这种作用在形式语言中是通过括号来体现的，若以 p 代表"今天下雨"，以 q 代表"今天刮风"，以 r 代表"今天下雪"，则可将前述以逗号分隔的句子分别符号化为：p∧（q∨r），（p∧q）∨r。

我们加括号的目的是为了明确不同联结词联结命题的先后，或说联结词的主次。

对于 p∧q∨r，若以∧为主联结词，则其意为 p∧（q∨r）；若以∨为主联结词，则其意为(p∧q)∨r。

对于 p∧q→r,若以∧为主联结词,则其意为 p∧(q→r);若以→为主联结词,则其意为(p∧q)→r。

有人觉得括号麻烦,就想出了一个与数学上类似办法。例如:3+2×5 是(3+2)×5 的意思,还是 3+(2×5)的意思,数学上若规定"先加减,后乘除",则 3+2×5 等于 25;若规定"先乘除,后加减",则 3+2×5 等于 13。

于是人们提出,可以约定上述五大联结词的结合力:

$$¬、∧、∨、→、↔$$

顺次由强到弱,若无括号,则¬结合力最强,∧、∨次之,→、↔最弱。如:

$$(¬p→((q∨¬r)∧s))↔(¬t∧m)$$

若无上述约定,则须加上完整的括号表示如下:

$$(((¬p)→((q∨(¬r))∧s))↔((¬t)∧m))。$$

5.3 重言式

如果一个 wff 的真值表的最后一列都为真,那么我们称之为重言式,也叫永真式,英文 tautology,台湾译作"套套络基"。如 5.1 节中的合式公式

$$¬(p∧q)↔(¬p∨¬q)$$

就是一个重言式。

重言式有什么用呢?维特根斯坦说它都是废话、赘语,对事实什么也没有断定。但我们要说,它却是有用的废话。这是因为:

第一,任何一个逻辑规律符号化后一定是一个重言式。

如:wff p→p,wff p∨¬p,wff ¬(p∧¬p),分别作为形式逻辑三大基本规律同一律、矛盾律、排中律的符号化表示;

第二,任何一个有效的逻辑推理符号化后也一定是重言式。

如:(p→q),p ⊢ q,是有效的推理形式,则((p→q)∧p)→q 也一定是重言式。

5.4 真值表的运用

前此,我们说到了真值表的不少作用:
1) 真值表对联结词的定义功能;
2) 判别两个 wff 是否等值;
3) 判别一个 wff 是否为重言式;
4) 判别一推理形式是否有效;

其实,真值表还有一个作用,那就是:

5)用于解题时的真值分析。

让我们看如下三个例题。

例1 用真值表方法解答,是否有一方案同时满足甲、乙、丙三位领导的要求。

某单位三位领导对于是否选派小丁、小马出国作了各自的批示如下:

甲:如果派小丁,则也要派小马。

乙:只有派小丁,才会派小马。

丙:或者派小丁,或者派小马。

以 p 代表"派小丁";以 q 代表"派小马"。

先将三位领导的话符号化,并构造真值表,见表 4-11 所示。

表 4-11

p	q	p→q	¬p→¬q	p∨q
T	T	T	T	T
T	F	F	T	T
F	T	T	F	T
F	F	T	T	F

从真值表第一行可见,当 p、q 为真时,甲、乙、丙三位领导的话均为真,即存在一方案同时满足三位领导的要求:小丁和小马都选派。

例2 已知甲、乙、丙三人如下判断一真二假,试用真值表方法判断张三是否考上大学。

甲:如果张三考上大学,那么李四也考上大学。

乙:李四考上大学,当且仅当,张三考上大学。

丙:如果张三考上大学,那么李四没考上大学。

以 p 代表"张三考上大学";以 q 代表"李四考上大学",构造真值表,见表4-12。

不难发现在第二行中,三句话一真二假,即,张三考上大学而李四则否。

表 4-12

p	q	p→q	q↔p	p→¬q
T	T	T	T	F
T	F	F	F	T
F	T	T	F	T
F	F	T	T	T

例3 一位逻辑学家被人绑架,绑匪向他家人索要赎金,后来发现他家一贫如洗,由于不想随意撕票,绑匪头子决定给他一次逃生的机会。他说:"在你面前有

且只有两扇门,一扇通向死亡,一扇通向自由,你可以选择一扇门离开。为了帮助你决定或选择,我的两个助手之一会和你在一起,并且只允许你对他说一句话,他会回答真或假(对或错),你可以据此作出判断。然而我必须警告你,我的两个助手一个完全说真话,另外一个则总是说谎。"说完绑匪头子哈哈大笑,并率众离开,只留下他的两个助手之一。绑匪头子认为这样省却了自己做一个杀生决定的麻烦,只不过给了逻辑学家一个求生的赌注机会。但是,逻辑学家在他哈哈大笑的同时也在心里暗自窃喜,因为对于逻辑学家来说,不存在什么赌注机会,自己是可以必然求生的。接着他向留下来的助手说了一句话,按助手的回答,准确无误地走向了自由之门。

他说的是什么话?

我们可以有系统地将问题解答如下:姑且说,逻辑学家希望对他的语句的回答是这样的,如果左边的门通向自由,则留下来的助手(无论是说真话的,还是说假话的)都回答是"是",如果不是,则回答"不是"。

这样我们给出两个原子命题:

p. 留下来的助手是说真话的。

q. 左边的门通向自由。

并借助表 4-13 找出逻辑学家应该说的语句的真值。

表 4-13

p	q	希望的回答	应该说的语句的真值
T	T	是	T
T	F	不是	F
F	T	是	F
F	F	不是	T

前两列给出 p、q 所有可能的真值指定。

第 3 列给出逻辑学家希望获得的回答。

第 4 列给出逻辑学家应该说的语句的真值。

由此当我们完成第四列的时候,就把问题转换成寻找一个具有第四列的真值情况作为真值表的语句,即,p↔q。用自然语言表达为:

你是说真话的,当且仅当,左边的门通向自由。对吗?

如果他回答"是的",那么左边的门确实通向自由;如果他回答"不是",那么左边的门不通向自由,即等于说,右边的门通向自由。

试考虑:若设 p 为"留下来的助手是说假话的",情况会怎样?

本章思考与练习：

1. 试举例说明联言命题和选言命题得真可能性的高低差异。
2. 试分析汉语和英语中假言命题各种表达方式的异同。
3. 试分析下面各组句子意思的差异：
   a. 只有下了决心，才能战胜困难。
   b. 只要下了决心，就能战胜困难。

   a. 除非钨丝断了，电灯才会熄灭。
   b. 只要钨丝断了，电灯就会熄灭。

   a. 必须是偶数，才能被4整除。
   b. 只要是偶数，就能被4整除。

   a. 《教师法》第25条规定：教师的平均工资水平应当不低于或者高于国家公务员的平均工资水平，并逐步提高。
   b. 《新民晚报》1994年2月16日头版：（上海）拟就今年教育工作新目标，今年教师的工资水平争取有较大加幅度的提高，确保平均工资达到或者高于公务员的平均工资。

4. 试分析下列命题属于何种复合命题：
   (1) 对有些人来说，朋友的朋友还是朋友，但对有些人却不是这样。
   (2) 如果不了解各种复合命题的形式逻辑性质、逻辑含义，就无法正确地构成各种相应的推理，也就不可能对这些推理形式的逻辑规则有确切的理解，因而也不能正确的掌握运用它们。
   (3) 事出有因，查无实据；查无实据，事出有因。
   (4) 我们查字典，有的习惯于四角号码，有的习惯于拼音字母，或是部首笔画，上述每一种查字方法都是对汉字进行的一次复杂的划分、归类。
   (5) 先知先觉；后知后觉；不知不觉。

5. 试结合本专业学习分析真值表分析法的作用。
6. 试用真值表的真假排列分析：
   (1) 从有无"经营才能"、有无"个人资产"来区分四种人。
   (2) 从"投资"多少、"盈利"大小、"风险"高低来区分8种项目。
   (3) 漂亮女人很多，又漂亮又会唱歌的没那么多。又漂亮又会唱歌又懂事的更少。
   (4) 据一位哲学专业毕业的学生说，哲学系的学生有一个宏伟而骇人的"一四计划"：大一得理也饶人（能表述不同的见解和观点，但还不具备批评的能力），大二得理不饶人（能用理论知识解释、分析现实问题），大三理亏则饶人（具备评判、解决问题的能力，但思考的角度还比较单一),大四理亏不饶人(学会了从不同的角度观察问题,能提出不同的立论并能旁征博引进行论证)。

(5) 一位哲学系的师兄这样总结自己四年的大学生活:大一时不知道自己不知道,大二时知道自己不知道,大三时不知道自己知道,大四时知道自己知道。

(6) 一个阿拉伯谚语:愚蠢者无知,且不知自己无知——远离他;单纯者无知,但知道自己无知——教育他;睿智者有知,但知道自己有知——追随他;迷糊者有知,且不知自己有知——唤醒他。

7. 已知:(1) 如果 A 不真包含于 B,那么 C 与 D 不全异;
   (2) 只有 B 与 D 全异,B 才不真包含于 D;
   (3) B 与 D 不全异,但 C 与 D 全异。
   试用欧拉图表示 A、B、C、D 外延间的关系。

8. 已知:(1) A 真包含于 B;
   (2) 有 C 不是 D;
   (3) 若 C 不真包含 A,则 C 真包含于 A。
   试用欧拉图表示 A、B、C 外延间的关系的所有可能情况。

9. 已知:
   (1) S 真包含 P;
   (2) 要么 MEP 真,要么 SIP 真。
   试用欧拉图表示 S 与 M 概念间的关系。

10. 试指出下列语句中哪些两两等值,哪些两两矛盾:
    (1) 张三高大而英俊;
    (2) 张三高大但不英俊;
    (3) 张三不高大但英俊;
    (4) 张三既不高大又不英俊;
    (5) 只有张三高大他才英俊;
    (6) 如果张三高大则他英俊;
    (7) 只有张三高大他才不英俊;
    (8) 如果张三高大则他不英俊;
    (9) 只有张三不高大他才英俊;
    (10) 如果张三不高大则他英俊;
    (11) 只有张三不高大他才不英俊;
    (12) 如果张三不高大则他不英俊。

11. 设 A、B、C、D 四命题具有图 4-1 所示的对当关系,已知 A 为 ¬(p→¬q)

则 B、C、D 各是什么。(注:要求只能用 A 式中出现过的逻辑符号)

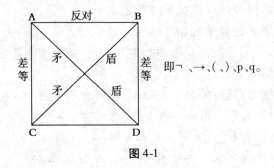

即 ¬、→、(,)、p, q。

图 4-1

12. 试用逻辑符号表示下列语句:
   (1) 1991 年以来,全世界有 10 多位总统、总理和执政党领导人遭暗杀或遇刺而幸免于难。——《新民晚报》1995 年 11 月 6 日
   (2) 人更多的是对自己说谎,所以人才离自己最远,不愿或不敢正视事实,就宁愿相信它不是真的。

13. 试用下列例子分析实质蕴涵的性质:
   (1) A:如果你有 10 万元,能给我一万元吗?
       B:没问题!
       A:如果你有两辆车,能送我一辆吗?
       B:当然可以!
       A:那,如果你有三件衬衣,能借我一件吗?
       B:那不行!
       A:为什么?
       B:我正好有三件衬衣。
   (2) 如果太阳从西边出来,那么张三当皇帝;
       假如牛顿是中国人,则中国人早就登上了月球;
       假如空喊能造成房子,那么驴子也能建成一条大街。
   (3) 即使你哭一天,你还是不及格。也就是不管你哭多长时间,你都不及格了,过去的就让它过去吧。
   (4) 如果你口渴,那么壶里有茶。如果你是作为主人向客人说这句话,不管客人口渴与否,只要壶里有茶,主人说这话就没错。
   (5) 第二次世界大战前夕,希特勒和墨索里尼勾结形成同盟,希特勒的德国想联合意大利进攻波兰,由于意大利只想着她自己在地中海北非的利益,对进攻波兰不感兴趣,但又不能不买希特勒的面子,于是就给出了一个条件命题"如果德国能立即把军事物资和原料交给我们,以便抵抗法、英主要是针对我们的进攻,我们就可以立即参战。"希特勒听后大喜,马上问意大利方面要军需单,结果是大失所望,意大利人开出的清单要求足以气死一头牛,如果牛认得字的话,希特勒根本满足不了,墨索里尼只是为了让德国人知难而退,放弃满足他们要求的念头。但那条件命题是真的,因为其前件当时不可能实现。希特勒奈何不了他,后来也不强求与意大利联合进攻波兰了。

(6) 有一篇作文名为《挑食》,全文如下:"如果你不爱吃青菜,你就会缺少维生素。如果你不爱吃肉,你就面黄肌瘦。如果你不爱吃米饭,你就是北方人。如果你不爱吃面,你就会没劲儿。如果你不爱吃鸡腿,你就会跑不动步。如果你不爱吃鸡翅膀,你就不会梳头。如果你不爱吃鸡蛋,你脑子会很笨。如果你不爱喝牛奶,你就长不高。如果你不爱抽烟,你老婆一定很厉害。如果你不爱喝酒,你酒量肯定小。如果你不爱吃补药,你可能没钱。如果你不爱吃野生动物,那你是个环境保护者。挑食的坏处有很多,你不爱吃什么,就对照前一段。"某人对照了半天,发现自己居然是个面黄肌瘦、跑不动步、没钱、老婆很厉害的环境保护者。

(7) 卖瓜小贩:"快来吃西瓜,不甜不要钱!"饥渴的路人:"哇!太好了,老板,来一个不甜的。"

(8) 有一年,天大旱,有一个人去找一个活神仙求雨,活神仙烧了一炷香,递给他一个封好的字条说:"下了雨,你才能拆开看,否则就不灵。"这个人一回家,就下了一场大雨,他拆开封好的字条一看:"今日下雨。"这个人惊叫起来:"呀!活神仙真神呀!"

(9) 有个人在交际场合中一言不发,哲学家狄奥佛拉斯塔对他说:"如果你是一个傻瓜,那你的表现是最聪明的;如果你是一个聪明人,那你的表现便是最愚蠢的了。"

(10) 一村姑将驴缚在路边大树歇脚,浪荡公子亦要将自己的驴缚在同一株树上。村姑:我的驴性子刚烈,没有驯服好,和你的驴拴在一起,它会把你的驴踢死的。你还是另外找一棵树吧。公子不听,还是将其驴拴在树上,结果被村姑的驴踢死了。公子说:你必须赔我一头驴,一头顶好的驴。村姑说:除非你的驴再活过来,证实我的话错了,我才能考虑赔你一头驴。

(11) 某网站社区告示:

    a. 非注册用户不能发表文章。未注册用户请返回社区首页注册。

    b. 非注册用户没有发表信息的权利。

c. 非会员可不用填写用户名、密码,直接按登录键,以过客身份聊天。
(12) 没得冠军不一定就不是好歌手;得了冠军就不一定是好歌手。
(13) 妈妈:太阳出来的地方是东,太阳落山的地方是西;儿子:今天(是个阴雨天)没太阳,所以东南西北也就没有了吧。
(14) A 与 B 方面签署了排他性协议,其中有这样一段规定:"A 股份承诺本公司及其控股子公司在交易完成前将不会进行任何与出售本公司或其控股子公司的任何股票或证券有关的将会导致投资者认购拟定的交易目的或利益不能实现的任何商讨或交易或任何其他交易。"

14. 试用求否定规则分析下列命题的否定:
(1) 张三富有或李四贫困;
(2) 张三富有或李四不贫困;
(3) 张三不富有且李四不贫困;
(4) 可能张三富有或李四不贫困;
(5) 可能所有人富有且贫困;
(6) 可能明天所有人都不会带雨伞并骑自行车;
(7) 必然张三富有或者李四贫困;
(8) 必然并非:张三富有或者李四不贫困。

15. 甲:明天一定会下大雨。
乙:明天可能不下大雨。
第二天事实上下了雨,由此,能否推断谁(甲或乙)的判断为真?

16. 若不论 p 真假,￢p→q 取值为真,问 q 的取值。
若不论 p 真假,￢p→q 取值为假,问 q 的取值。
若不论 p 真假,p→￢q 取值为真,问 q 的取值。
若不论 p 真假,p→￢q 取值为假,问 q 的取值。

17. A、B、C 三人争夺前三名,小林预测:"只有 A 第一,C 才第一。"小李预测"C 不是第二。"事实证明只有一人为真。
试分析说明 A、B、C 三人名次。

18. 甲:如果明天下雨,则我不去苏州。
乙:你的意思是,明天不下雨就一定去苏州。
丙:你的意思是,只有明天不下雨才去苏州。
问:乙和丙谁正确地说出了甲的意思?

19. 试考虑第 5 节例 3 中的逻辑学家是否还有其他的解题思路?

20. Q先生和S先生、P先生在一起做游戏。Q先生用两张小纸片各写一个数。这两个数都是正整数,差数是1。他把一张纸片贴在S先生额头上,另一张贴在P先生额头上。于是,两个人只能看见对方额头上的数。Q先生不断地问:你们谁能猜到自己头上的数吗?S先生说:"我猜不到。"P先生说:"我也猜不到。"S先生又说:"我还是猜不到。"P先生又说:"我也猜不到。"S先生仍然猜不到;P先生也猜不到。S先生和P先生都已经三次猜不到了。可是,到了第四次,S先生喊起来:"我知道了!"P先生也喊道:"我也知道了!"问:S先生和P先生头上各是什么数?

21. 试用相关知识分析无穷级数 $S = 1 - 1 + 1 - 1 + 1 \cdots\cdots$ 到底等于什么?

22. 真值表解题。

    (1) 试作真值表判别下式是否为重言式:

    A. $(p \rightarrow q) \lor (\neg p \rightarrow \neg q)$

    B. $\{[(p \rightarrow r) \lor (q \rightarrow r)] \land (p \lor q)\} \rightarrow r$

    (2) 已知下列四句二真二假:

    ① 若A及格则B不及格 ② 或A不及格或B不及格

    ③ 只有A及格B才及格 ④ 并非A不及格且B及格

    试作真值表判别A、B及格与否的可能情况。

    (3) 四人对李四、王五是否大学生作了如下判断:

    A. 李四是大学生,或者王五是大学生;

    B. 如果李四不是大学生,则王五也不是大学生;

    C. 如果李四是大学生,则王五不是大学生;

    D. A、B、C的话都对。

    试列出真值表回答:在什么情况下,D的话成立?

第五章

形式逻辑基本规律

形式逻辑基本规律指矛盾律、排中律、同一律三大规律,作为逻辑思维的基本规律,它们为任何逻辑思维过程所必须遵守。前述对于概念明确的要求,对于命题真值的确定等直接都是三大基本规律的反映或体现。

1. 逻辑思维的确定性

1.1 思维形式的确定性

逻辑思维的一个显著特征是确定性思维,思维确定性要求一直贯穿逻辑理性思维的始终。

讲概念的时候,我们说,概念明确是每个人进行正确的逻辑思维的首要条件。确定的概念必须有确定的内涵和外延,也即它所反映的对象应是确定的。相同的概念必须有相同的内涵和外延,同一关系的概念也必须在外延上保持统一。概念不明确,它所形成的命题也不确定,也就难以进行正常的思维与交流。

讲命题时,我们谈到命题的真假值,当时我们把一个语句是真或假的性质称为该语句的真假值,并约定:用来表达命题的语句,只有是真或假的性质,而且一定有真或假的性质。某一语句是真的,就是真的,而不会是假;某语句是假的,它就是假的,而不会是真;一个语句不能既真又假,也不能既非真又非假。也就是说,一个命题必须有确定的真值。

根据上述约定,我们可以发现,以后关于命题真假的逻辑分析、关于命题与命题之间逻辑关系的分析,都以这一约定为基础。而关于命题之间的逻辑关系直接又构成了推理的基本内容。因此,命题的真假值也是以后所有推理形式的分析基础之一。一个有效的推理形式,如果已知前提为真,那么其结论的得出是必然的,也即从前提真经过有效的逻辑推论,其结论的真也是确定无疑的。

形式逻辑的探讨是以逻辑形式为基础的思维结构,正是思维形式的决定性体现了逻辑思维的确定性。而逻辑思维的确定性又恰恰来自事物的相对的确定性。

1.2 事物的相对确定性

概念要明确、命题真值要确定是有其客观根据的,并不是任意的主观约定。

概念是对一个思维对象的反映,命题是对一对象情况的反映。就其客观对象来说,事物是变化、运动、发展的,但总有其质的相对稳定性的一面,总有该事物成其为该事物的属性,而正因为拥有该属性使得该事物得以与其他事物区分开来。只有区分了各种不同的事物,我们的认识才成为可能。如果万物齐一,则没有什么认识,也没有什么科学了。

所以,在一定的条件下,事物的属性也是相对稳定的,一定量的微小变化,并不改变人们对它的基本认识。于是我们说,一事物在同一时间里是存在着,就是存在着,不存在就是不存在,不能既存在又不存在,也不能既不存在又不是不存在。一事物在同一时间内要么具有某种属性,要么不具有某种属性,具有就是具有,不具有就是不具有,不能既具有又不具有某属性。

正如亚里士多德在《形而上学》中说:在同一时间、在同一方面,同一事物不能既具有又不具有某属性(1005b18-21)。同一事物不能同时既是又不是,或者,不能同时具有任何其他两个相反的属性(1061b35-1062a.1)。

在《工具论》中他还说,任何真实的事物,一定在任何方面与它自身一致(47a.8)。同一时间、同一方面或同一过程的事物的相对的确定性构成了事物本身及其发展的根本规律。

同样,在对事物相对确定性进行认识的基础上,经过人们的思维经验的概括总结,形成了逻辑思维的基本规律,即同一律、矛盾律、排中律。

1.3 逻辑思维基本规律

亚里士多德作为形式逻辑的鼻祖,最早明确的提出了矛盾律、排中律,但他并没有对事物规律和思维规律做出明确的区分。

在他看来,矛盾律和排中律既是存在的根本规律,也是思维的根本规律;既是本体论的根本规律,也是逻辑的根本规律。

他还指出:一切信条中最无可争议的就是,相反的叙述不能同时都是真实的(1011b14-15)。对于同一事物,两个相互矛盾的命题不能同时都是真的,两个对立的命题也是如此(1063a21-22)。如果对于任何事物,我们必须或者肯定它,或者否定它,那么肯定与否定就不能同时是假的(1012b11-13)。在"B 是 B 自己"(68a19)中,亚氏也包含了同一律思想。

形式逻辑基本规律指矛盾律、排中律、同一律三大规律,作为逻辑思维的基本规律,它们为任何逻辑思维过程所必须遵守。前述对于概念明确的要求,对于命题真值的确定等直接都是三大基本规律的反映或体现。

2. 同 一 律

2.1 同一律的内容与要求

同一律的内容:在同一思维过程中,对同一对象的同一方面的思想必须是确定的,一个思想反映什么对象就反映什么对象;同样,一个思想如果是真的,那就是真的,如果是假的,那就是假的。

对于概念,同一律要求它具有确定的外延和内涵,即保持自身的同一,其形式是。对于命题,同一律要求它肯定什么就肯定什么,否定什么就否定什么,如果它是真的,就是真的,如果是假的,那就是假的,其公式是:

$$p \rightarrow p.$$

2.2 违规分析

2.2.1 偷换概念、混淆概念

偷换概念指在同一思维过程中,把一个概念所反映的内容偷换成另一个思想内容,也即改变了它的内涵和外延。

偷换带有故意的性质,而混淆概念则是把两个不同内涵和外延的概念当作同一概念,不作区分,这往往是由于无意或知识不足造成的。偷换、混淆概念都违反了同一律的要求,即概念必须保持与其自身同一的要求。我们举两个例子。

(1) 某个人的手表比家里的闹钟每一小时快两分钟,拿闹钟对电台标准时间,发现闹钟比标准时间慢两分钟,于是他说:我的表每小时比闹钟快两分钟,而闹钟比标准时间每小时慢两分钟,可见,我的手表准得很。

实际上，快两分钟并不是标准的两分钟（闹钟走时并非标准），慢两分钟却是标准的两分钟，所以那个人混淆了概念。

(2) 鲁迅《半夏小集》中记载：

A 对 B 说：我们当你是一个可靠的人，所以几种关于革命的事情都没有瞒你，你怎么向敌人告密去了。

B：岂有此理，怎么是告密，我说出来是他们问了我呀。

A：你不能说不知道吗？

B：什么话，我一生没说过谎，我不是这种靠不住的人。

B 在这里偷换了概念，他认为保密是不问而告，问而后告则不算告密了。实际上，说谎并不是在任何情况下都违反了道德行为规范，对朋友说谎和对敌人说谎具有完全不同的性质。一定集体、团体之内，各集体、各团体都有各自的道德规范。对敌人说谎在朋友眼里应是忠诚而不是说谎①。

2.2.2 转移或偷换论题

违反同一律表现在命题或论证中就是转移、混淆、偷换论题，即在论证中用另一个命题去代替原来所要论证的命题，这往往表现在偷换原命题中的某一概念使之变成了另一个命题。若是有意则称之为"偷换"，若是无意则称"混淆"。

我们举几个例子。

(1) 一次宴会上，海明威坐在一位富翁边上，富翁问他："您能告诉我什么是最好的写作方式吗？"

海明威："从左往右写。"海明威显然答非所问。富翁问的写作方式是如何写出一部在内容或是文采方面最好的作品，和他所回答的写作方式是两个不同的论题。海明威的偷换论题带有些艺术幽默。

(2) 据说，亚里士多德为了了解老鼠为什么会形成而进行了多次观察。他发现，每次装了米或麦种的袋子放在墙角边，过了一段时间就发现老鼠出现了，于是初步得出结论，老鼠是由米或麦子变成的。

传说中的这位亚里士多德显然混淆了老鼠如何变成的（从无到有）以及老鼠怎么会出现的（从隐到现）两个不同的论题。

(3) 一次拿破仑远征埃及过沙漠时，士兵又累又渴，有一个士兵向拿破仑喊："将军，你就这样带我们去埃及吗？"拿破仑说："不，我不想带你这样的士兵去埃及。"这个士兵听了极为羞愧，于是重新振奋精神继续前进。

这里拿破仑耍了一把转移论题的技巧，把士兵对艰苦条件的抱怨转移到对士

---

① 参见本书第九章 3.1.4 中的例子。

兵自身缺乏意志和抵抗力的批评,从而激发其战斗斗志。

其实在实际运用中,很多故意违反逻辑规律的例子并不都是坏事。形式逻辑只问其形式,它要求对同一对象在同一时间、同一方面的思想保持自身同一,但这三同一难以同时保证,而且在带有实际内容的论证中,往往包含了许多情感、价值的因素。

3. 矛 盾 律

3.1 矛盾律的内容与要求

矛盾律的内容是,在同一思维过程中,一思想及其否定不同真。它要求对同一对象在同一时间、同一方面的思想不能出现相互否定的情况。

一个思想不能既反映这一对象又不反映这一对象,也即一个思想不能既真又假,或者不能既假又真,用公式表示为:

$$\neg (p \wedge \neg q)$$

所以,矛盾律(law of contradictory)有时也被称作"不矛盾律"(law of non-contradictory),这只是一个名称的不同,矛盾律和不矛盾律两者之间在本质上是完全相同的。

对于概念,矛盾律要求同一概念不能有自相矛盾的内容。这在我们讲概念的限制时已经有所涉及。可以有可圆可方的桌子,但它在圆的时候是圆的,在方的时候是方的,不可能有既圆又方的桌子。

就命题来说,矛盾律要求一命题与它的否定不同真,其中必有一假,也即它们构成了矛盾命题。

另外,具有反对关系的命题也蕴涵着逻辑上的矛盾。假定有和局,则输赢为反对关系,"他输了"和"他赢了"为反对命题,他输了实则蕴涵了他没有赢,"他输了"和"他赢了"根据矛盾律也不能同真。

3.2 违规分析

对于概念则是出现自相矛盾的内涵,或者内涵与同一思维过程中的其他一部分思想矛盾,形成了不恰当的概念限制或划分,不合逻辑的概念限制或划分。对于命题则是同时肯定两个相互矛盾的命题或互相反对的命题是与非两可,导致自相矛盾。

例如,有位青年向爱迪生提出要发明一种"万能溶液",爱迪生反问他:"你用什么来装这种溶液呢?"

再如,有人写文章说:电影放映时间到了,观众们争先恐后地鱼贯而入。争先恐后是描述一种混乱无序的场面,鱼贯而入则指一种整齐而有序的情景,既无序又有序,说话者在这里自相矛盾。

佛门规定:诵经时闭目默诵,在心里思量,不许说话。一天一位小和尚看看外面乌云密布,忍不住说:"哦,天要下雨了。"大和尚就教训他说:"不许说话。"这时老和尚开口了:"你们呀,道行太浅了,你们看,我就没有说话。"真是五十步笑一百步,实际上,偏偏他说话最多。是非两可,故为自相矛盾。

《儒林外史》第三回《胡屠户行凶闹捷报》范进向岳父借盘缠,被骂了个狗血淋头,说他癞蛤蟆想吃天鹅肉:"中老爷的都是天上的文曲星,城里张府那些老爷个个万贯家私、方面大耳,像你这样尖嘴猴腮,也该撒泡尿自己照照,不三不四就想天鹅屁吃!"不久范进中举后,他却一口一个"我这贤婿","我每常说,我的这个贤婿才学又高,品貌又好,就是城里那张府孙府里的老爷,也没我女婿这样一个体面的相貌"。对同一个范进,一下子尖嘴猴腮,一下子相貌体面,自相矛盾,和那位变色龙奥楚蔑洛夫没什么两样。

武则天当政时,宰相苏味道为风派人物,处事不能决断明白,模棱两可。现在领导对于一些下级报批文件写上"原则同意"、"基本同意",同意了又没完全同意,到时出了成果,是我批准的;到时出了麻烦,我没全同意,与我无关。真是妙在似与不似之间。

4. 排 中 律

4.1 排中律的内容与要求

在同一思维过程中,两个相互否定的思想不同假,必有一真。一个思想或者反映某个对象,或者不反映某个对象,二者必居其一。

排中律要求:一个思想或者是真的,或者是假的,不能既不真又不假,即不能有两不可的思想。

就概念方面来说,在同一论域中,任一对象或者是 a 或者是非 a,即或者用"a"这个概念反映它,或者用"非 a"这个概念反映它,a 或者非 a,注意 a 和非 a 应是矛盾关系的概念,但反对关系的概念不受排中律约束。即可以既不用"红"也不用"黑"反映某一对象,但不能既不用"红",也不用"非红"反映某一对象。

就命题方面来说,排中律要求,一个命题"p"与它的否定"¬p"不能都是假的,其中必有一真,其形式表述为 p∨¬p。应注意:反对关系命题只存在不能同真的关系,而不存在不同假的关系;但是性质命题中的下反对关系不同假,必有一真,因而直接受到排中律约束。

4.2 违规分析

违反排中律要求主要表现在,反映同一事物情况的命题方面采取了既反对肯定,又反对否定,或者对同一思想既否定其真,又否定其为假的"两不可"思想。

例如:某领导接到一份关于"文革"前受到错误处理现已经平反的职工如何发放救济金的请示,问是从被错误处理之日发起,还是不从被错误处理之日发起,希望领导有明确的意见。领导批语:所提出的两种意见都不同意,请再拿出新的方案来。报告退还下级,下级当然只得又再送上来审阅。领导对相互矛盾的命题两不可,下级找不出第三种可能,只有无可奈何了。

对于排中律的要求,它并不强迫每个人一定要在互相矛盾的命题之中选择一个,人们对于一个命题不作肯定,也不作否定,回避或不回答,并未违反排中律。只有当对相互矛盾的命题既否定真又否定假,才有排中律的问题。对于复杂问语即是如此[1]。也有对于两个互相否定的命题不去肯定,也不去否定,那是因为不能肯定,或不能否定。

4.3 逻辑规律小结

在演绎系统中,同一律、矛盾律、排中律分别表示为:

$$p \rightarrow p$$
$$\neg(p \wedge \neg p)$$
$$p \vee \neg p$$

三者的真值表都是重言式,它们是同样的自明与绝对正确。它们可以互推:

$$(p \rightarrow q) \leftrightarrow \neg(p \wedge \neg q)$$
$$(p \rightarrow p) \leftrightarrow \neg p \vee p$$
$$\neg(p \wedge q) \leftrightarrow (\neg p \vee \neg q)$$

---

[1] 参见本书第三章 1.1.3。

$$\neg(p\wedge\neg p)\leftrightarrow(\neg p\vee\neg\neg p)\leftrightarrow(\neg p\vee p)$$
$$\neg\neg p\leftrightarrow p$$

同一律常常被许多系统作为系统的基本出发点之一。唯理主义认为这是人类理性与生俱来的规定。经验主义认为这是人类经验亿万次重复,以逻辑的格固定下来。但是,同一律是不可证的,任何引用其他命题或事实的证明,都等于先假定了同一律来证明同一律,这里不存在一个归纳的过程。

在实际的推理过程运用中,同一律是对思想自身保持确定性的约束,而矛盾律、排中律则分别从否定和肯定两方面保证了思维具有确定性和无矛盾性。无矛盾性本质上也是同一和确定性的体现。

三大规律要求带有普遍和基本的性质,任何形式系统、任何逻辑思维都必须遵守它们,也即遵守三大规律是一个完全一致的系统或合乎逻辑思维的必要条件。一个形式系统若出现矛盾则它就不完全、不一致。

应指出,在科学发展史上,悖论被认为是一种特殊的矛盾,它的出现曾一度动摇人们对数学大厦的依赖,却也正是悖论的出现,促使人们从其逻辑基础上去分析并尝试解决这种特殊的矛盾,从而促使数学得到全新的发展。不仅仅在逻辑与数学领域,甚至每一次科学理论对矛盾的解决总是使该理论导向一个新的发展阶段。

本章思考与练习:

1. 试用交通红绿灯分析逻辑基本规律的要求。
2. 试分析形式逻辑基本规律的客观基础。
3. 试分析矛盾律与排中律的异同。
4. 欢迎您参加逻辑俱乐部,只要您愿意,并且通过分析取得第一张申请表,就可获得会员资格。大厅里有两只匣子,一圆一方。圆匣子上刻着"申请表不在此匣中",方匣子刻着"这两句话只有一句为真"。
   请问:如果您要参加逻辑俱乐部,应从哪只匣中取申请表?
5. 甲、乙、丙下述猜测各对一半,问:A、B、C中律师、法官、检察官各是谁?
   甲:A是律师,B是法官。
   乙:A是法官,C是律师。
   丙:B是律师,A是检察官。
6. 下述三句只有一真,试确定A学校30名青年教师中有几名党员。
   (1) A学校有些党员教师是青年。
   (2) A学校有些青年教师是非党员。
   (3) A学校有些党员教师是非青年。
7. 某岛的男性公民分骑士和无赖两类,骑士只讲真话,无赖只讲假话,骑士分富有和贫穷两类。一个姑娘只喜欢贫穷的骑士,一个骑士只讲一句话,就使得姑娘确信他是一位贫穷的骑士。姑娘问任何一位男性公民一个问题,根据回答就能确定他是贫穷的骑士。试分析姑娘所说的话和她所提出的问题。

8. 试用逻辑基本规律分析下述言论:

(1) 在从前的年代,四方台从来没有人上去过,上去的就从来没有回来的。

(2) 小李相信"宇宙必然是无限的",他也认为"有可能宇宙是有限的"。

(3) 偷鹅者向教长忏悔,

A:教长,我偷了一只鹅。

B:你犯下大罪,偷盗是绝对不允许的。

A:我把鹅交给您,能不能免除罪过呢?

B:我不行,我不会收下这只鹅,你应该把它还给它的主人。

A:我是想还给原主,谁知他不敢收下。

B:果真那样的话,那倒不妨杀了吃掉。

A:教长,愿真主保佑您。

教长回家一看,他家被人偷了一只鹅。

(4) A:一炉铁水凝成铁块,其体积缩小 1/34,而铁块又融化成铁水,体积只比铁块增加 1/33。

B:这不可能,同是一块铁,缩小的是 1/34,而增加的是 1/33,显然是自相矛盾。

(5) 甲方:你什么时候交货呢? 乙方:我们在适当的时候交货。

(6) 车上一位孩子不停地抽鼻涕,对面的妇女问:"你有手绢吗?"

孩子回答:"有又怎样,我不借给你。"

(7) 对方:贵公司的财力情况如何? 答曰:跟您做这笔生意绰绰有余。

(8) 老爷爷:小朋友,你知道包子是谁发明的吗? 北宋时皇帝过生日那天,命御厨做包子吃,给群臣吃后,一下子就吃出名气。

小孩:原来包子是皇帝发明的,好吃的包子叫龙凤。

(9) 甲方:这种产品的价格为什么这样贵呢?

乙方:我们的产品去年被评为一等奖。

(10) 警察:你为什么骑车带人,懂不懂交通规则? 骑车人:我以前从没有骑车带人,这是第一次。

(11) 母亲:我已经告诉过你准时回来,你怎么又晚回来一小时? 女儿:你总喜欢挑我的毛病。

(12) 一次在北京举行的记者招待会上,一位记者突然站起来说:"请问总理先生,中国有没有妓女?"总理回答说:"有"。许多记者对此十分吃惊,总理接着说:"在中国的台湾省。"那位记者又问:"请问中国人民银行有多少资金?"周总理说:"18元8角8分。"记者们为之愕然!周总理接着说:"中国人民银行发行面额为:10元、5元、2元、1元、5角、2角、1角、5分、2分、1分,合计为18元8角8分,中国人民银行信用卓著,实力雄厚。"

(13) 消除疲劳、打扫卫生、救火、救灾等语词,虽不合逻辑,但习惯接受,却不利于电脑逻辑化。

(14) 李敖去看望自己的老师,一旁凤凰卫视董事长刘长乐提议说:"大师,您还是跟恩师一起合个影吧?"这时李敖才起来,到了轮椅的后面扶着老人合影留念。李敖仔细地询问了老师的身体状况,并从西装左内侧的兜里掏出了"红包"交给老师的女儿。记者随便问了一句:"里面多少钱?"李敖直截了当地说:"里面是美元。"

(15) 在伦敦的同一条街上,住着三个裁缝。一天,一个裁缝在他的橱窗里挂出了一块招牌,上面写着:"伦敦最好的裁缝。"另一个看到了,在同一天也挂出了一块招牌,上面写着:"英国最好的裁缝。"第三个裁缝看到了,思考了很久。几天之后,他也挂出一块招牌,上面写着:"本街最好的裁缝。"

(16) 一个人为了他人或社会的利益而放弃或牺牲了自己的利益,这是道德行为;个人以损害他人或社会利益的手段来为自己谋取利益,这是不道德行为;一个人如果既不损人利己,也不损己利人,这是准道德行为。我们应该区别这三者的本质界限,提倡道德行为,反对不道德行为,但对准道德行为则不要过多干涉,因为它毕竟属于中性行为。

(17) 法官怒斥被告,任职以来已经见你7次,难道你不觉得羞耻吗?
被告:你不能升官可不是我的错。

(18) 黑格尔认为一切皆变,但又认为普鲁士王国是最完美的、不变的。又如贝克莱认为事物是感觉的组合,但又认为神不是感觉的组合,神就是感觉的源泉。

(19) 鲁迅《立论》:我梦见自己正在小学校的讲堂上预备作文,向老师请教立论的方法。
"难!"老师从眼镜圈外斜射出眼光来,看着我,说:"我告诉你一件事。一家人家生了一个男孩,合家高兴透顶了。满月的时候,抱出来给客人看,大概自然是想得一点好兆头。一个说:'这孩子将来要发财的。'他于是得到一番感谢。一个说:'这孩子将来是要死的。'他于是得到一顿大家合力的痛打。说要死的必然,说富贵的许谎。但说谎的得好报,说必然的遭打。你……"

"我愿意既不说谎,也不遭打。那么,老师,我得怎么说呢?"

"那么,你得说:'啊呀!这孩子呵!您瞧!那么……阿唷!哈哈!Hehe! he,he he he he!'"

(20) 尼采:从来没有说过谎的人,不知道真实是什么。

沃夫纳格:人生来都是纯真的,每个人死去时都是说谎者。

(21) 新兵训练时,中士问:"若你独处于林中,遇到10余名敌人,怎么办?"

新兵沉思片刻,正颜厉色地说:"包围他们,长官。"

(22)《吕氏春秋·离渭》:洧水甚大,郑之富人有溺者,人得其死者,富人请赎之,其人求金甚多,以告邓析,邓析曰:"安之,人必莫之卖矣。"得死者患之,以告邓析,邓析又答之曰:"安之,此必无所更买矣。"

(23) 春秋战国时,楚太子质于齐,怀王崩,太子回国,齐王要挟割地五百里,太子无奈答应。回国登基后问计群臣,共有三派意见:一、信誉为本,应该割让;二、拒绝齐国,派兵镇守;三、不割,失信于人,难抗强齐,求救于秦援。襄王决定不下,请太守慎子定夺。三计并行:一、派使到齐献地,以示信用;二、换猛将镇守,拒绝齐求。齐问使,曰:楚王守信,地方拒绝,你可派兵攻打;三、强秦兵到,最后通牒:当初阻太子回国不仁,现兴兵侵犯不义。不仁不义,人人得伐之,望审时度势。齐王退兵。

(24) 母亲:这个小伙很漂亮,工资高,工作又好,你偏不同意,你到底要找一个什么样的对象?

女儿:我要找一个有共同语言的。

母亲:他又不是外国人,怎么会没有共同语言?

(25) 2000年10月20日出版的著名体育报纸引用巴塞罗那球迷的话说"菲戈钻到钱眼儿里了",该报还把菲戈身穿皇马队服的照片与一张100亿比塞塔支票的漫画放在了头版的显要位置。而菲戈本人也深知他将在诺坎普球场面对巴塞罗那球迷的嘘声和怒骂,但是他警告球迷不要采取过激行为。当记者不停追问菲戈到底觉得自己是皇马人还是巴萨人的时候,菲戈沉吟片刻,说:"我是个葡萄牙人。"

(26)《墨子·经下》云:"非诽者悖,说在弗非。"《墨子·经说下》云:"非:非诽,己之诽也,不非。诽,'非可非也,不可非也',是不非诽也。"《墨子·经下》云:"以言为尽悖,悖(悖,谬也)。说在其言。"《墨子·经说下》云:"以悖,不可也。之人之言可,是不悖。则是有可也。之人之言不可,以当,必不审。"(注:非诽者悖等,不是严格意义上的悖论。诽,对错误论断作的批评。)

第六章

演绎推理(上)

概念是思维的"细胞",由概念组成命题,而命题之间的关系就构成了推理的研究内容。本章考察演绎推理有效性的基本要求,以及直接推理和直言三段论[1]。而在下一章中考察复合命题推理。

1. 推理和有效性

1.1 推理和推论

1.1.1 推理

推理(reasoning)是以一个或一组命题为根据、理由(reason)而得到另一个命题的思维过程(process)。

其中,作为推理出发点的命题称为"前提"(premise),根据前提而达到的命题则是"结论"(conclusion)。

我们简单举一个日常生活中的例子:双生子常有不同的智商成绩(IQ),可继承的却是相同的基因,可见环境对智商有一定的影响作用。

前两句是前提,"可见"之后是结论。

再如:杀一个人是不对的,杀盗是夺杀一个人的生命,所以,杀盗是不对的。

这里,前两句是前提,后一句是结论。一个完整的推理,它却包含前提和结论两部分。推理前提可以是一个[2],也可以是多个,还可以是无穷多个,我们进行推理就是为了完成从前提到结论的过渡。

---

[1] 许多逻辑教材还提到关系推理、规范推理和模态三段论。此略。
[2] 特殊情况下,推理的前提可以是 0 个,即无须任何前提的必然真的合式公式。

英文中的前提指示词有：since，because，for，as，it follows from，as shown by，inasmuch as，otherwise，as indicated by，the reason is that，for the reason that，may be inferred from，may be derived from，may be deduced from，in the view of the fact that，to deny this would be，等等。

英文中的结论指示词有：therefore，hence，thus，so，accordingly，in consequence，it follows that，we may infer，I conclude that，which shows that，which means that，which entails that，等等。

1.1.2 推论

推论（inference）指的是由前提到结论的构作程序（procedure），它强调的是一个个命题之间的相互联系及相互间的推导步骤。日常推理往往带有特定的具体内容，它是一种内在的心理性活动，在推理过程中有许多心理因素。逻辑对此不太关注，确切地说，形式逻辑研究的不是一般的推理，而是"推论"及其形式。

在具体思维过程中，每个人时时都在推理，但并不总是依照先前提、后结论的次序，也许先想到结论，然后再提及前提，或者在几个前提之中先想起了其中的一些，等想到结论之后，再回头增补不足的前提。

逻辑研究所做的工作之一就是把这些次序整理出来，按照一定的推导关系排列，各个前提与结论形成一个推论，而后研究其形式。

1.2 有效性

$$\begin{array}{c} p_1 \\ p_2 \\ \vdots \\ p_k \\ \hline \therefore c \end{array}$$

图 6-1

经过整理，一个推论通常具有图 6-1 的一般形式。

在该形式中，p_i（$1 \leq i \leq k$）共同构成了推论的前提，横线以下表示结论。"$\therefore$"表示 c 是以横线上的 p_i（$1 \leq i \leq k$）为根据得到或推出的。这一形式也可以横写成：$p_1, p_2, \ldots, p_k \vdash c$。推衍号（derivation）"$\vdash$"表示结论 c 是由左边的前提 p_i（$1 \leq i \leq k$）经过一定的程序步骤推衍出的。

逻辑研究的就是这种推论的形式，它具体要考察的是，以一组命题为前提如何能够合乎逻辑的得到结论，这就涉及"有效性"问题。

一个推论形式是有效的，如果我们将其中的逻辑变项都代之以具体概念或具体命题，若前提为真，则其结论必然为真。否则，就是无效的（invalid）。

这样，我们说一个推论有效、无效是指其形式方面，它可以独立于作为前提、结论的具体命题的真假而被逻辑从形式结构上加以专门考察。

一个形式有效的推论，我们称之为逻辑推论，一个逻辑推论"有效"，是由于其形式合乎逻辑规则,而非由于构成其前提、结论的命题的事实上的全真。同样,一个逻辑推论"无效"是由于其形式不合乎逻辑规则,而非由于构成其前提、结论的命题事实上的全假。

只是命题才有真假,而"有效"、"无效"也只是相对于推理形式而言。这样,在具体的推论中,前提的真假、结论的真假及其形式的有效性就存在一定的联系,我们可以列出表6-1,6-2和6-3。

表 6-1

前提	有效性	结论
真	有效	真
真	无效	真假不定
假	有效	真假不定
假	无效	真假不定

表6-1表示逻辑所能保证的只是前提都真并且其形式有效的话,结论必真,也即形式有效是由真前提必然到真结论的充要条件。前提真,形式有效,推论必真。前提真,形式无效,结论可真可假;若前提有假,不论形式有效与否,都不能断定结论的真假。

例如:

1) 山东人是中国人,孔子是山东人,所以,孔子是中国人。

2) 山东人是中国人,老子是山东人,所以,老子是山东人。

推论1)前提真,形式有效,故结论必真。推论2)前提有假,虽然形式有效,但结论为假。

表6-2表示,若已知推论形式有效,并且结论为假,则可肯定前提有假,即前提至少有一为假。其他情况下,前提均真假不定。

表 6-2

结论	有效性	前提
真	有效	真假不定
真	无效	真假不定
假	有效	有假
假	无效	真假不定

例如:

1) 山东人不是浙江人,孔子是山东人,所以,孔子不是浙江人。

2) 山东人不是浙江人,鲁迅是山东人,所以,鲁迅不是浙江人。

推论1)前提真,形式有效,故结论必真。推论2)结论显然为假(鲁迅不是浙江人),但其形式有效,故其前提必有假(鲁迅是山东人)。

表 6-3

前提	结论	有效性
真	真	不确定
真	假	无效
假	真	不确定
假	假	不确定

表 6-3 表示,若已知前提为真,并且结论为假,则该推论形式一定无效。在其他几种情况下,均难以判断推论的形式有效与否。例如:

1) 北京人是北方人,孔子不是北京人,所以,孔子不是北方人。
2) 北京人是北方人,鲁迅不是北京人,所以,鲁迅不是北方人。

推论 1) 前提为真,但结论为假,故其形式必定无效。而即使形式无效,前提为真,则结论仍可能为真,如推论 2)。

结合上述三表,我们发现,一个形式有效的推论,其前提必然蕴涵结论。即若推论 $p_1, p_2, \cdots, p_k \vdash c$ 是有效的,则 $(p_1 \wedge p_2 \wedge \cdots \wedge p_k) \rightarrow c$ 必定是重言式,同时我们将称这一推论过程是演绎的(deductive)。

最后我们称,真前提、形式有效的推论是健全的(sound)的推论,否则即为不健全的推论。形式逻辑就是要设立一些规则、方法,以便构筑健全的推论,发现或排除不健全的推论。

此外,在以下的论述中,在不引起混淆的情况下,我们也把推论直接叫做推理。因此,演绎推论即演绎推理。

1.3 推理的类型

关于这一点,目前学界争议较多,根据章节编排的方便,我们将推理划分如图 6-2 所示。

这种划分对于逻辑理论的研究或许很值得探讨,但我们目前的主要目的还是在于推理或推论的规则与方法。

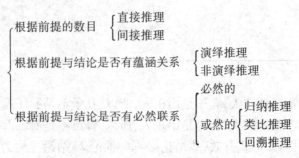

图 6-2

2. 直 接 推 理

广义地说,直接推理是由一个直言命题推出另一个直言命题的推理。如此前我们讨论过的,根据逻辑方阵,SAP ⊢ SIP ⊢ ¬ SEP 等等。但是,传统逻辑所谓的直接推理一般不把根据逻辑方阵所得的推理包括在内,而专指几种以一个直言命题为前提,结论也是直言命题的推理,其推理方法包括换位法、换质法、换质位法、戾换法等等。

2.1 换质法

换质法(Obversions),指以一个直言命题为前提,通过改变该命题的质,并把它的谓项换成它的矛盾概念而得到的一个新的命题,并以此为结论的方法。

换质法有两个要求:
1) 改变原命题的质。
2) 把原命题的谓项换成它的矛盾概念。

它适用于所有 A、E、I、O 四种直言命题,我们分别举例如下:

SAP ⊢ $\overline{SEP}$:所有人都是会死的,所以,所有人不是不会死的。
SEP ⊢ $\overline{SAP}$:所有人都不是有角的,所以,所有人都是非有角的。
SIP ⊢ $\overline{SOP}$:有的鸟是会飞的,所以,有的鸟不是不会飞的。
SOP ⊢ $\overline{SIP}$:有的鸟不是会飞的,所以,有的鸟是不会飞的。

换质法的特点是:其前提与结论是等值的,因而前提和结论是可以互推的,也即相互蕴涵。这个性质我们可以从文恩图中类的包含关系得到解释,见图6-3。

SAP 表示,所有属于 S 类但不属于 P 类的分子是不存在的,也即所有属于 S 类的分子都是 P 类的分子,并且都不是 $\overline{P}$ 类的分子。这说明,S 类与 $\overline{P}$ 类是全异关系,若不是,则 SAP 就是假的,而 S 类与 $\overline{P}$ 类全异就是 $\overline{SEP}$。

因此,对于任意一个分子 x 来说:
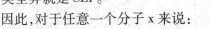
即,(x)(x∈S→X∈P)。

图 6-3

换质法的前提和结论是从不同方面,即一个从肯定方面,一个从否定方面对对象情况做出反应,与前提相比,结论则从相应的反面来说明问题。

2.2 换位法

换位法（Conversion），指把作为前提的直言命题的主项和谓项简单的交换位置而得到另一个命题，并以此命题作为结论的方法。

换位法有两个要求：

1）主谓项简单换位不换质。

2）前提中不周延的项在结论中也不得周延。它适用于 A、E、I 三种直言命题，例如：

SAP ⊢ PIS：所有狗都是四足动物，所以，有的四足动物是狗。

SEP ⊢ PES：所有狗都不是猫，所以，所有猫都不是狗。

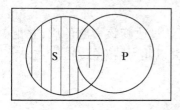

图 6-4

SIP ⊢ PIS：有的学生是青年，所以，有的青年是学生。

SAP 命题的换位，我们通过文恩图可以看出，见图 6-4：

若主谓项并非空类，那么就存在所有属于 S 类的分子都属于 P 类，排除阴影，打上加号，我们可以肯定至少有属于 P 类的分子属于 S 类，否则，S 类与 P 类全异，SEP 真则 SAP 为假了。但是，我们不能肯定所有属于 P 类的分子都属于 S 类，因为图中并未显示属于 P 类又不属于 S 类的分子是否存在，也即 P 在 SAP 中是不周延的，则换位后在所得的结论中也不得周延，我们称之为有限制的换位（conversion by limitation）。

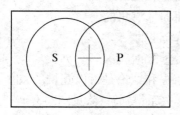

图 6-5

E、I 命题的换位，从文恩图很直观地看出，见图 6-5、图 6-6，S、P 是对称的。S 类与 P 类排斥或全异，那么 P 类与 S 类也排斥或全异；说 S 类与 P 类共有一部分分子，和说 P 类与 S 类共有一部分分子都一样。至于 O 命题则不然。见图 6-7。

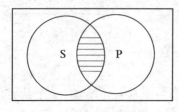

图 6-6

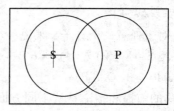

图 6-7

O命题只是断定有些属于S类但不属于P类的分子存在,它并未断定P类的分子如何如何,我们既不能在圈内打加号,也不能打上阴影号。SOP根据换位要求1)强制换位将得到POS,但这和换位规则2)相冲突,因为S在SOP中作为主项是不周延的,但在POS中却作为否定命题谓项变得周延了。

例如,O命题"有些人不是医生",若强制换位将得到"有的医生不是人",从真前提得到假结论,因而其形式显然无效。

2.3 换质位法

换质位法,即对一个直言命题经过换质、换位而得到另一个命题作为结论的方法,若前提主谓项分别为S、P,则结论将得到以$\overline{P}$、S为主谓项的直言命题。

换质位法的规则即前面所提到的换质、换位规则的综合,共4条,即:

换质时,1) 改变原命题的质;
    2) 把原命题的谓项换成它的矛盾概念;
换位时,1) 主谓项简单换位不换质;
    2) 前提中不周延的项在结论中也不得周延。

根据规则可知:A、E、O三命题可以换质位。如:

SAP ⊢ S$\overline{E P}$ ⊢ $\overline{P}$ES:信言不美,美言不信;来者不善,善者不来。

SEP ⊢ S$\overline{A P}$ ⊢ $\overline{P}$IS:没有先例的东西都是不可信的,所以,有不可信的东西是没有先例的。

SOP ⊢ S$\overline{I P}$ ⊢ $\overline{P}$IS:有些中国人不是怕吃辣椒的,所以,有些不怕吃辣椒的是中国人。

I命题由于换位后得到O命题,O不能再换位,因而I命题不能换质位。

2.4 戾换法

戾换法指对一个直言命题连续应用几次换质、换位而得到一个命题作为结论的方法,一般地,若以S、P分别为主谓项,则可得到一个以$\overline{S}$为主项的直言命题。

其有效形式如下:

    SAP ⊢ S$\overline{EP}$ ⊢ $\overline{P}$ES ⊢ $\overline{P}$A$\overline{S}$ ⊢ $\overline{S}$I$\overline{P}$ ⊢ $\overline{S}$OP

例如:不劳动者不得食。所以,凡得食者都是劳动者;所以,有的劳动者是得食者;所以,有的劳动者不是得食者。

    SEP ⊢ $\overline{P}$ES ⊢ $\overline{P}$A$\overline{S}$ ⊢ $\overline{S}$I$\overline{P}$ ⊢ $\overline{S}$OP

例如:凡务实的干部都不是脱离群众的。所以,凡脱离群众的都是不务实的干部;所以,有不务实的干部是脱离群众的;所以,有不务实的干部不是不脱离群众的。

在这里应注意,由 SAP ⊢ $\overline{S}$OP,P 在前提中不周延,但在结论中却周延了。问题在于传统逻辑既不考虑空类,也不考虑全类,在讨论直言命题的直接推理,乃至三段论,其所涉及的类都是非空、非全的。

从 SAP 经戾换法得到 $\overline{S}$OP 要求 $\overline{P}$ 存在,即有事物不是 P,这就是说,P 不是全类,也即 $\overline{P}$ 不是空类,"P" 在 SOP 中周延,来自"P"在隐含的前提"有事物不是 P"中周延。

从另一方面说,从 SAP 经戾换法得到 $\overline{S}$OP,是从全称命题过渡到特称命题,这又涉及存在内涵。它要求 $\overline{S}$ 存在,如果 $\overline{S}$ 是空类,或说若 S 是全类,$\overline{S}$OP 就不真。

例如:凡发展的事物都有内部矛盾,经戾换法得到,有不发展的事物没有内部矛盾,这显然不成立,因为根本不存在不发展的事物。

现代逻辑认为,传统逻辑中一切从全称推出特称的推理都有其局限性,必须以主谓项所反映的事物存在为条件。

再如:有位老大爷请四位客人吃饭,甲、乙、丙三位先到,只等另一位丁。看看丁迟迟不到,这位老大爷脱口说了一句:"怎么,该来的不来嘛?"这一说令甲听了不舒服,拔脚走了。老大爷没叫住,叹了口气说:"怎么,不该走的走了嘛?"身边的乙一听,头也不回地也离开了,老大爷想拖也拖不住。丁还是未到,丙看老大爷那样扫兴,就劝他说:"你呀,以后说话该注意点了,现在啊,稍不小心就会得罪人呢。"这位老大爷摇摇头说:"怎么,我没说他们俩嘛。"哪知,话音未落,丙也离桌而去,这样的结果使善良的老大爷百思不得其解。

但是,若应用直接推理的知识就可以一目了然,我们可以从上述对话中分析出三个推论:

老大爷第一句话"该来的不来"换成标准直言命题形式是"所有该来的是没来的",应用戾换法,SAP ⊢ $\overline{S}$EP ⊢ $\overline{P}$ES ⊢ PA$\overline{S}$,可以得到"来的是不该来的",这样,甲想了想,自己是来的,当然要走了。

第二句"不该走的走了"换成标准直言命题形式是"所有不该走的是走了的",应用戾换法,SAP ⊢ $\overline{S}$EP ⊢ $\overline{P}$ES ⊢ PA$\overline{S}$,可以得到"没走的不是不该走的"和"没走的是该走的",乙想了想,自己还没走,当然就该走了。

第三句话"不是说他们俩"在丙那里可形成一个选言推论,因当事人有三,老大爷或者说甲,或者说乙,或者说丙,根据选言推理,p∨q∨r,¬p∧¬q ⊢ r,不是说甲,也不是说乙,那就是说丙了,丙既是不该来的,也是该走的。

3. 直言三段论

莱布尼茨认为,三段论形式的发明是人类思想最完美、最重要的创造之一。康德也认为,谬误与歪曲的论证只要把它放入正确的三段论中就可迅速得到鉴别。三段论以其自身的特点与适用性成为传统逻辑的核心内容。

逻辑学中广义的三段论泛指由两个命题为前提推出另一命题为结论的演绎推理,主要包括直言三段论、假言三段论、选言三段论等等,而尤以逻辑学鼻祖亚里士多德首创的直言三段论最为著名,因此,狭义的三段论即专指直言三段论。

3.1 三段论的构成

直言三段论是以两个直言命题为前提推出另一个直言命题为结论的演绎推理,它属于间接推理。

3.1.1 标准形式的直言三段论

一个标准形式的直言三段论,除了要求三个命题均为直言命题外,还要求在一个三段论中,除了逻辑常项,包含而且只包含三个不同的概念,并以之作为主谓项,并且这三个概念必须分别在其中两个命题中各出现一次。如:

所有金属都是导电体	MAP
铜是金属	SAM
∴ 铜是导电体	∴ SAP

就是一个标准形式的三段论,其形式如上。

除了逻辑常项,其中有且只有金属、铜、导电体三个概念,它们分别作为主谓项在其中两个命题中各出现一次。反之,如果一推论中除了逻辑常项还出现第4个概念,它就不是标准形式的三段论,也谈不上应用下面要讲的三段论规则来判别其是否有效。

例如:

骄傲就要失败	失败是成功之母	他是他
失败是成功之母	我失败	我是我
∴ 骄傲是成功之母	∴ 我能成功	∴ 我不是他

```
    有钱人有发言权           美国人很富有           凡洋奴说洋话
    我有钱                 他是美国人            你主张读洋书
  ∴ 我有发言权            ∴ 他很富有           ∴ 你是洋奴
```

上述几个例子虽然貌似三段论，实则都不符合直言三段论标准形式的定义要求，一般称其为"四名词错误"，或"四项错误"，或"四概念错误"。

3.1.2 直言三段论的术语

每门科学研究都有其特定的术语，三段论也不例外，要具体分析三段论的构成及其规则涉及如下术语：

小项(minor term)，指结论的主项；

大项(major term)，指结论的谓项；

小项、大项合称端词(end term)；

中项(middle term)，前提中出现而结论中不出现的项，又称媒介词(medium)；

大前提(minor premises)，指包含大项的直言命题；

小前提(major premises)，指包含小项的直言命题；

逻辑学还约定，根据结论主谓项确定大小项后，一般把大前提排在小前提上面(或前面)，这样，一个三段论的结构大体是：

```
       大前提(M、P)
       小前提(M、S)
     ∴ 结论(S、P)
```

借助上述术语，我们可以分析三段论公理及其规则。

3.2 三段论公理

所谓三段论公理(Dictum de omni et nullo)，就是在一切关于三段论的规则推导的讨论之前必须先行接受的东西，而且它被约定不证自明，为理性所普遍接受，三段论其他规则都由它衍生出来。

三段论公理在严复译的《穆勒名学》中被译作"曲全公例"，可表述如下：

凡对全类有所肯定，则对全类的分子也有所肯定。

凡对全类有所否定，则对全类的分子也有所否定。

这里的分子可以是全类中的个体，也可以是全类中的子类，我们可用欧拉图表示，如图6-8所示。

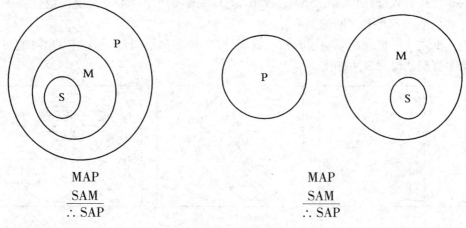

图 6-8

简单地说,如果 M 类真包含于 P 类,那么真包含于 M 类的 S 类也真包含于 P 类;如果 M 类与 P 类全异,则真包含于 M 类的 S 类也和 P 类全异。

没有一个有理性的人会否认这一点。同时,我们也发现这里的 M 起到了联系 S、P 的作用,用三段论的术语来说就是,中项 M 是联系大项 P、小项 S,并使前提过渡到结论的依据,这些都将在下面的三段论规则中得到反映。

3.3 三段论规则

对于一个标准形式的三段论,要保证其推理形式的有效性,当且仅当,它不违反如下五条规则:

R1 中项在前提中至少周延一次。

三段论是通过中项把大、小项确定地联系起来,中项至少周延一次,也就是要求中项的全部外延至少有一次与大项或小项联系,并以此为中介确定大、小项之间的联系。若大、小项都只和部分外延相联系,则其间的关系就无法逻辑必然地确定,由此,结论也就不能演绎有效地推出。如:

中国人是黄皮肤的	有些动物很狡猾	有些持枪者不是凶手
他是黄皮肤的	狐狸是动物	他是持枪者
∴ 他是中国人	∴ 有些狐狸很狡猾	∴ 他不是凶手

符号化为:

PAM	MIP	MOP
SAM	SAM	SAM
∴ SAP	∴ SIP	∴ SOP

上述例子的共同点都是中项一次也不周延,于是其结论就不是必然的,推理

也非形式有效,即以 PAM、SAM;或 MIP、SAM;或 MOP、SAM 等为前提组合将不能有效地推出 S 与 P 之间的关系。

上述几个推理所犯的逻辑错误我们称之为"中项不周延",其错误也可通过文恩图直观地得到表示如下。

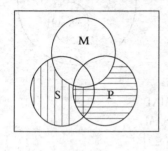
图 6-9

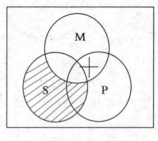
图 6-10

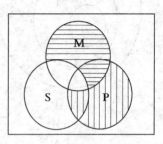
图 6-11

图 6-9 中,竖线的阴影是根据 SAM 而打上的,横线阴影则是根据 PAM 打上的,它表示以 PAM、SAM 为前提,S、P 的关系是不确定的;图 6-10 中,斜线阴影是根据 SAM 得到的,根据 MIP,在 P 和 M 的共有部分应有一个加号,但由于该共有部分又可分为两个部分,我们不能确定这个加号是处在 S 和 P 的共有部分(若此,可得结论 SIP),还是不处在 S 和 P 的共有部分(若此,可得结论 POS),它表明,MIP、SAM 为前提,S、P 的关系也是不确定的。

但是,若以 PAM、MAS 为前提,中项在其中周延了一次,则其文恩图解为图 6-11,从图中可看出所有的 P 不是 S 的结论。即,PAM,MAS ⊢PES 是一个有效的三段论。

从上述三例还可以看出,用文恩图考察两个前提能否得出合乎三段论规则的结论,且不必对大项、小项明确区分,可直接从图中直观地看出结论。反之,也可作文恩图解来判别一标准形式的三段论是否有效。

R2 前提中不周延的项在结论中也不得周延。

这里当然指的是大项、小项,因为中项在结论中根本不出现。若前提只对该项的部分外延有所反映,则在结论中也不能反映其全部外延,由部分不能逻辑地推知全体,而所谓前提蕴涵结论的演绎性质,根本要求之一是前提所断定的范围不大于结论所断定的范围,否则该结论就不是演绎必然的。

如人们常说,人非草木,孰能无情;或说,人非圣贤,孰能无过。我们把它们省略了的真前提补充进去,可以得到两个三段论,其形式如下:

草木是无情的	MAP	圣贤是无过的	MAP
人不是草木	SEM	常人不是圣贤	SEM
∴ 人不是无情的	∴ SEP	∴ 常人不是无过的	∴ SEP

上述两个三段论的形式是一样的,可以看出,大项 P 在大前提中不周延,到结

论中却变得周延了,根据三段论第二条规则,该三段论形式无效,逻辑学中称其错误为"大项不当周延",或"大项扩大"(illicit major)。

为解释上述形式的无效性,我们可以根据该形式构造一个具体内容的三段论,由真前提得出假结论,如:

  大学生是学生   MAP
  <u>小学生不是大学生</u>   <u>SEM</u>
  ∴ 小学生不是学生   ∴ SEP

显然结论为假,说明该三段论形式无效。

若小项在前提中不周延,而在结论中周延了,则称之为"小项不当周延",或"小项扩大"(illicit minor)。如:

  猫不是近视眼 MEP 鱼是用鳃呼吸的 MAP
  <u>猫是吃鱼的</u>   <u>MAS</u> <u>鱼是水生动物</u>   <u>MAS</u>
  ∴ 吃鱼的不是近视眼 ∴ SEP ∴ 水生动物是用鳃呼吸的 ∴ SAP

思考一下,我们如何修改上述三段论的结论,使之变为形式有效的三段论?

  R3 两个否定的前提不能得出结论①。

否定命题从类的关系上讲,总是反映一个类的全部或部分被排斥于另一个类之外,因此,若两个前提均为否定,则 M 与 S 全部或部分排斥,同样 M 与 P 也是全部或部分存在排斥,由于类的包含关系是传递的,而类的排斥关系是非传递的,则无法通过 M 在 S、P 之间建立确定的联系,因而不能有效地得出结论(三段论式的),若得出了,则该三段论一定无效。如:

  鱼不是蛇   马不是水生动物   MEP
  <u>马不是鱼</u>   <u>鱼不是马</u>   <u>SEM</u>
  ∴ 马不是蛇   ∴ 鱼不是水生动物   ∴ SEP

实则我们知道,大学生不是小学生,若又已知,他不是小学生,则仍无法推知他是不是大学生②。

  R4 若有一前提否定,则前提必有一否定。

  R5 若结论否定,则前提必有一否定。

已知两个否定前提不能得出结论,则若有一前提否定,则另一前提必为肯定,中项与大项、小项的联系,一个是全部或部分的包含,另一个是全部或部分的排斥,要得到一个肯定的结论,我们必须在前提中断定类的包含关系,一肯定一否定,通过中项建立起来的大项与小项的联系只能是否定的。反之,若结论是否定

---

① 可以分情况证明该规则,即两个否定前提的可能情况有四种:EE、EO、OE、OO,它们都不能得出有效的三段论式的结论。

② 在三段论中,单称命题一般被当作主项类只有一个分子的全称命题来理解。

的,则其前提之一必须否定包含关系,两个肯定的前提得不出否定的结论,所以前提之一必定是否定的。

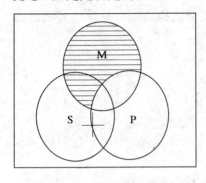

图 6-12

例如:

猫不是狐狸
有些动物不是狐狸
∴ 有些动物不是猫

其文恩图如图 6-12 所示,其中的加号"+"位置不固定,所以其结论并非必然得出。

前此所论的五条规则是一标准形式的直言三段论形式有效的充分必要条件,其中,前两条是关于三段论的项的规则,后三条是关于它的质的规则。此外,上述五条规则作为基本规则可以导出另外两条规则,可称之为导出规则。虽然遵守了五条基本规则能保证一标准形式的三段论形式有效,但导出规则对判别某些三段论是否有效显得更为简便。

导出规则1　(R*6)两个特称前提不能有效得出结论。

导出规则2　(R*7)如有一前提特称,则结论特称;反之不然。

对于 R*6,从理论上说,两个特称前提若要得出有效的结论,首先它不能全是否定的(违反 R3);若两个前提均肯定,则前提中三个项都至少周延一次,因而中项不周延(违反 R1);若两个前提一肯定,一否定,则前提中只有一个项是周延的,根据 R1,它应该是中项,则大项在前提中不周延,再根据 R4,结论是否定的,则大项在结论中周延,违反 R2。综上所述,R*6 得证。

对于 R*7,若有一前提特称,根据 R*6,另一前提必为全称,若我们得出全称的结论,直觉告诉我们,结论所断定的范围将大于前提所断定的范围。它肯定违反前面所讲的某些规则,对此也可以分情况证明①。

我们已知有一前提特称,则结论特称,仿照 R3、R4、R5,是否有一个规则,设为 R*8:若结论特称,则有一前提特称呢?

另一个相似的问题是说,是否 R2 要求前提中周延的项在结论中也要周延?

在传统逻辑中,答案是否定的。但在现代逻辑中,答案是肯定的。在现代逻辑中考察了"存在内含"问题,若 R*8 成立,则可以由两个无存在内含的全称命题,得到一个有存在内含的特称命题,这是现代逻辑所不能接受的。

由无存在内含的前提得到有存在内含的结论,其结论所断定的范围肯定大于前提所断定的范围,因而不是必然的。

---

① 证明留给读者做练习。

例如：

蛇是四足动物
蛇是冷血动物
∴ 有些冷血动物是四足动物。

中国不是发达国家
中国是亚洲国家
∴ 有的亚洲国家不是发达国家

上述两个论证在传统逻辑中显然有效,但是下述三例则不然,
例如：

所有永动机是效率100%的机器
所有效率100%的机器是不存在摩擦力的装置
∴ 有些不存在摩擦力的装置是永动机

所有金山是金的
所有金山是山
∴ 有的山是金的

方的圆是方的
方的圆是圆的
∴ 有的圆的是方的

显然上述三例都不可接受。问题在于传统逻辑的讨论均假定主项非空、非全,但金山、方的圆、永动机等等,都不满足这一假定。实则现代逻辑认为,传统逻辑中一切由全称前提推出特称结论的推论都带有一定的条件限制,如主谓项非空、非全等等,因此,在传统逻辑中没有我们所假设的 R^*8。

3.4 三段论的格与式

3.4.1 三段论的格

根据前提中中项的不同位置,亚里士多德把三段论的格(Figure)分为三个,后来古罗马的一位医生盖伦加上了第四个格,就是我们目前所说的三段论有四个格。如图6-13：

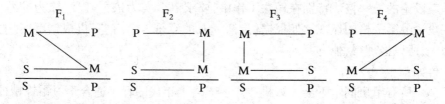

图 6-13

在第一格中,中项在大、小前提中分别为主、谓项；
在第二格中,中项在大、小前提中都为主项；
在第三格中,中项在大、小前提中都为谓项；

在第四格中,中项在大、小前提中分别为谓、主项[①]。

根据三段论的五条基本规则,人们又相应针对各个格提出了该格的特殊规则(记作 Fn * Rm),并且由于各个格的结构不同、特征不同,因而在实践中有不同的作用。

A. 第一格

第一格的特殊规则是:

F1 * R1 大前提全称

F1 * R2 小前提肯定

由于特殊规则是由基本规则派生出来的,满足了基本规则,则一定也满足特殊规则。我们也可应用前述五条基本规则来证明这些特殊规则成立。

先证 F1 * R2 小前提肯定。假设小前提否定,根据 R4,则结论否定;则大项在结论中周延,根据 R2,大项在前提中必须周延,而由于大项在第一格的三段论中处于谓项位置,是以大前提必为否定,这样,大、小前提均为否定的,违反 R3。因此原假定不成立,即得 F1 * R1。

再证 F1 * R1 大前提全称。假设大前提特称,则中项在大前提中不周延,则根据 R1,中项必须在小前提中周延,而由于中项在第一格的三段论的小前提中处于谓项位置,是以小前提应为否定,这违反已经得证的 F1 * R2,故原假设不成立,即得 F1 * R1。

第一格的特点是,在大前提中指出了关于一类事物肯定、否定的情况,在小前提中把某些事物归到这一类中,因而得出关于这部分事物情况的结论。它最明显地体现了三段论的演绎推理的性质,因此被称为典型格、完善格。

在日常生活中,我们常常根据一般原理或原则去推断个别性知识,运用的大多是三段论的第一格。特别在司法工作中,要求以事实为依据,以法律为准绳,即为三段论的第一格的体现。如根据《刑法》,凡故意杀人者有罪;再根据事实,他故意杀人,所以推理得,他有罪。

再如:

  所有甲班同学不会计算机   六十年代的青年适合学习雷锋精神
   刘英是甲班同学   我们不是六十年代的青年
  ∴ 刘英不会计算机   ∴ 我们不适合学习雷锋精神

从上面的例子读者可以体会到,违反特殊规则必然违反基本规则,基本规则适用于三段论各个格,而各特殊规则只适用于它所限定的那个格。

[①] 我们注意到,前提中两次出现的中项之间的连线在四个格并列时形成一个"业"字头的结构,这将有助于我们方便记忆。

B. 第二格

第二格的特殊规则是:

F2 * R1 大前提全称。

F2 * R2 有一个前提否定。

在第二格中,中项作为大、小前提的谓项,根据基本规则 R1,要使它至少周延一次,则必有一前提为否定的。又根据基本规则 R4,结论为否定的,则大项在结论中周延。根据基本规则 R2,大项在前提中亦为周延的,由于大项在第二格的大前提中处于主项位置,是以大前提全称。

第二格的特点是,它的结论是否定的,一般表示大、小项之间的区别,说明一个对象不属于某一类,因此,第二格又被称为"区别格"。又由于结论否定,它常常被用于反驳肯定判断。

例如:

资本主义搞市场经济	资本主义搞市场经济	革命者都不怕困难
中国不搞市场经济	中国搞市场经济	我不怕困难
∴ 中国不是资本主义	∴ 中国是资本主义	∴ 我是革命者

C. 第三格

第三格有如下两条规则:

F3 * R1 小前提肯定。

F3 * R2 结论特称。

先证 F3 * R1 小前提肯定。假设小前提否定,那么根据基本规则 R4,结论否定,那么大项周延。根据基本规则 R2,大项在前提中亦为周延的,又由于大项在第三格的前提处于谓项位置,则大前提应为否定。这样,两个前提均为否定的,这违反基本规则 R3,所以原假设不能成立,即得证 F3 * R1。

既然小前提肯定,由于小项在第三个的前提中处于谓项位置,即小项在前提中不周延,根据基本规则 R2,小项在结论中不周延,因此,作为结论的主项,小项应是特称的,所以,F3 * R2 结论特称得证。

第三格的特点是,它只能得出特称的结论,常常被用来反驳全称命题,从一般中找出例外,所以,它又被称作"例证格"。

例如:

鲁迅是文学家	水银是液体
鲁迅是绍兴人	水银是金属
∴ 有绍兴人是文学家	∴ 有金属是液体

D. 第四格

第四格有如下三条规则：

F4 * R1 若有一前提否定,则大前提全称。

F4 * R2 若大前提否定,则小前提全称。

F4 * R3 若小前提肯定,则结论特称。

对于这三条规则的证明,留给读者练习。

第四格在实践中不常用,其规则也不必强记。我们若把它的大、小前提顺序换一下,则就可通过将第一格的结论换位得到第四格的结论。例如：

$$
\begin{array}{ll}
铜是金属 & 金属是导电体 \\
金属是导电体 & 铜是金属 \\
\therefore 有些导电体是铜 \text{——换位——} \therefore 铜是导电体
\end{array}
$$

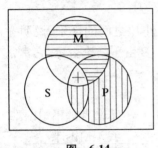

图 6-14

实际上,我们如果画出上述两个前提的文恩图,见图 6-14,以 P 为铜,以 S 为导电体,以 M 为金属,PAS 是可以直接从图中看出的,由于在图中 P 的其他部分均被阴影覆盖,而传统逻辑假定主谓项非空、非全,因此,P 中未划上阴影的部分是存在的,应打上加号,即得 SIP。

3.4.2 三段论的式

三段论的式(Mood)指 A、E、I、O 四种命题在三段论中的组合形式。

如果大、小前提和结论均为 A 命题,则该三段论的式为 AAA 式；反之,一个 AEO 式的三段论即表示,该三段论的大前提是 A 命题,小前提是 E 命题,结论是 O 命题。

根据排列组合计算,一共可构成 4×4×4＝64 个三段论可能的式,但它们并非全部有效,如 EEE、III 等都违反了基本规则。若根据三段论规则把这类无效的式删除,则剩下 11 个式：

AAA	AEE	AII	AOO
EAE	EIO	IAI	OAO
(AAI	AEO	EAO)	

其中,后三个式在主谓项非空、非全的情况下成立。

把这 11 个式按各格的特征和特殊规则分配到四个格中,得到传统逻辑中 24 个有效的三段论格式：

| AAA-1 | AII-1 | EAE-1 | EIO-1 | AAI-1 * | EAO-1 * |
| **Barbara** | **Darii** | **Celarent** | **Ferio** | **Barbari** | **Celaront** |

EAE-2	AEE-2	EIO-2	AOO-2	AEO-2*	EAO-2*
Cesare	Camestres	Festino	Baroco	Cesaro	Camestros
AII-3	EIO-3	IAI-3	OAO-3	AAI-3^	EAO-3^
Datisi	Feriso	Disamis	Bocardo	Darapti	Felapton
AEE-4	EIO-4	IAI-4	AEO-4*	AAI-4^	EAO-4^
Calemes	Fresison	Dimatis	Calemos	Bamalip	Fesapo

三段论的格式是它的格与式相结合的产物，它是三段论形式的具体的限定，如 EIO-2 和 EIO-4 所表示的三段论的形式分别为：

```
    PEM              MEP
    SIM              SIM
 ∴ SOP            ∴ SOP
```

这是两个符合三段论规则的有效的格式。

上表中有 * 标记的格式为弱式（weak mood），即能得出全称结论而得出特称结论的格式，一方面，从推理的普遍有效性来看，它们没有把应当推出的东西全部显示出来；另一方面，若考虑存在内涵，全称前提得不出特称的结论，则除去五个有 * 标记的弱式，还得把有 ^ 标记的四个格式排除，这样，严格地说，在现代逻辑中，完全有效的三段论格式只有 24 − 5 − 4 = 15 个。

中世纪的逻辑学家出于对亚里士多德权威的崇拜，把二十四个格都安了一个拉丁名字，编成了顺口溜以方便记忆。如 Barbara、Darii、Celarent、Ferio、Barbari、Celaront 等，这些名字对于三段论的化归有一定的帮助。

3.4.3 三段论的化归

三段论的化归又称三段论的还原。前此已论三段论的第一格为典型格、完善格，从化归的角度来看，就是说，其他格的各个式都可以通过变型，即经过前提的换质、换位，或改变大、小前提的位置，或等值代换而化归为第一格。而第一格的各个格式都派生自三段论公理，由此可以表明，三段论公理是所有三段论推理的依据和出发点[1]。

三段论的化归可利用上面提到的各个格式的拉丁名字。第二格、第三格、第四格的各个有效式，

凡其名字以 B、C、D、F 打头的化归，分别可对应至第一格的 AAA、EAE、AII、EIO 各式；

凡名字中，"-s-" 前的命题可以简单换位；

"-p-" 前的命题需要有限制换位；

---

[1] 关于三段论系统的公理化研究，详见吴卡谐维奇：《亚里士多德的三段论》，商务印书馆 1991 年版。

"-m-"表示大、小前提位置对调；

"-c-"表示该格式不能通过换位的方法进行化归，而应采用归谬化归的方式。

例如：

EAE-2(Cesare) AEE-2(Camestres) EIO-2(Festino) AOO-2 (Baroco)

可分别化归如下：

EAE-2，根据其拉丁名字 Cesare，它可以被化归为第一格的 EAE 式(Celarent)，"-s-"前的字母为 e，它表示作为大前提的 E 命题应简单换位。则可得到：

$$\frac{\text{PEM}}{\frac{\text{SAM}}{\text{SEP}}} \Rightarrow \frac{\text{MEP}}{\frac{\text{SAM}}{\text{SEP}}}$$

EAE-2

AEE-2，根据其拉丁名字 Camestres，它可以被化归为第一格的 EAE 式(Celarent)，"-s-"前的字母为 e，它表示作为结论的 E 命题应简单换位；同时，其名字中出现有"-m-"，它表示大、小前提在化归时位置需要对调。则可得到：

$$\frac{\text{PAM}}{\frac{\text{SEM}}{\text{SEP}}} \Rightarrow \frac{\text{MES}}{\frac{\text{PAM}}{\text{PES}}}$$

AEE-2

EIO-2，根据其拉丁名字 Festino，它可以被化归为第一格的 EAE 式(Ferio)，"-s-"前的字母为 e，它表示作为大前提的 E 命题应简单换位。则可得到：

$$\frac{\text{PEM}}{\frac{\text{SIM}}{\text{SOP}}} \Rightarrow \frac{\text{MEP}}{\frac{\text{SIM}}{\text{SOP}}}$$

EIO-2

AOO-2，根据其拉丁名字 Baroco 中出现的"-c-"可知，对它的化归应采用归谬化归的办法，将它化归为第一格的 AAA 式(Barbara)。

归谬化归的原理是，根据命题逻辑中 $(p \wedge q) \rightarrow r$ 与 $(p \wedge \neg r) \rightarrow \neg q$ 的等值关系可以知道，若两个前提能合乎逻辑而有效地推出一个结论，则若设其结论为假，加上其中一个前提的真，则可断言另一个前提的假；反之亦然，故若设一推理形式的结论为假，结合其前提之一为真，能合乎逻辑而有效地推出其另一前提的假，则可证明原推理形式的有效性。

对于 AOO-2，可先假定其结论 SOP 为假(即¬SOP)，结合其中一前提 PAM，能合乎逻辑地以第一格的三段论推理得到其另一前提 SOM 的矛盾命题 SAM(即¬SOM)，通过化归得到 AAA-1 这一有效式，则可证明 AOO-2 是形式有效的。

其过程如图 6-15 所示。

$$\frac{PAM}{\frac{SOM}{SOP}} \Rightarrow \frac{MAP}{\frac{\neg SOP}{\neg SOM}} \Rightarrow \frac{MAP}{\frac{SAP}{SAM}}$$
$$EIO\text{-}2$$

图 6-15

3.5 非标准形式的三段论

前此所论的有效三段论及其判别规则都是针对标准形式的三段论而言,但在日常生活中,并非每个人的推理都按我们所规定的标准格式来进行,诸多常识认为有效的推理都以非标准形式存在,即非标准形式的三段论(Non-standard Formed Syllogism)。

3.5.1 标准三段论的三个要求

标准形式的三段论有三个要求。

(1)包括三个标准形式的直言命题。但是,有的推理的前提须经过变形才能成为标准形式。例如:

$$\frac{大象是动物}{有白色的大象} \qquad \frac{酗酒者是难以长寿的}{有些人整天喝酒}$$
$$\overline{所以,有的动物是白色的} \qquad \overline{所以,有些人是难以长寿的}$$

将第一个推理的小前提改写为:有大象是白色的,则该推理就是标准的 AII-3 的有效式。将第二个推理的小前提改写为:有些人是酗酒者,则原推理变为标准的 AII-1 的有效式。

(2)要求包含且只包含三个不同的项。但是,有的推理可出现 4、6 个,可经过同义代换、换质、换位等方式变形为标准形式。

例如:

$$\left.\frac{没有富翁是流浪者}{所有律师是有钱人} \atop 所以,没有律师是漂泊者 \Rightarrow \frac{所有富翁不是漂泊者}{所有律师是富翁} \atop \therefore 所有律师不是漂泊者\right\} \begin{array}{l} EAE\text{-}1 \\ 有效式 \end{array}$$

$$\left.\frac{所有哺乳动物是恒温动物}{没有蜥蜴是恒温动物} \atop 所有蜥蜴是非哺乳动物 \Rightarrow \frac{所有动物是恒温动物}{所有蜥蜴不是恒温动物} \atop \therefore 所有蜥蜴不是哺乳动物\right\} \begin{array}{l} AEE\text{-}2 \\ 有效式 \end{array}$$

(3)标准形式的三段论要求大、小前提和结论按一定的次序排列,但日常思维中并无此约束。例如：

所有易燃品是不安全物，适宜所有安全物都是非爆炸物，因为所有爆炸物都是易燃品。该推理经整理可变为：

$$
\left.\begin{array}{r}\text{所有爆炸物都是易燃品}\\ \text{所有易燃品不是安全物}\\ \hline \therefore \text{所有安全物不是爆炸物}\end{array}\right\} \Rightarrow \begin{array}{l}\text{AEE-4}\\ \text{有效式}\end{array}
$$

此类非标准形式变形为标准形式，如有可能应尽量找出同义词，或互为矛盾的概念，通过换质法，从而减少概念的数目。

3.5.2 三段论的省略式

三段论的省略式(Enthymeme)也属于一种非标准形式的三段论，它指省略了前提之一，或省略了结论的三段论，即一个三段论推理没有被完整地陈述出来。例如：

(1) 张三是酒鬼，所以张三不会长寿。
(2) 他劝我学外语，我想，我又不当翻译，学那个干什么。
(3) 我何必那么积极呢，我又不是党员。
(4) 我想的东西是不值一美元的，我想的是你。
(5) 所有真的基督教徒不是虚伪的，有些上教堂者是虚伪的。

要判别一个三段论是否有效，首先应补出被省略的部分。一般根据语境可判别出省略的是前提还是结论。如，因为、为了、由于等词表示其后为前提，因此、基于这些理由、于是、所以等词表示其后为结论。

若省略的为前提，则根据结论的主谓项判别省略的是大前提还是小前提，然后找出中项与大项或小项的联系，将该三段论补充完全。

如上例(1)，"所以"之后为结论，且谓项"不会长寿"未在前提中出现，因而省略的是大前提。我们可补上"凡酒鬼是不能长寿的"，由此得到一个 AAA-1 的有效式。

再如上例(2)、(3)，可补上"凡要当翻译的是要学外语的"、"凡党员是要积极的"则可得到如下两个犯了"大项扩大"的逻辑错误的三段论推理：

$$
\begin{array}{r}\text{要当翻译是要学外语的}\\ \text{我不是要当翻译的}\\ \hline \therefore \text{我不是要学外语的}\end{array} \qquad \begin{array}{r}\text{凡党员是要积极的}\\ \text{我不是党员}\\ \hline \therefore \text{我不是要积极的}\end{array}
$$

例(4)显然是省略了结论，"你是不值一美元的"。试考虑这一个三段论是否有效。对于例(5)所省略的结论有两种可能性，即"有些上教堂者不是真正的基督徒"，或"有些真正的基督徒不是上教堂者"。若结论为前者，则原三段论是一个 EIO-2 的有效式，若结论为后者，则原三段论将是无效的。

3.5.3 三段论的复杂式

由两个或两个以上的三段论(包括省略式)所构成的推理形式称为三段论的复杂式,它有复合式、连锁式和带证式三种。

A. 复合式

在三段论的复合式中,我们可以直接发现一个个前提、结论都完整的三段论,除最后一个结论外,其余三段论的结论都作为后一个结论的前提。若都以前一个三段论的结论作为后一个三段论的大前提,则称其为前进的复合三段论(pro-syllogism);若都以前一个三段论的结论作为后一个三段论的小前提,则称其为后退的复合三段论(epi-syllogism)。其形式分别如图 6-16、6-17 所示。

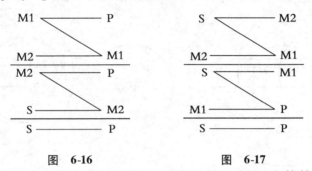

图 6-16　　　　　图 6-17

上述形式只包含两个完整的三段论,也可以是三个、四个等等。但是,人们没必要把每一个三段论完整地表示出来,于是我们得到连锁式的三段论。

B. 连锁式

在前进式的复合三段论中,省略兼作为大前提的结论,则可得到哥克兰尼式的连锁三段论(Goclenian Sorites)。若将后退式的复合三段论中兼做结论的小前提省略,则可得到亚里士多德式的连锁三段论(Aristotelian Sorites)。例如:

所有有理数是实数	物理学是自然科学
所有自然数是有理数	自然科学是科学理论
所有偶数是自然数	科学理论是真理
4 是偶数	凡真理不是主观臆造的
4 是实数	物理学不是主观臆造的

它们的形式如图 6-18 所示。也可作出上述推理的欧拉图,以佐证其推理的有效性,如图 6-19 所示。

其中,箭头向内的为哥克兰尼式,箭头向外的为亚里士多德式,通过图 6-19 可以发现,哥克兰尼式的连锁三段论的规则是:

R1　第一个前提可以是否定的,其余的前提必须肯定;

R2　最后一个前提可以是特称的,但其余的前提必须全称。

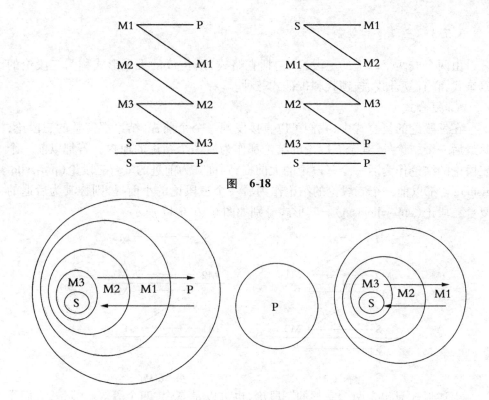

图 6-18

图 6-19

而亚里士多德式的连锁三段论的规则恰好与之相反：
R1 最后一个前提可以是否定的，其余的前提必须肯定；
R2 第一个前提可以是特称的，但其余的前提必须全称。

C. 带证式

顾名思义，带证式（Epicheirema）的三段论就是前提带有证明的三段论，只是前提的证明还是三段论的省略式，这可以是大前提带证，也可以是小前提带证，也可两者都带证。

例如：

国外有一人因为谈论本国元首是个大笨蛋而被判刑 20 年，他申辩说，诬蔑国家元首顶多判刑 5 年，为什么判我 20 年？法官说，诬蔑国家元首罪判你 5 年，另外 15 年是判你严重泄露国家机密罪。

我们可由此作出一个带证式的三段论：

凡诬蔑国家元首者判刑 5 年
你是诬蔑国家元首者，因为你说国家元首是大笨蛋
所以，你被判刑 5 年

凡严重泄露国家机密者判刑 15 年

<u>你是严重泄露国家机密者,因为你说国家元首是大笨蛋</u>

所以,你被判刑 15 年

上述两个带证式的三段论,其小前提都包含了一个省略三段论,即:

凡说国家元首是大笨蛋的是诬蔑国家元首者

<u>　　你说国家元首是大笨蛋　　</u>

所以,你是诬蔑国家元首者

凡说国家元首是大笨蛋的是严重泄露国家机密者

<u>　　你说国家元首是大笨蛋　　</u>

所以,你是严重泄露国家机密者

3.6　三段论的零式判别法

检验三段论是否有效有多种方式,可通过三段论的基本规则来判别,也可用欧拉图解法、文恩图解法等,这里还介绍一种零式判别法。

标准直言命题 A、E、I、O 可以分别用零式表示为:

| SAP | $\overline{SP} = 0$ | SEP | $SP = 0$ |
| SIP | $SP \neq 0$ | SOP | $\overline{SP} \neq 0$ |

零式判别法的步骤,以 EIO-2 为例:

第一步,将前提语句分别改写成零式表示,即:

$$PM = 0$$
$$\underline{SM \neq 0}$$
$$S \neq 0$$

第二步,将横线擦去,并将结论那个零式的等号加以否定(等号改为不等号,不等号改为等号),即:

$$PM = 0$$
$$SM \neq 0$$
$$\overline{SP} = 0$$

第三步,检查这组零式是否满足以下三个条件:

a. 有且只有一个不等式;

b. 在所有等式里,代表语词的字母之中,至少有一对同符异号(字母相同,但一个是另一个的否定,如,P 和 $\overline{P}$);

c. 其他在等式中没有配对的字母,不改号地出现在不等式中(如上例中,M 与 S 没有配对,它们同符同号地出现在不等式 $SM \neq 0$ 中)。

若同时满足 a、b、c 三个条件,则原三段论形式有效;若有一个不满足,则原三段论无效。

例如:

凡是犯过错误的人都应该参加法制班学习

<u>　　　　我又没犯过错误　　　　</u>

所以,用不着对我进行法制教育。

先将它变形为标准形式的三段论,

即:

凡是犯过错误的人都是应该参加法制班学习的

<u>　　　　我不是犯过错误的人　　　　</u>

所以,我不是应该参加法制班学习的

若对三段论规则熟悉,则可一眼看出该三段论"大项扩大",但若不熟悉,则可用零式判别法。

$$\frac{\begin{array}{c}\overline{MP}=0\\SM=0\end{array}}{SP=0} \Rightarrow \begin{array}{c}\overline{MP}=0\\SM=0\\SP\neq 0\end{array}$$

显然,它不满足零式判别法的第三个条件,M 与 S 没有配对,但它们没有同符同号地出现在不等式 $SP\neq 0$ 中,所以原三段论无效。

本章思考与练习:

1. 试举例分析前提真假和推理形式有效性之间的关系。
2. 试举例说明换质法、换位法的差异。
3. 试分析换质位法、戾换法中项的周延性的变化情况。
4. 试分析下列推理的形式,并判别其是否有效:

   (1) 马克思主义者都不信鬼神,所以,有不信鬼神的是马克思主义者。

   (2) 历史不清楚的人是不能入党的,所以,入党的都是历史清楚的人。

   (3) 上帝是全能的,所以,有全能的是上帝。

   (4) 这次学术讨论会上,发言的不完全是青年教师,所以,发言的有中年教师。

   (5) 不劳动者不得食,所以,劳动者得食。

   (6) 我不读报,所以,我读的不是报。

   (7) 他不去,所以,去的不是他。

   (8) 他们不是都对的,所以,他们都是不对的。

   (9) 真理是驳不倒的,所以,驳不倒的是真理。

   (10) 有被认为是正确的东西是错误的,所以,有不被认为正确的东西不是错误的。

5. 文恩图解

   (1) 已知：鲸不是鱼

   　　　有的水生动物是鲸

   　　试用文恩图表示它所能得出的有效三段论式的结论。

   (2) 已知：鸭嘴兽不是胎生动物

   　　　鸭嘴兽是哺乳动物

   　　试用文恩图表示它所能得出的有效三段论式的结论。

6. 试分析下列三段论格与式，并判别其是否有效，若无效，请指出其所违犯的三段论规则或要求。

   (1) 有钱人有发言权
   　　　我有钱
   　　∴ 我有发言权

   (2) 美国人很富有
   　　　他是美国人
   　　∴ 他很富有

   (3) 凡洋奴说洋话
   　　　你主张读洋书
   　　∴ 你是洋奴

   (4) 共产党员要表现积极
   　　　我不是共产党员
   　　∴ 我不要表现积极

   (5) 先古圣王是聪明人
   　　　苏轼不是先古圣王
   　　∴ 苏轼不是聪明人

   (6) 好男不当兵
   　　　张三当兵
   　　∴ 张三非好男

   (7) 卖国贼是说谎的
   　　　你是说谎的
   　　∴ 你是卖国贼

   (8) 识时务者为俊杰
   　　　张三不是俊杰
   　　∴ 张三不识时务

   (9) 鲸是水生动物
   　　　鲸不是鱼
   　　∴ 有鱼不是水生动物

   (10) 他是表现积极的
   　　　他不是共产党员
   　　∴ 有共产党员表现不是积极的

7. 试用文恩图分析下列前提能否得出三段论式的结论：

   (1) 反刍动物不是食肉动物，狮子是食肉动物。

   (2) 凡从甲港开出的船都要实行检疫，这些船不是从甲港开出的。

   (3) 凡共青团员是青年，有些青年工人不是共青团员。

   (4) 蛇没有脚，蛇是动物。

   (5) 植物呼吸，人不是植物。

8. 将下述推理转换成标准形式的三段论，并判别其是否有效。

   (1) 非本国居民不是本国公民

   　　所有非本国公民不是投票者

∴ 所有投票者都是本国居民

(2) 我们是马克思主义者，所以，我们不应割断历史。

(3) 有的不学逻辑的人能正确思维，我们不学逻辑。

(4) 凡文艺都是宣传，电影是宣传。

9. 某次会议上，来自西南四省四位代表都是初次见面，互猜各来自西南何省区：

(1) A 认为 D 来自四川；   (2) B 认为 C 来自云南；

(3) C 认为 A 不可能来自贵州；   (4) D 肯定 B 来自西藏。

后经证实：只有来自贵州和四川两省的代表猜测正确，另两位错误。

试分析 A、B、C、D 各来自何省区。

10. 试分析三段论基本规则、导出规则和各个特殊规则之间的关系。

11. 试比较在传统逻辑和现代逻辑中三段论规则的差异。

12. 试画出标准形式直言三段论 EAO—1 的文恩图。

13. 已知一个有效的标准形式的三段论，其小前提为 O 判断。试用三段论五条基本规则分析它的格与式，并将其化归为第一格。

14. 已知：一个有效的三段论，其大前提是肯定的，大项在前提和结论中都周延，小项在前提和结论中都不周延。试分析该三段论是第几格，哪种式。并将其划归为第一格。

15. 在下列括号中填入适当的符号，使其成为有效的三段论。（写出推理过程）

(1) ( ) ( ) ( )　　　　　　(2) ( ) E ( )
　　S O M　　　　　　　　　M I S
　∴ S O P　　　　　　　　∴ S ( ) P

(3) M ( ) P　　　　　　　(4) M E P
　( ) ( ) ( )　　　　　　　S ( ) M
　∴ S O P　　　　　　　　∴ S ( ) P

(5) P ( ) M　　　　　　　(6) M ( ) P
　( ) I ( )　　　　　　　　S ( ) M
　∴ S O P　　　　　　　　∴ S I P

16. 在讲述带证式的三段论时，书上所举例子中，法官的思维是否合乎逻辑？

17. 试用三段论的零式判别法判别本章思考与练习题 6 中，(4)、(5)、(6)、(7)、(8)、(9)、(10) 各三段论的有效性。

第七章

演绎推理(下)

本章讨论各种以复合命题的逻辑性质为基础的推理形式,以及它们各自的推理规则,主要包括联言推理、选言推理和假言推理等。

1. 联 言 推 理

联言推理是根据联言命题的逻辑性质而进行的推理。

1.1 联言合成

根据合取符号的定义,我们有真值表,见表7-1。

由表可知,若已知p、q都真,则可推出联言命题 p∧q 亦真,即:

p, q ⊢ (p∧q)

换成蕴涵式:

(p∧q) ⊢ (p∧q)

显然,这是一个重言式。

这里,p、q是任意合式公式。例如:

r∨s, t→m ⊢ (r∨s)∧(t→m)也属于联言推理。

在符号逻辑中,p,q⊢(p∧q)叫做联言合成规则(the rule of conjunction),简作联言合成(Conj.)。

表 7-1

p	q	p∧q
T	T	T
T	F	F
F	T	F
F	F	F

1.2 联言分解

再看真值表,当p∧q为真时,以它为前提,我们可推出(断定)p为真,同样也可断定 q 为真。即：

$$(p \wedge q) \vdash p \qquad (p \wedge q) \vdash q$$

换为蕴涵式分别为：$(p \wedge q) \to p$，$(p \wedge q) \to q$，作出上述二式的真值表，可知它们为重言式。符号逻辑中称它们为联言化简规则(the rule of simplication)，简作联言分解(Simp.)。

联言合成与联言分解规则是符号推导的规则，在某些符号系统中也较为重要。在日常生活中也经常运用联言推理，可起到综合突出或个别强调的作用。例如：

他犯了诬蔑国家元首罪，他犯了严重泄露国家机密罪，所以，他既犯了诬蔑国家元首罪，又犯了严重泄露国家机密罪。

既要抓物质文明，又要抓精神文明，所以，我们要抓精神文明。

既要抓物质文明，又要抓精神文明，所以，我们要抓物质文明。

2. 选 言 推 理

选言推理是根据选言命题的逻辑性质而进行的推理。我们已知选言符号有两种，即相容析取和不相容析取，相应地，选言推理也有两类。

2.1 相容选言推理

根据析取符号 $\vee$ 的真值表定义，我们有表 7-2。

表 7-2

p	q	p∨q
T	T	T
T	F	T
F	T	T
F	F	F

若已知 p 为真，则不论 q 真假，$p \vee q$ 永真；反之，若已知 $p \vee q$ 为真，又已知 p 为假，则 q 必真；同样，若已知 $p \vee q$ 为真，又已知 q 为假，则 p 必真；两者的推理形式分别为：

A. $p \vee q, \neg p \vdash q$ 在符号逻辑中，它被称为选言三段论(disjunctive syllogism)，简记作 D.S.。

B. $p \vee q, \neg q \vdash p$

从 A、B 两式可以发现，给定一个真的选言命题，若已知其中一个选言肢为假，则可得另一个选言肢为真；但反之不然，即我们不可以由已知其中的一个选言肢为真，而得到另一个选言肢为假，其形式可以记作：

C. $p \vee q, p \vdash ? q$

D. $p \vee q, q \vdash ? p$

C、D 表示,给定一个为真的选言命题,若已知其中以选言肢为假,则不可断言另一选言肢的真假。

将 A、B 换为蕴涵式,则肯定可以得到两个重言式,但若将 C、D 换为蕴涵式,则它们肯定不是重言式,即 C、D 的推理形式无效。如表 7-3 所示。

表 7-3

p	q	¬p	p∨q	(p∨q)∧¬p	(p∨q)∧¬p→q
T	T	F	T	F	T
T	F	F	T	F	T
F	T	T	T	T	T
F	F	T	F	F	T

p	q	¬q	p∨q	(p∨q)∧p	(p∨q)∧p→¬q
T	T	F	T	T	F
T	F	T	T	T	T
F	T	F	T	F	T
F	F	T	F	F	T

例如:

一个农场主吹嘘说他乘车从自己的农场这头走到那头要花两天时间,目的是为了显示其农场之大。可一位听者听后说,是的,当初他也有这么一辆老爷车。试分析听者心中的推理。

我们可以得到两个不同的选言推理,即:

或者是因农场大,或者是因汽车慢　　　或者是因农场大,或者是因汽车慢
　　不是因农场大　　　　　　　　　　　　　是因汽车慢
∴ 是因汽车慢　　　　　　　　　　　　∴ 不是因农场大

若他所应用的推理为前者,则其推理形式有效;若为后者,则其推理形式无效,因而不可由之得出农场不大的结论。

2.2　不相容选言推理

根据不相容选言符号 ∨ 的真值表定义(见表 7-4),我们有如下四个有效的推理形式:

A. p∨q, ¬p ⊢ q
B. p∨q, ¬q ⊢ p
C. p∨q, p ⊢ q
D. p∨q, q ⊢ p

表 7-4

p	q	p∨q
T	T	F
T	F	T
F	T	T
F	F	F

可将上述四式换为蕴涵式后,列真值表证明它们都可得到重言式。兹从略。

例如:

战国时,李斯忌妒韩非,设法诬陷其入狱后,派狱吏送他一壶毒酒。韩非问狱吏自己所犯何罪,狱吏说,一山难容二虎,一个鸡笼容不下两只公鸡,他们遇见韩非这样有才干的人,不是重用,就是害死,韩非遂服毒自尽。其中的推理为:

要么受重用,要么被毒杀

今不受重用

∴ 必被毒杀

《三国演义》中,诸葛亮三气周瑜,周瑜死前长叹道,既生瑜,何生亮? 我们可将他的推理还原为一个选言推理:

要么生周瑜,要么生诸葛亮

生了我周瑜

∴ 不要生诸葛亮

显然,上述推理形式有效。但我们发现,周瑜脑子里的前提"要么生周瑜,要么生诸葛亮"只能是一相情愿。因此,选言推理在实际运用中,应注意选言前提是否为真的问题。因为推理形式有效,它只保证前提真的情况下不会得出假的结论,若前提中有假,则对结论的真假的判定将是不必然的。

3. 假言推理

假言命题是指根据假言命题的逻辑性质而进行的逻辑推理。

3.1 关于假言条件的推理

假言条件有三种,因而相应的有充分条件的假言推理、必要条件的假言推理和充要条件的假言推理。

3.1.1 充分条件的假言推理

充分条件的含义是,有之必然,无之不必然,其真值表见表7-5。

若 p 是 q 的充分条件,则有 p,必有 q,无 p,不一定有 q,同时无 q 则必无 p,有 q 则不必有 p。

因此，我们有：

A. $p \rightarrow q, p \vdash q$　　分离规则　Modus Ponens (M. P.)
B. $p \rightarrow q, \neg q \vdash \neg p$　　否后规则　Modus Tollens (M. T.)
C. $p \rightarrow q, q \vdash ? p$　　肯定后件不能断言前件
D. $p \rightarrow q, \neg p \vdash ? q$　　否定前件不能断言后件

表 7-5

p	q	p→q
T	T	T
T	F	F
F	T	T
F	F	T

假言推理在日常生活中无处不在，例如：

过去革命电影地下党员接头时有报警暗号，若是窗台上放一盆红花，就等于告诉联络员：接头地点暴露，不必前来联络；若是窗台上放一盆白花，即表示安全。因此，接头地点是否安全可通过肯定前件式推理得出。

再如，曾有人怀疑现在被认为是莎士比亚写的剧作是由F·培根写的，其理由是：

如果培根写了被属于莎士比亚名下的剧作，那么，培根是伟大的作家；
事实上培根是一个伟大的作家；
所以，培根确实写了莎士比亚名下的剧作。

这就好比说，如果华盛顿被人谋杀了，那么华盛顿死了；现在华盛顿死了，所以，华盛顿被人谋杀了。显然，由真前提到假结论，其形式无效。尽管将上述例句中的"华盛顿"改为以色列总理"拉宾"，我们能得到真的结论。

此类肯定后件的假言推理形式的错误很常见，许多同学做题目有如下的思维过程：如果P，那么将符合题意；所以，P是答案。这种论证其实不严密，因为它所包含的推理形式无效，即不合乎逻辑。

3.1.2　关于必要条件的假言推理

必要条件的含义是，无之必不然，有之不必然，其真值表如表7-6所示。

若p是q的充分条件，则q是p的必要条件，因此，必要条件与充分条件本质上是互通的。无p，必无q，有p，不一定有q，同时有q则必有p，无q则不必无p。

表 7-6

p	q	¬p→¬q
T	T	T
T	F	T
F	T	F
F	F	T

因此，我们有：

A. $\neg p \rightarrow \neg q, \neg p \vdash \neg q$　　分离规则
B. $\neg p \rightarrow \neg q, q \vdash p$　　否后规则
C. $\neg p \rightarrow \neg q, p \vdash ? q$　　肯定前件不能断言后件
D. $\neg p \rightarrow \neg q, \neg q \vdash ? p$　　否定后件不能断言前件

例如：

在《皇帝的新装》中，两个骗子的高明之处在于先给出了一个必要条件的假言

命题:只有他是称职并且聪明的人,他才看得见新衣。即,如果他是不称职或愚蠢的人,那么,他就看不见新衣。于是,皇帝和大臣们都说自己看见了新衣,由此能有效地推出自己既称职又聪明。但我们必须指出,若哪一位说自己没有看见新衣,并不能合乎逻辑地得到他或不称职或为愚蠢。

和前述选言推理一样,上述有关假言条件的推理的有效形式在实际中的运用,还得首先保证前件是后件的充分条件或必要条件,但前件与后件的关系在实际中有时很难断定。如果我们直接否定《皇帝的新装》中那两个骗子的假言前提,则闹剧在逻辑上根本就不会发生。

再如:

只有他是罪犯,他才能成为被告;他成了被告;所以,他是罪犯。

上述推理形式有效,但其前提不真,而这一前提恰恰是某些人心中的思维定式,于是害怕上法庭,有的人上了法庭也招来许多闲言碎语。

再如:

只有某甲当时在作案现场,他才是杀人犯;某甲当时在作案现场;所以,某甲是杀人犯。

上述例句中的推理形式是无效的,而且在网络高科技时代前提也有可能不真。公安干警在认证罪犯时,须慎重考虑应用肯定式认证罪犯,但通常能很容易地应用否定式排除嫌疑犯。如在上述例句中,若已知某甲案发时不在现场,则一般可排除他的犯罪嫌疑。

3.1.3 充要条件的假言推理

充要条件的含义是,有之必然,无之必不然,其真值表如表7-7所示。

表 7-7

p	q	p↔q
T	T	T
T	F	F
F	T	F
F	F	T

充要条件是充分条件和必要条件的结合。若 p 是 q 的充要条件,则有 p,必有 q,无 p,必无 q,同时无 q 则必无 p,有 q 则必有 p。

因此我们有:

A. $p \leftrightarrow q, p \vdash q$

B. $p \leftrightarrow q, \neg q \vdash \neg p$

C. $p \leftrightarrow q, q \vdash p$

D. $p \leftrightarrow q, \neg p \vdash \neg q$

因其较易理解,兹不再举例。

3.2 纯假言推理

纯假言推理指以假言命题为前提而得到假言命题做结论的演绎推理。

3.2.1 假言易位推理

对于假言易位推理(Transposition，简记作 Trans.)说明如下。

根据此前已有的论述，充分条件与必要条件是相互联系的，如果 p 是 q 的充分条件，则 q 是 p 的必要条件；反之亦然。于是，我们有：

A. (p→q) ⊢ (¬q→¬p)

B. (¬p→¬q) ⊢ (q→p)

这样我们明白，(p→q)→(¬q→¬p)是重言式，而且其反向也成立，(p→q)←(¬q→¬p)，即(p→q)、(¬q→¬p)二者等值，可记作：(p→q)↔(¬q→¬p)，同样我们有：

C. (p↔q) ⊢ (q↔p)

即，若 p 是 q 的充要条件；则 q 也是 p 的充要条件；反之亦然。

3.2.2 假言三段论

假言三段论(Hypothetical Syllogism，简记作 H.S.)指以两个假言命题为前提得到一个假言命题为结论的演绎推理。

我们已知蕴涵符号所表示的关系的性质是传递的，双蕴涵也是一样，于是我们有：

A. (p→q), (q→r) ⊢ (p→r)

B. (¬p→¬q), (¬q→¬r) ⊢ (¬p→¬r)

C. (p↔q), (q↔r) ⊢ (p↔r)

上述三式分别表示充分条件、必要条件和充要条件在关系的传递性上是一致的，因此，H.S.专指 A 形式的推理结构，只要把 p、q、r 当作任意合式公式 wff，我们就可以代入¬p、¬q、¬r 得到 B，再联合 A、B 构成 C。这好比在数学上，对于任何数而言，x=y, y=z ⊢ x=z；将 x、y、z 加上负号也一样，即：

-x=-y, -y=-z ⊢ -x=-z。

例如：

若我们严格按劳取酬、多劳多得的制度，则我们说：谁多劳动，谁就多得奖金；谁多得奖金，谁的生活就好；所以，谁多劳动，谁的生活就好。

该推理形式有效，而实际生活中往往并非如此，或者有的多劳动却没有多得奖金，或者即使多得了奖金生活也没好起来。这不是逻辑所要考察的问题，但若反过来，谁生活得好，不一定表明他多劳动了。至少在逻辑上，肯定后件不能断言前件，事实上，这个社会中不劳而获者大有人在。

3.2.3 假言连锁推理

同直言三段论一样，假言三段论也有连锁式，即以两个以上的假言命题为前提而得到一个假言命题为结论的演绎推理，即假言连锁推理（Hypothetical Sorites）。其逻辑依据仍然是蕴涵关系的传递性，其形式如下：

A. $(p\rightarrow q), (q\rightarrow r), (r\rightarrow s), \cdots \rightarrow m \vdash (p\rightarrow m)$

B. $(\neg p\rightarrow \neg q), (\neg q\rightarrow \neg r), (\neg r\rightarrow \neg s), \cdots \rightarrow \neg m \vdash (\neg p\rightarrow \neg m)$

前提像一个长长的链条一环一环连锁，然后在结论中把头尾直接联系起来。假言连锁推理是人们常用的一种思维形式。

例如：

达尔文《物种起源》一书中曾讲道，自然界地位相距极远的动植物，被一种关系复杂的网联系在一起，据他在英国所做的研究，某一区域内猫的数目决定该区域内三叶花的多少。其中就有假言连锁推理应用：在该区域内，如果猫多，由于猫吃老鼠，所以田鼠少；既然田鼠少了，由于田鼠平时破坏蜂巢，所以雄蜂多；既然雄蜂多了，由于雄蜂平时为三叶花授粉，所以三叶花多。

信息论创始人维纳曾举了一个民谣作为假言连锁的例子：钉子缺，蹄铁卸；蹄铁卸，战马蹶；战马蹶，骑士绝；骑士绝，战事折；战事折，国家灭。所以，钉子缺，国家灭。

就因为少了些看似无关紧要的钉子而导致一个国家的灭亡，像多米诺骨牌一样，一连串地倒了下来。这也就是我们常说的积少成多，一着不慎，满盘皆输。

著名的《福尔摩斯探案集》中有许多逻辑推理的实例，从逻辑的角度看来，有的是形式有效的，也有的是形式无效的。例如，大侦探福尔摩斯就讲过一段与假言连锁有关的话：

一个逻辑学家不需要亲眼看到或听说过大西洋或尼亚加拉大瀑布，他能从一滴水上推测出它有可能存在，所以整个生活就像一个巨大的链条，只要见到其中的一环，整个链条就可以推测出来了。

实际上，就逻辑而言，我们能从肯定前件一步步肯定后件，或从否定后件一步步否定前件；但要从肯定后件一步步肯定前件，逻辑上不成立，只能从肯定后件一步步推测前件可能存在，而这种可能性的大小在很大程度却依赖于大侦探的直觉，而不是逻辑推理。

3.3 假言联言推理

本节中我们考察有假言与联言、选言结合而进行的推理。包括假言联言推理和假言选言推理,其中重点考察假言选言推理中的二难推理。

假言联言推理指应用假言命题的逻辑性质和联言命题的逻辑性质而进行的演绎推理。它有两种有效的形式[1]:

A. 肯定式 $p_1 \to q_1, p_2 \to q_2, p_1 \land p_1 \vdash q_2 \land q_2$。

B. 否定式 $p_1 \to q_1, p_2 \to q_2, \neg q_2 \land \neg q_2 \vdash \neg p_1 \land \neg p_2$。

上述两式的有效性比较直观,例如:

有人雇用杀手谋害邻居,后该杀手被警方盘问,杀手对警方说:"若我是罪犯,则我与被害人很熟悉;如果我是罪犯,则我与被害人有仇。现在你去查查,我与被害人素不相识,无冤无仇,我怎么可能是罪犯?"

该杀手的话中所包含的推理形式是:

$$p \to q, p \to r, \neg q \land \neg r \vdash \neg p$$

其形式是假言联言推理的有效的否定式,但其两个假言前提却并不成立。前提中有假,即使形式有效,其结论并不必然为真。

C. 归谬式推理。

假言联言推理的否定式的特殊形式是归谬式推理(Reductio ad absurdum)。其形式为:

$$p \to (q \land \neg q) \vdash \neg p$$

该式原型即:

$$p \to q, p \to \neg q, q \land \neg q \vdash \neg p$$

但是,它可不必应用联言命题的逻辑性质而得证,因为根据矛盾律 $\neg(q \land \neg q)$,则通过否定后件原则(M. T.),就可否定前件 p,即得 $\neg p$。

归谬式的基本意思是,如果一个命题可以推出两个互相矛盾的命题,则该命题必为假。

例如,伽利略对亚里士多德的"重物自由降落速度大于轻物自由降落速度"的论断的反驳,即运用了归谬式:

一方面,如果重物降落速度大于轻物(p),则重物 A 与轻物 B 捆在一起(A+B)的自由降落速度就会大于重物 A 的降落速度(q);

另一方面,如果重物降落速度大于轻物(p),则重物 A 与轻物 B 捆在一起(A+B)自由降落时,重物 A 由于有轻物 B 的拖累,其(A+B)速度又应小于重物(A)的独自降落的速度($\neg q$);

q 与 $\neg q$ 矛盾,故 p 假,即 $\neg p$。

---

[1] 注意我们将把具有如下形式的推理

$p_1 \land q_1 \to r, p_1 \land q_1 \vdash r$ 和 $p_1 \land q_1 \to r, r \to p_2 \land q_2, p_1 \land p_1 \vdash q_2 \land q_2$

分别视为应用了假言条件和假言三段论的推理。

我们这里再举两个无效的例子。

（1）一位出名吝啬的农夫请医生给他的妻子看病。"人家说你十分吝啬，"医生说，"我一定能得到医诊费吗？"农夫说："不管你治好还是治死她，你都可以不必打官司便可拿到钱。"医生便悉心医治，可妇人还是死了，医生要求农夫付诊费。"你治好了她吗？"农夫问。"没有。"医生承认。"那你把她治死了！？"农夫又质问。"当然没有！"医生怒气冲冲地说。"那么，我就不欠你分文。"农夫于是说。

故事中所包含的推理形式为：

$$p_1 \to q_1, p_2 \to q_1, \neg p_1 \land \neg p_2 \vdash \neg q_1$$

显然，其形式是无效的。

（2）警察破案时经常作如下推理：

如果他是盗窃犯，那么，他有作案动机；如果他是盗窃犯，那么，他有作案时间。他既有作案动机，又有作案时间，所以，他是盗窃犯。

其包含的形式为：

$$p \to q, p \to r, q \land r \vdash p$$

显然该推理形式无效。但在司法实践中，常常以后件合成式缉捕、遴选嫌疑犯，因此，上述推理的结论应为可能命题，即，他可能是盗窃犯。随着更多的假言条件的加入，例如，如果他是盗窃犯，则他看到被害者神色慌张（$p \to t$）；如果他是盗窃犯，则在被盘问时说话支吾（$p \to m$）。q、r、t、m 等一系列的后件的集合到一个人身上时，断定该人是案犯的可能性将逐步提高。即，

$$p \to (q \land r \land t \land m \land \cdots)$$

最终会在理论上使得后件集合变为前件的充分条件，即，

$$(q \land r \land t \land m \land \cdots) \to p \text{ 成立。}$$

3.4 假言选言推理（二难推理）

假言选言推理指根据假言命题和选言命题的逻辑性质而进行的演绎推理。

当我们考虑事物有多种可能性，并且每一种可能性会导致某一种后果时，我们常常用到假言选言推理。辩论中，一方常提出一个断定两种可能性的选言前提，再由两种可能性引出对方难于接受的结论，给对方造成二难，汉语中与类似的语词表达有进退维谷、进退失据、前后碰壁、进退两难、左右为难等等。如果有两种可能，则可构成二难推理；若有三种、四种可能，则可构成三难、四难推理。

我们将重点考察二难推理，但先举一个包含三难推理的例子：

阿凡提被邀请去讲道，他在讲台上问听众："我要跟你讲什么，你们知道吗？"

台下都答曰："不知道。"

阿凡提："跟不知道我要说什么的人讲道，我还说什么呢？"说完便离开了讲台。

第二次阿凡提又被邀请,阿凡提又问同样的问题,这回台下早有防备,都答曰:"知道。"

阿凡提:"既然你们已经知道了,我还说些什么呢?"说完又离开了讲台。

第三次阿凡提又被邀请,还是问台下同样的问题,这回台下有一部分人答"知道",另一部分则答"不知道",准备看阿凡提的高招。

阿凡提说:"就让你们中知道的那些人告诉不知道的那些人好了,我还说些什么呢?"说完还是离开了讲台。

3.4.1 二难推理的形式

二难推理在生活中很常见,它有两类形式,即构成式和破坏式。

Ⅰ 构成式(constructive dilemma),简记作:C. D.

A. 简单构成式:p→r, q→r, p∨q ⊢ r

B. 复杂构成式:p→r, q→s, p∨q ⊢ r∨s

(1)博弈论囚徒困境

两个嫌疑犯作案后被警察抓住,分别被关在不同的屋子里审讯。警察告诉他们:如果两个人都坦白,各判刑8年;如果两个都抵赖,各判1年(或许是因为证据不足);如果其中一个人坦白而另一个人抵赖,坦白的放出去,不坦白的判刑10年(这有点"坦白从宽,抗拒从严"的味道)。

表7-8给出困境的战略式表述。

表 7-8

		囚徒 B	
		坦白	抵赖
囚徒 A	坦白	-8, -8	0, -10
	抵赖	-10, 0	-1, -1

每个囚徒都有两种战略:坦白和抵赖。每一格的两个数字代表对应战略组合下两个囚徒的支付(效用),其中第1个数字是第1个囚徒的支付,第2个数字为第2个囚徒的支付。战略形式又称标准形式,是博弈的两种表述形式之一。我们也可以把上述表格改写为真值表的格式,即表7-9。

表 7-9

A	B	A	B
坦白	坦白	-8	-8
坦白	抵赖	0	-10
抵赖	坦白	-10	0
抵赖	抵赖	-1	-1

在这个例子里,纳什均衡就是(坦白,坦白):给定 A 坦白的情况下,B 的占优战略是坦白;同样,给定 B 坦白的情况下,A 的占优战略也是坦白。结果是,每个人都选择坦白,各判刑 8 年。用二难推理的形式表示就是:

B 的考虑是:如果 A 选择坦白,则我选择坦白比选择抵赖好,因此,我选择坦白;如果 A 选择抵赖,则我选择坦白比抵赖好,因此,我选择坦白。A 或者坦白,或者抵赖。所以,我选择坦白。反之,A 的考虑也和 B 一样,在形式上都属于二难推理的简单构成式。

囚徒困境反映了一个很深刻的问题,这就是个人理性与集体理性的矛盾。如果两个人都抵赖,各判刑 1 年,显然比都坦白各判刑 8 年好。但是,这个帕累托改进办不到,因为它不满足个人理性要求,(抵赖,抵赖)不是纳什均衡,换个角度看,即使两个囚徒在被警察抓住之前建立一个攻守同盟(死不坦白),这个攻守同盟也没有用,因为它不构成纳什均衡,没有人有积极性遵守协定。

(2)奥玛将军攻陷亚历山大城后下令:除《古兰经》外,尽烧所有图书。其理由是:

若图书与《古兰经》相同,则不该留它,因为已有《古兰经》;若图书与《古兰经》不同,则不该留它,因为是异端。图书或与《古兰经》相同,或与之不同。总之,均不该留。

这里包含的推理形式是二难推理的简单构成式。

(3)某个人做错一件事,刻薄的人会说:

若明知有害而做此事,则是恶人;若不知有害而做此事,则是愚人。所以,或者他是恶人,或者他是愚人。

这里包含的推理形式是二难推理的复杂构成式。

Ⅱ 破坏式(destructive dilemma)

A. 简单破坏式:$p \to q, p \to r, \neg q \lor \neg r \vdash \neg p$。

B. 复杂破坏式:$p \to r, q \to s, \neg r \lor \neg s \vdash \neg p \lor \neg q$。

我们举两个例子:

(1)如果你有求实精神,那么就该面对现实;如果你有求实精神,那就该尊重现实。可你既不肯面对现实,又不肯尊重现实。所以,你没有求实精神。

这里包含的推理形式是二难推理的简单破坏式。

(2)如果他聪明,则他知道自己的错误;如果他诚实,则他承认自己的错误。可他既不知道自己的错误,也不承认自己的错误。所以,或者他不聪明,或者他不诚实。

这里包含的推理形式是二难推理的复杂破坏式。

3.4.2 二难推理的破斥办法

对于二难推理的破斥办法可以从逻辑形式及其实际使用两个方面考虑。

就二难推理的逻辑形式结构而言,我们可以构造一个与其形式相同的推理,但得出与之矛盾的结论而进行反驳;也可以从分析其两个前提入手,对之进行破斥。

A. 构造一个反二难推理。

较为著名的构造反二难推理的例子是古希腊的"半费之讼"。这在绪论中已有论述,其中的两个推理分别是:

老师:
如果欧氏这次官司打胜,那么,按合同,他应付我另一半学费;
如果欧氏这次官司打败,那么,按法庭判决,他也应付我另一半学费;
欧氏这次官司或者打胜,或者打败;
总之,他应付我另一半学费。

学生:
如果这次官司我打胜,那么,按法庭判决,我不应付另一半学费;
如果这次官司我打败,那么,按合同,我也不应付另一半学费;
我这次官司或者打胜,或者打败;
总之,我不应付另一半学费。

学生的二难推理形式与老师的相同,但却得到了与老师相互矛盾的结论,因此就构成了对老师的二难推理的破斥。从具体内容上看,两人在推理中都采取了双重标准,也即存在两个标准,合同与法庭判决。但在法庭上,不能有不同的标准。我们认为,法官应跳出两人的双重标准,或者以学生赖账判其败诉,而向老师支付另一半学费,或者以老师未教学生真本事而判其败诉,而学生不必向老师支付另一半学费。

B. 分析假言前提是否成立。

若一个二难推理形式有效,则其前提的合取与结论之间的蕴涵式将为重言式。若前提有假,则二难推理将不能保证其结论为真。因此,指出假言前提不真,将能破斥其结论得出的必然性。例如:

领导给了小李一个艰巨的任务,而小李不想接这项任务。
于是他说:"我能力有限,难以胜任。"
领导:"我相信你能胜任,请接下这个任务吧。"
小李:"如果我刚才讲的是真话,则我不能接下这个任务,因为我确实没这能力;如果我刚才讲的是假话,则我也不能接下这个任务,因为我心口不一,信心不足。所以,无论如何,我不能接下这个任务。"

若你是小李的领导,则可以指出,能不能接下这个任务,这属于个人能力问题;而心口不一、信心不足,这属于态度问题,两者不能混淆。因此,小李的第二个前提是不能成立的。

C. 分析选言前提是否成立。

选言前提是二难推理的前提之一,若能指出其选言前提的选言肢不穷尽,或其选言前提不真,则也能破斥该二难推理。例如:

法庭上,一位扒窃嫌疑犯一直把手放在口袋里,法官让他要有礼貌。该嫌疑犯说:"我简直不知道怎么办才好,若我把手放在别人的口袋里,你们惩罚我;若我放在自己的口袋里,你们又说我没礼貌。"

该嫌疑犯的推理形式属于二难推理的复杂构成式。其推理的选言前提——或者把手放在别人的口袋里,或者把手放在自己的口袋里——不能成立,因为他可以把手不放在口袋里。

二难推理在实际生活中运用十分广泛,除了以上从逻辑的角度考虑的破斥办法,有时人们还运用如下的对应策略。

D. 利中取大,害中取小。

《墨子》一书有言:两利相权取其重,两害相权取其轻。因此,面对二难推理,有时也可应用这一策略。例如:

《西游记》中孙悟空第三次打白骨精前,面临一个二难:若打死白骨精,则师父赶我走;若不打死白骨精,则师父被吃掉。两害相权,孙悟空选择打死白骨精而被师父赶走,因为师父被吃是万万不能的。

E. 回避问题,转移论题。

面对许多包含二难的问题,当被问者难以选择时,他就可能巧妙地回避问题或转移论题。例如:

《孔子家语·疏证》:

子贡问孔子:死者有知乎,将无知乎?

孔子曰:吾欲言死之有知,将恐孝顺子孙妨生以送死;吾欲言死之无知,将恐不孝之子弃其亲而不葬。赐欲知死之有知、无知,死后自知之,犹未晚也。

《孟子·公孙丑下》:

陈贾问:周公时管叔监殷,管叔以殷畔。知者使之,是不仁也;不知者使之,是不智也。仁智,周公未之尽也。

在提出上述二难后,陈贾又追问孟子:周公知其将畔而使之与?

孟子曰:不知也。

陈贾:然则圣人且有过与?

孟子:周公弟也,管叔兄也,周公之过,不亦宜乎?

至此,孟子已把论题转移到兄弟伦理上去了。

4. 命题演算系统简介

4.1 形式化方法

现代逻辑也叫数理逻辑,它是亚里士多德所创立的逻辑学发展到最新阶段的成果。现代逻辑不光是形式的,而且是形式化的,它的基础分支可以看成是一个形式系统[①]。因此,现代逻辑也可以概括成用形式方法研究思维的形式结构及其规律的学科。

希尔伯特曾认为,逻辑是一种记号语言,它把数学的语言表达成公式,用形式的程序来表示推理,所有的符号在内容上都与它们的意义无关,这样所有含义也就都从数学符号上消失了。

用鲍亨斯基的话来说:"形式化方法是这样一种方法,它完全撇开符号本身的意义,而根据某些只涉及符号书面形态的转换规则来进行符号操作。"

自然语言符号系统的基本特征之一是其多义性、歧义性、语法结构不够严格和统一。当然,这些特征一般并不妨碍社会信息的交流,而且还能有助于以诗歌等文艺形式表达思想、感情。但在科学思维中,如果完全运用自然语言符号去表达概念、进行判断推理,就会引出差错甚至悖论,出现不可允许的缺陷。

正因为如此,在人工智能中必须使用人工语言符号系统,目前广泛使用的是以数学、数理逻辑符号语言为蓝本的科学语言,也称为"形式化语言"。它的基本特征是:语言保持单一性、无歧义性和明确性。形式化语言的推广运用作为一种研究手段,被称为形式化方法。

人工智能广泛使用形式化语言,它实际上是以数学、数理逻辑符号语言为蓝本的科学语言。形式化语言的外在特点是:代替日常语言的词汇,引进了构成这些语言的字母的专门符号,以紧凑性和可观察性为特色;在这些语言中不仅提供了原始标志(语言字母),而且准确鲜明地定义了建立名称和含义表述的规则,定义了把一些表述(判断、公式等符号系列)变成另一种表述的规则。由于形式化语言从类型上说基本上是描述性、断定性而非评论性的,在描述性语言中又以分析

[①] 参见美国逻辑学家 A·E·布卢姆伯格为《哲学百科全书》(1967)所写的"现代逻辑"词条。

陈述为主,因此,它能够表达深刻复杂的内容并进行演算化的推理。

4.2 命题演算系统的构成

从一些公理出发,根据演绎法,推导出一系列定理,这样形成的演绎体系叫做公理系统。命题演算是命题逻辑的重言式所组成的公理系统。它是从一些作为初始命题的重言式,应用明确规定的推演规则,进而推导出一系列重言式的演算体系[①]。

命题演算系统包括如下五个部分:
(1) 初始符号: p, q, r,...¬ , ∨ , (,).
(2) 形成规则:

  FR1. 单个字母 α 是 wff。
  FR2. 若 α 是 wff,则¬ α 也是 wff。
  FR3. 若 α 与 β 是 wff,则$(\alpha \vee \beta)$也是 wff。

(3) 定义:

  Def∧ $(\alpha \wedge \beta) = df \neg (\neg \alpha \vee \neg \beta)$
  Def→ $(\alpha \rightarrow \beta) = df (\neg \alpha \vee \beta)$
  Def↔ $(\alpha \leftrightarrow \beta) = df (\alpha \rightarrow \beta) \wedge (\beta \rightarrow \alpha)$

(4) 公理:

  Axiom1: $\vdash (p \vee p) \rightarrow p$
  Axiom2: $\vdash p \rightarrow (p \vee q)$
  Axiom3: $\vdash (p \vee q) \rightarrow (q \vee p)$
  Axiom4: $\vdash (q \rightarrow r) \rightarrow ((p \vee q) \rightarrow (p \vee r))$

(5) 变形规则:

置换规则

  $\vdash \alpha \Rightarrow \vdash \alpha [\beta_1/p_1,...,\beta_n/p_n]$

US (The Rule of Uniform Substitution)

分离规则

  $\vdash \alpha, \alpha \rightarrow \beta \Rightarrow \vdash \beta$

MP (The Rule of Modus Ponens)

[①] 参见王宪均:《数理逻辑引论》,北京大学出版社 1982 年版,第 31—34 页。

4.3 定理的推演(证明)

在形式化的公理系统中,定理的推演(证明)是从公理或已证的定理出发,运用变形规则,得到所要求的合式公式的过程。

严格说来,证明是一个有穷的公式序列,其中每一公式都适合以下条件之一:
① 是一个公理。
② 是一个已经证明的定理。
③ 由本序列里次序在前的一个公式经过带入或经过定义的置换而得到的。
④ 由本序列里次序在前的前两个公式经过分离得到。
⑤ 最后一个公式是所要证明的定理。

一般的定理推演模式如下:

$$\frac{S_1 \ S_2 \cdots S_n}{C}$$

其中 S_i ($i=1,2,\cdots n$) 是前提, C 是结论。
根据上述模式,可以有如下推演规则:

1) 重现律

$$\frac{A}{A}$$

2) 蕴涵消去律 →−

$$\frac{A, \ A \to B}{B}$$

3) 蕴涵引入律 →+

$$\frac{[A] \\ \vdots \\ B}{A \to B}$$

4) 合取引入律 ∧+

$$\frac{A, B}{A \wedge B}$$

5) 合取消去律 ∧−

$$\frac{A \wedge B}{A} \qquad \frac{A \wedge B}{B}$$

6) 析取引入律 ∨+

$$\frac{A}{A \vee B} \qquad \frac{B}{A \vee B}$$

7) 析取消去律 ∨−

$$\frac{A \vee B \quad [A] \quad [B] \\ \quad\quad \vdots \quad\ \vdots \\ \quad\quad C \quad\ \ C}{C}$$

8) 否定引入律 ¬+

$$\frac{[A] \\ \vdots \\ B \wedge \neg B}{\neg A}$$

9) 否定消去律 ¬−

10) 等值引入律 ↔+

$$\frac{\neg \neg A}{A}$$

$$\frac{[A]\quad[B]}{\begin{array}{cc}\vdots&\vdots\\B&A\end{array}}\\ A\leftrightarrow B$$

11) 假言易位规则：Trans.

$$\frac{A\to B}{\neg B\to\neg A}$$

12) 假言三段论规则：H.S.

$$\frac{\begin{array}{c}A\to B\\B\to C\end{array}}{A\to C}$$

13) 析取三段论规则：D.S.

$$\frac{\begin{array}{c}A\vee B\\\neg B\end{array}}{A}$$

通常命题演算系统包括如下基本定理：

PC1　$(p\wedge q)\to p$　　　　　　　　　Law of Simplication-Simp.

PC2　$(p\wedge q)\to q$

PC3　$(p\to q)\to((p\to r)\to(p\to(q\wedge r)))$　Law of Composition-Comp.

PC4　$(p\to(q\to(p\wedge q))$　　　　　　Law of Adjunction-Adj.

PC5　$(p\to q)\to((q\to p)\to(p\to q))$

PC6　$(p\to q)\to((q\to r)\to(p\to r))$　Law of Syllogism-Syll.

PC7　$(p\to(q\to r))\to((p\wedge q)\to r)$　Law of Importation-Imp.

PC8　$(p\to q)\to((q\to(r\to s))\to((p\wedge r)\to s))$

PC9　$p\to(p\vee q)$　　　　　　　　　Law of Addition-Add.

PC10　$p\to(q\vee p)$

PC11　$(p\to q)\to((r\to q)\to((p\vee r)\to q))$

PC12　$p\leftrightarrow\neg\neg q$　　　　　　　　　Law of Double Negation-DN.

PC13　$(p\vee q)\leftrightarrow\neg(\neg p\wedge\neg q)$　　　De Morgan Laws-DeM.

PC14　$(p\wedge q)\leftrightarrow\neg(\neg p\vee\neg q)$　　　De Morgan Laws-DeM.

PC15　$(p\to q)\leftrightarrow(\neg q\to\neg p)$　　　Law of Transposition-Transp.

PC16　$(p\vee q)\leftrightarrow(q\vee p)$　　　　　Commutative Laws-Comm.

PC17　$(p\wedge q)\leftrightarrow(q\wedge p)$　　　　　Commutative Laws-Comm.

PC18　$((p\vee q)\vee r)\leftrightarrow(p\vee(q\vee r))$　Associative Laws-Assoc.

PC19　$((p\wedge q)\wedge r)\leftrightarrow(p\wedge(q\wedge r))$　Associative Laws-Assoc.

PC20　$p\leftrightarrow(p\vee p)$

PC21　$p\leftrightarrow(p\wedge p)$

下面，我们举几个简单的例子：

例1 证明：PC10 $p\to(q\vee p)$
证：

    1. $p\to(p\vee q)$ Axiom2
    2. $(p\vee q)\to(q\vee p)$ Axiom3
    3. $p\to(q\vee p)$ 1.2. 假言三段论 H.S.

例2 已知：

    1. $p\to q$
    2. $\neg q$ 试证明 $\neg p$
    3. P   AP
    4. q   1,3 $\to_-$
    5. $q\wedge\neg q$ 2,4 $\wedge +$
    6. $\neg p$ 3,5 $\neg +$

例3 某女子排球队有0号、1号、8号、9号、11号、13号等6名主力队员,0号和11号为主攻手,在长期的训练和比赛中,教练对主力队员之间的最佳配合总结出如下规律：

（1）如果0号上场,则最好是1号担任二传,13号担任一传；
（2）0号和11号相互配合不好,不宜同上；
（3）1号和8号都是接球能手,场上少不了,但他们配合不好,不宜同上；
（4）9号上场需要得到8号的大力配合才能扬长避短；
（5）如果11号上场,则最好9号担任二传,13号担任一传。

问：在需要0号上场时,其他五名主力队员谁应上场,谁不应上场?

题解：

设0号上场为 P_0,不上场为 $\neg P_0$,并以此类推,得到 P1,…,P8,等等
由此将题干前提符号化如下：

(1) $P_0\to(P_1\wedge P_{13})$
(2) $\neg(P_0\wedge P_{11})$
(3) $\neg(P_1\wedge P_8)$
(4) $P_9\to P_8$
(5) $P_{11}\to(P_9\wedge P_{13})$

进一步的推理：

(6) P_0 问题题意
(7) $P_1\wedge P_{13}$ 1,6 肯定前件
(8) P_1 7   联言分解
(9) $\neg P_1\vee\neg P_8$ 3   德摩根律

(10) $\neg\neg P_1$　　　　8　　双重否定
(11) $\neg P_8$　　　　　3,8　选言三段论
(12) $\neg P_9$　　　　　4,9　否定后件
(13) P_{13}　　　　　　7　　联言分解
(14) $\neg P_0 \vee \neg P_{11}$　　2　　德摩根律
(15) $\neg P_{11}$　　　　12,6　二难推理

根据上述分析可得,在需要 0 号上场时,其他五名主力队员 1 号、13 号应上场,8 号、9 号、11 号不应上场。

本章思考与练习:
1. 试比较直言三段论、选言三段论和假言三段论的异同。
2. 试结合本专业学习分析二难推理的应用及其破斥办法。
3. 试举例分析逻辑推理与直觉判断在实际生活中的不同作用。
4. 试分析如下例中所包含的假言推理形式:
   (1) 宋朝有个贪官非常怕死,一次他得了重病,感到自己将不久于人世,于是问侍从:人死了以后好不好? 侍从回答:人死了以后很好,如果人死了以后不好的话,死了的人要跑回来的。
   (2)《战国策》记载魏文侯曾问群臣:我是什么样的君主? 群臣大都说陛下是仁爱的君主,只有任座说不是,并举例说明。魏文侯大怒,任座赶紧出逃。文侯又问翟黄:我是不是仁爱的君主? 翟黄说:是。文侯又问:你怎么知道? 翟黄说:如果陛下仁爱,那么臣下就正直坦率。刚才任座的话那样坦率,所以我认为陛下是仁爱的君主。翟黄的话可谓一箭双雕,魏文侯听了很高兴,马上派人追回了任座。
   (3) 子贡南游于楚,反于晋,过汉阴,见一丈人将为圃畦,凿隧而入井,抱瓮而出灌,搰搰然用力甚多而见功寡。子贡曰:"有械于此,一日浸百畦,用力甚寡而见功多,夫子不欲乎?"为圃者仰而视之,曰:"奈何?"曰:"凿木为机,后重前轻,其挈水若抽,数如泆汤,其名为槔。"为圃者忿然作色而笑曰:"吾闻之吾师,有机械者必有机事,有机事者必有机心。机心存于胸中,则纯白不备;纯白不备,则神生(心神也,生读性)不定;神生不定者,道之所不载也。吾非不知,羞而不为也。"——《庄子·天地》
   (4) 1979 年 12 月 29 日,洛伦兹美国科学促进会等演讲里说道:"一只蝴蝶在巴西煽动翅膀竟会在得克萨斯引起龙卷风吗?"混沌学称这种不连续的突变现象为"蝴蝶效应"。

(5) 欧阳锋:除非灵智上人是个卑鄙小人,否则你是不会撒谎的,是不是?灵智上人:我当然不是一个卑鄙小人了。黄药师悲痛欲绝地相信灵智上人说了真话(张智霖、朱茵版电视剧《射雕英雄传》)。

(6) 已经是晚上九点了,女儿却毫无睡意。妈妈对女儿说:"约约,你该睡了,不睡长不大长不高的。"女儿笑嘻嘻地对妈妈说:"你已经长这么大这么高了,那你可以不睡了。"妈妈瞠目结舌。

5. 以下列判断为前提,能得出哪些结论?

(1) 不入虎穴,焉得虎子?某人入了虎穴。

(2) 如果某教师不懂逻辑,他就不能很好地提高学生的思维能力;某教师并非不懂逻辑。

(3) 王英或张均去苏州旅游;若王英去苏州旅游,则吴兴一定知道;如果张均去苏州旅游,则李四与他同去;吴兴不知道王英去苏州旅游。

6. 如果小李喜欢表演,则他报考戏剧学院,如果他不喜欢表演,则他可能成为戏剧理论家,如果他不报考戏剧学院,则他不能成为戏剧理论家。由此可以肯定小李的选择是什么?

7. 已知:

(1) ⊢SAP

(2) ⊢$(p \vee q) \rightarrow \neg \overline{PAS}$

(3) ⊢$r \rightarrow p$

试证明:¬$r \vee q$(写明步骤)

8. 已知:如果物价过高,领导就应关心工人生活;或者是物价高,或者是不存在物价控制;再者,如果存在着物价控制,那么就不会有通货膨胀。若又已知现在是通货膨胀。试证明,现在领导应关心工人生活。

9. 已知下列条件:

(1) 只有破获03号案件,才能确认A、B、C三人都是罪犯;

(2) 03号案件没有破获;

(3) 如果A不是罪犯,则A的供词是真的,而A说B不是罪犯;

(4) 如果B不是罪犯,则B的供词是真的,而B说自己与C是好朋友;

(5) 已查明,C根本不认识B。

问:a. 谁是罪犯?

　　b. 谁不是罪犯?

10. 在侦讯某案过程中,已知:

(1) 罪犯是带着赃物坐汽车逃跑的;

(2) 不伙同A,B不会作案;

(3) C 不会开车；

(4) 罪犯肯定为 A、B、C 三人中的一个或一伙。

问：A 有罪吗？

11. 根据下列条件能确定 A、B、C、D、E 中谁上场，谁不能确定？

(1) 若 B 上场，则 A 和 C 都上场；

(2) 若 A 和 C 有人不上场，则 B 上场；

(3) 只有 A 不上场，D 才不上场；

(4) C 不上场或 E 上场。

12. 已知下列四句二真二假，问甲班 56 人中有多少人懂逻辑？

A. 甲班有人不懂逻辑；

B. 甲班小林与小张都不懂逻辑；

C. 如果甲班小李既懂计算机又懂逻辑，则甲班有人懂逻辑；

D. 并非甲班没有人懂逻辑。

13. 试分析下列言论中所包含的二难推理的形式，并考察它们的破斥办法：

(1) 两个人一起吃饭，只有两条鱼，一大一小。

一位先把大的吃了，另一位勃然大怒。

"多不合适！"他抱怨说。

"怎么了？"另一位问。

"你吃掉了那条大的，如果我是你就不会这样做。"

"你会怎样呢？"

"我当然是先吃小的。"

"那好哇，你抱怨什么，那条小鱼不是还在那里吗！"

(2) 基辛格向美国记者介绍美苏关于限制战略武器的协定的会谈情况时说："苏联的导弹生产速度每年大约 250 枚。"

记者："我们的情况呢？我们有多少潜艇导弹在配置分导式多弹头？有多少'民兵'导弹在配置分导式多弹头？"

基辛格："我不确切知道正在配置分导式多弹头导弹的'民兵'导弹有多少？，至于潜艇，数目我是知道的，但不知道是不是保密的？"

记者："不是保密的。"

基辛格："不是保密的吗？那你说是多少呢？"

记者无言以对。

(3) 拿破仑在出访卢森堡公国时参观某小学，临别送一束玫瑰花以表谢意，并留下一句后人引起争议的话语：今后，只要法兰西国家存在，每年此时，都将给贵校送上一束与现在这束价值相当的玫瑰花。时隔不久,滑铁卢战败,拿破仑被流放。百余年后,1986 年初,卢森堡公国突然向法兰西国家索取一百多年来的玫瑰花款,价值约 430 万法郎。其中包含的推理是:

若不付,则说明拿破仑是个言而无信的小人;如果你们以拿破仑为法国人的骄傲和光荣,认为他是法兰西国家的天才人物,那么你们就应执行,兑现拿破仑的诺言,付给我们 430 万法郎。

(4) 某人欠了一身债,无法偿还,在大门口贴了一张告示:

不知我贫,借给我钱,是不智;明知我贫,要我还钱,是不仁。你们不仁、不智,我只得无礼、无义,一律不还。特此警告。

(5) 若珠江水清洁,自己倒点垃圾也不要紧;若珠江水已被污染,倒点垃圾也不影响。若大家都这样想,珠江水注定要被污染的。

(6) 据传,唐代文成公主选驸马时,提出了一个条件:求婚者谁能提出问题难倒她,她就嫁给谁。许多求婚者提出了许多稀奇古怪的问题,文成公主都对答如流,使他们高兴而来,败兴而归。松赞干布得知后,他很坦诚恳切地向文成公主说:"请问公主,为了使您成为我的夫人,我应该提出什么问题才能难倒您?"

(7) 生男生女:孕妇到医院来,总喜欢问怀的是男孩还是女孩。一位妇产科医生对付这些人自有一套办法。他说:"大部分的母亲都希望生男孩,所以该告诉她是女孩;如果生了女孩,她就说医生高明;如果生了男孩,她早已被喜事冲昏了头,忘记医生的话了。"

(8) 有位学生考试自我感觉不好,他去问老师成绩是否合格。

老师:难道你自己考得怎么样都不知道?

学生:我真的不知道,不过你让我猜猜,要是我猜对了,你要给我及格。

老师:好吧,你猜。

学生:我猜老师是不让我及格的。

(9) 一位梵学家自称能预言未来,他女儿不信,于是她对父亲说:老爸,我在字条上写了一件事,它在下午 3 点以前可能发生,也可能不发生,请你在卡片上写下预言:"是"或"不","是"表明发生,"不"表明不发生。结果梵学家永远猜不对。因为该字条上写的是:在下午 3 点以前,你将写一个"不"字在卡片上。

(10) 如果你说 yes,我们马上就结婚;如果你说 no,我想办法让你说 yes,然后马上结婚;如果你说要考虑考虑,我给你一天的时间,明天我们就结婚。你选择吧。

(11) 如果你的孩子被宠坏了,打他屁股会使他发怒;如果他没有被宠坏,打他屁股会使你懊悔。但是要么是被宠坏了,要么是没有宠坏。所以,打他屁股要么会使你懊悔,要么使他发怒。打他屁股也许对他没有什么好处。

(12) 现代进一步证明了观察的重要性和科学性,有的心理学家通过实验证明,人在回答问题时,如果眼球朝左上方转,说明他的大脑在回忆,说的一般是实话;而如果眼球朝右上方转,说明他的大脑在创造,说的可能是编出来的谎话。

(13) 人与雪花的对话。
雪花:从阁下对我的态度,可以猜出您是一位诗人还是一位驾车者。
人:何以见得?
雪花:诗人讴歌我,而驾车人诅咒我。
人:我是一位驾车的诗人。

(14) 庄子行于山中,见大木枝叶盛茂,伐木者止其旁而不取也,问其故。曰:"无所可用"。庄子曰:"此木以不材得终其天年。"夫子出于山,舍于故人之家。故人喜,命竖子杀雁而烹之。竖子请曰:"其一能鸣,其一不能鸣,请奚杀?"主人曰:"杀不能鸣者"。明日,弟子问于庄子曰:"昨日山中之木,以不材得终其天年;今主人之雁,以不材死:先生将何处?"庄子笑曰:"周将处乎材与不材之间。材与不材之间,似之,而非也,故未免乎累。若夫乘道德而浮游则不然。无誉无訾,一龙一蛇,与时俱化,而无肯专为;一上一下,以和为量,浮游乎万物之祖;物物而不物于物,则胡可得而累邪!"(《庄子·山木》)

(15) 子墨子有疾。跌鼻进而问曰:"先生以鬼神为明,能为祸福,为善者赏之,为不善者罚之。今先生圣人也,何故有疾?意者先生之言有不善乎?鬼神不明知乎?"子墨子曰:"虽使我有病,鬼神何遽不明?人之所得于病者多方:有得之寒暑,有得之劳苦。百门而闭一门焉,则盗何遽无从入?"(《墨子·公孟》)

(16) 楚灭秦时,项羽自尊为项王,封刘邦为汉王,打算让刘邦上南郑去。项羽的谋士范增反对说:"南郑那地方,内有重山之固,外有峻岭之险,让刘邦去,岂不是放虎归山吗?"
项羽:"有什么办法杀他呢?"
范曾说:"有办法,等刘邦上朝,大王就问他:'寡人封你到南郑去,你愿不愿意去?'如果他说愿去,你就说:'我早就知道你愿意去,那里是养兵练将、聚草屯粮的好地方,养足了锐气好跟我争天下,对不对?这就证明你有反我之心,绑去杀了!'一杀了之;如果他说不愿意去南郑,你就说:'我知道你是不愿意去的,楚怀王有约在先,谁先入关,谁为王,你先进了关,你应为关中之王,叫你上南郑去,你怎么会愿意呢?既然不愿意去,就是要在这里反我。与其如此,不如现在就把你杀了。'"

这时刘邦上殿,参见项羽,项羽说:"寡人封你到南郑去,你愿不愿意去?"

项羽问得很急,刘邦听后,心中纳闷,虽然愿意去,但却不敢表白,就说:"大王,臣食君禄,命悬于君乎,臣为陛下坐骑,鞭之则行,收辔则止,臣唯命是听。"

项羽一听,无可奈何,只好说:"你要听我的话就不要到南郑去了。"
刘邦说:"是,臣遵旨。"

14. 法庭上在审理一起盗窃案,法官先问嫌犯甲:"你是怎样作案的?"甲回答了法官提出的问题,但甲说的是方言,法官听不懂,于是问嫌犯乙和丙,乙回答:"甲的意思是,他并不是盗窃犯。"丙回答:"甲刚才招供了,他承认自己是盗窃犯。"法官听完后,马上判决如下:释放乙,逮捕丙入狱。
试分析法官判决成立所依赖的前提,及其推理过程。

15. 在公共汽车上,一个四五岁的男孩指着外滩的高楼对身边的爷爷说:"真高,真漂亮!爷爷,咱们为啥不住到这儿来?"爷爷说:"等你长大了好好念书。只有书念得好,才能住这样漂亮的房子。"男孩接着说:"爷爷,你一定没有好好念书。""哄"的一声,车上的人都笑了。
试分析上述对话中爷爷和男孩的推理前提及其形式的有效性。

16. 例3中题干不变,问:在需要11号上场时,其他五名主力队员谁应上场,谁不应上场?

17. 对某盗窃案三位嫌疑犯来说,下列事实成立,问谁是罪犯?(要求写明步骤和理由)
    (1) A、B、C中至少一人有罪;
    (2) A有罪时,B、C与之同案;
    (3) C有罪时,A、B与之同案;
    (4) B有罪时,没有同案者;
    (5) A、C中至少一人无罪。

18. 亚洲十强赛战局(题注:改编自德国康斯坦茨大学哲学系 Wolfgang Spohn 教授《形式逻辑Ⅱ》课程中的一道练习题):
    1986年,世界杯预选赛亚洲区十强赛最后一轮对阵形势如下(主队列前)

A. 中国:乌兹别克斯坦
B. 沙特:哈萨克斯坦
C. 日本:伊拉克
D. 韩国:阿联酋
E. 伊朗:泰国

赛前,本工作室的分析师对各场比赛之间的相互制约关系作了如下分析:

1) 如果泰国战胜伊朗,则:要么哈萨克斯坦战胜沙特,要么伊拉克负于日本。
2) 如果中国负于乌兹别克斯坦,则:沙特不可能战平哈萨克斯坦,韩国也不可能战平阿联酋。
3) 如果日本与伊拉克战平,则:沙特不可能战胜哈萨克斯坦。
4) 如果沙特不能取胜哈萨克斯坦,则:乌兹别克斯坦战胜或战平中国,并且伊拉克战平或负于日本。
5) 如果韩国负于阿联酋,则无疑中国将战胜对手。
6) 如果沙特不可能负于哈萨克斯坦,则:乌兹别克斯坦与对手不可能战平,并且日本不可能战胜伊拉克。
7) 如果要么日本获胜,要么韩国获胜,则沙特将战胜哈萨克斯坦。
8) 如果要么沙特负于对手,要么日本负于对手,则乌兹别克斯坦将与中国战平。
9) 如果沙特不可能战胜哈萨克斯坦,并且中国与乌兹别克斯坦战平,则:伊拉克负于对手,并且伊朗不可能战胜泰国。

事实证明,分析师的上述论断均成立,试问本轮比赛各队之间的胜负结果。

(提示:仅以主队为分析对象,将其与对手的胜、负、平关系转化为三值,如中国取胜哈萨克斯坦,则记为 A3,若战平,则记为 A1,若负则记为 A0;经转化后将上述 9 条转化为合式公式,再运用相关逻辑方法求解。)

第八章

归 纳 逻 辑

虽然归纳与演绎经常一起被提及,但它与演绎有本质上的差异,较之于演绎推理,人们对于归纳本质及其合理性的争论相当激烈。尽管如此,归纳还是得到最广泛的应用,本章考察归纳的本质,以及因果五法、类比法、设证法等归纳性质的推理。

1. 归纳逻辑概述

1.1 归纳逻辑和归纳方法

1.1.1 归纳

美国逻辑学家 Max Black 在《哲学百科全书》(1967 年版)词条"归纳"(Induction)中说:"归纳这个名词来自亚里士多德所用的 epagoge 的拉丁译名,这里用来泛指一切非证明(non-demonstrative)的论证,在这种论证中,前提的真实性并不确认结论的真实性,尽管意味着有很好的理由相信结论真,这样的论证也可称为'扩大的'(amplified)论证。如 C. S. Peirce 所称,因为它的结论可以预设在前提中并未预设其存在的个体的存在。"

这个定义看起来比较宽泛,但事实上由于归纳本质上的可争议性,因而这种宽泛的定义还是比较适合于我们下面的讨论。

1.1.2 归纳逻辑

根据上述对归纳的界定,我们把归纳逻辑(Inductive Logic)规定为:"对经验科学以及日常思维中非演绎论证类型的推理过程与方法的种种研究。"

讲推理的类型时,我们曾根据推理前提与结论的蕴涵关系将前提必然蕴涵结论的称为演绎的,前提不必然蕴涵结论或者说前提与结论的关系是或然的,我们称为非演绎的。广义的归纳逻辑研究一切非演绎结论的推理过程。归纳逻辑最主要的内容为归纳推理、类比推理以及假说,具体探讨它们关涉到对归纳方法的考察。

1.1.3 归纳方法

归纳方法(Inductive Method),有时简作"归纳法",有时和归纳推理同义,但有的学者还是对它做出了区分。如金岳霖主编的《形式逻辑》认为,归纳法是由两大部分组成的,一大部分是归纳推理,另一大部分是其他的归纳方法。简单枚举法、类比法、统计推理与因果五法属于归纳推理的范围;观察、实验、比较、分类、分析、综合、统计中的抽样、求平均数以及假说属于其他的归纳方法的范围。在我们看来,前一类偏重思维推理的形式,后一类偏重于探讨研究所应采取的方法。

1.2 归纳与演绎

一般认为,归纳是从个别/特殊的前提导出一般性结论的过程,或从次一般性前提导出较一般性的结论;而演绎则是由一般性的前提导出个别/特殊性结论的过程,或从一般性的前提导出次一般性的结论。但是,这只是从很笼统的角度来说的,目前,国内外许多学者均对此表示怀疑。这是因为:

对演绎来说,演绎有效的推理并非总是从一般到特殊,而是:

A. 经常从普遍到相同的普遍。例如:

没有警察是贪污的,推出,任何贪污者不是警察。

其形式为:SEP ⊢ PES,这是有效的换位推理,但其进程是从普遍到普遍。

B. 演绎的进程也可以从特殊到特殊。例如:

如果张三获胜,则他将获得1万元奖金;张三获胜了;所以,他获得了1万元奖金。

其形式为:$p \rightarrow q, p \vdash q$,这是有效的假言推理肯定前件式,但其前提和结论都是关于个别性结论的认识。

C. 甚至有时演绎也可以从特殊到普遍,或从次普遍到较普遍。有人设计了如下两个例子:

(1) 张三是学生,所以,所有知道张三的人知道某个人是学生。

(2) 张三不是学生,所以,张三不是学生或所有人都是学生。

在谓词逻辑中,上述可符号化为:

(1) $S(a) \vdash (x)(K(x,a) \rightarrow ((\exists y)(S(y) \wedge K(x,y)))$

(2) $\neg S(a) \vdash \neg S(x) \vee (x)(P(x) \rightarrow S(x))$

这两个推理也是演绎有效的,但其前提是个别性/次普遍性的论断,而结论是普遍性/较普遍的论断。

对归纳来说，被认为是正确归纳的推理也并非总是从特殊到普遍，而是：

A. 归纳经常从特殊到特殊，例如：

去年，张三获得了奖学金。

今年，他又获得了奖学金。

所以，明年他还会获得奖学金。

B. 归纳也常常从普遍到相同层次的普遍，例如：

今年，所有甲班同学都通过了考试。

所以，所有甲班同学明年也将全部通过考试。

C. 甚至归纳有时也可以从普遍到特殊，例如：

到目前为止，所有美国总统都是白人。

所以，下届美国总统也会是白人。

上述三例的特点都是前提不蕴涵结论，其推理过程是非演绎的，但作为归纳过程则为人们所认可。

这些异议都是些具体推论中的特殊现象，而一般所称的归纳是由个别/特殊到一般/普遍，演绎是从一般/普遍到个别/特殊，是从思维认识的大体进程而言，更重要的是从演绎与归纳这两种不同的科学方法的不同的探求目的或方向而言的。大致说来，在实际运用中，演绎的目的是获取个别/特殊性的事实，而归纳法的目的是获取一般/普遍的结论。

1.3 归纳主义与演绎主义

在认识史、科学史和逻辑史上，把归纳和演绎对立起来的是 17 世纪英国的培根和法国的笛卡尔。于是又形成两大派别的论战，即归纳主义派和演绎主义派。

演绎主义派认为，演绎出发的初始前提、公理、基本规则都是人类理性的固有财富，是不证自明的，上天赋予的。人类理性是知识的源泉，因此由演绎系统构筑的科学理论体系是自主的、成功的、可行的。由于归纳的结论是或然的、不确定的，被认为没有价值，因而不需要归纳法的存在。

归纳主义派认为，演绎由以出发的前提不是自然形成、天生正确，它来自人们的经验的归纳、概括。人们的认识来源于经验，培根还认为以三段论演绎为中心的逻辑学，只是引出大前提中隐含的结果，而不是证明和发现大前提本身，无助于对自然界做出新的认识。也即演绎法总是在推理的前期中打转，逃不掉前提的束缚，因此对于开拓新知识是无能为力的。因而，归纳较演绎更为根本。后来培根这种观点又被他人发展成为归纳万能论，把一切知识都来源于经验的归纳、概括，演绎没有存在的必要。

而实际上,归纳演绎是相互补充、互为统一的。归纳离不开演绎,演绎也离不开归纳,较为重要的一点是,演绎需要归纳的结论作为其前提,归纳需要演绎为其步骤及结果做出合理的分析。两者有机结合,统一于人类的整个认识过程。

2. 不完全归纳法和归纳问题

2.1 完全归纳法

根据一个类中的每一个对象都具有某种属性,从而推出这个类的所有对象都具有这种属性,我们称之为完全归纳法。其推理形式如图 8-1。

$$S_1 —— P$$
$$S_2 —— P$$
$$S_3 —— P$$
$$\vdots$$
$$S_n —— P$$
$$\underline{(S_1、S_2、S_3 \cdots S_n \text{ 是 S 类的全部对象})}$$
$$\therefore \ S —— P$$

图 8-1

我们似乎可以把"$S_1、S_2、S_3 \cdots S_n$ 是 S 类的全部对象"看作是对 S 类的一个外延定义,所以,完全归纳推理本质上是演绎的,即其前提必然蕴涵结论。例如,我们可以逐一考察某大学某班的每一位同学的年龄,发现每一位同学的年龄都大于 16 岁,则我们可以通过完全归纳法得出结论,该班所有同学年龄都大于 16 岁。

显然,完全归纳法只有在确定了特定的论域,并保证所考察的对象数量上有穷、实践上可数,才能得到演绎的结论。但事实上,我们所考察的论域往往很广,对象数量无穷,或虽然有穷而实践上不可数,对此,完全归纳法就无能为力了。同时,完全归纳法的结论是实然判断,这与科学研究探求新知的目的不符。因此,我们必须应用不完全归纳法。

2.2 不完全归纳法

根据一个类中的部分对象都具有某种属性,从而推出这个类的所有对象都具有这种属性,我们称之为不完全归纳法。

简单枚举法是不完全归纳法的典型代表①,其推理形式参见图 8-2。

$$S_1 \text{——} P$$
$$S_2 \text{——} P$$
$$S_3 \text{——} P$$
$$\vdots$$
$$S_n \text{——} P$$

(S_1、S_2、S_3…S_n 是 S 类的部分对象)

<u>(到目前为止尚未出现反例)</u>

∴ S——P

图 8-2

该推理形式可以简化为:到目前为止,有些 S 是 P,所以,所有 S 是 P。显然,其过程非演绎必然,其结论是或然的,即其前提的真不能保证其结论必然为真。例如:

前提:到目前为止,我们所看到的乌鸦都是黑色的。

结论:所有乌鸦都是黑色的。

在这里,前提与结论的不同在于,前提是针对特定的时间、特定的地点、特定的观察者、特定的对象而言的,而其结论则不受时间、空间限制,即它所断言的是:对任何东西而言,如果它是乌鸦,那么它是黑色的。

尽管如此,简单枚举法仍然为人们普遍应用,人们把它当作探索新知的重要工具,可以从为数不多的事例中概括出普遍的原理和规律,提供新的知识。

2.3 休谟问题

从培根开始的对归纳的绝对推崇一开始就遭到演绎支持者的质疑,此外,其他一些思想家、哲学家也对归纳的合理性提出了疑问,其中最著名的质疑来自英国 18 世纪的经验主义者大卫·休谟(1711—1776)。

休谟建立了怀疑主义的哲学体系,他认为感觉印象是知识唯一可靠的来源,感觉以外的实体无论是物质实体还是精神实体,我们一无所知。休谟对我们能够获得必然知识持怀疑态度,在他的两部名著《人性论》和《人类理解研究》中,他通过对因果观念的基础的分析,提出了对归纳的责难。

休谟把人类知识分为关于观念关系的陈述和事实的陈述。前者可以是必然

---

① 不完全归纳法实际上包括所有非演绎特征的归纳法,如科学归纳法、统计归纳法等等。

真理,不依赖于经验;后者则是偶然的。比如,所有人会死,苏格拉底是人,苏格拉底会死。它之所以是必然真理,并不依赖于事实上苏格拉底是人,苏格拉底会死这些事实,而在于该推理的形式:

$$MAP, SAM \vdash SAP,$$

即上述之为真理与其内容无关,与经验事实无关,也即演绎是纯形式的。而知识的另一部分,关于事实的陈述则不同,它是偶然真的。例如:

(1) 太阳前天从东方升起,太阳昨天从东方升起,太阳今天从东方升起,所以太阳每天都从东方升起。

(2) 我们上上个星期二上逻辑课,我们上个星期二也上逻辑课,我们这个星期二也上逻辑课,所以我们每个星期二都上逻辑课。

这两个推理的前提都是真的,可人们总是认为第一个推理是正确的枚举归纳,即人们更相信太阳每天从东方升起,而却认为第二个推理不正确,显然,换了一个学期就可能不再上逻辑课了。但上述两个推理的形式都是相同的,即均为:

$$S_1\text{——}P, S_2\text{——}P, S_3\text{——}P \vdash S\text{——}P,$$

这样,归纳的正确性不仅在于形式,而且还取决于一些经验事实,也即归纳应针对不同内容的对象。

休谟的问题是,说到过去的经验,那我们不得不承认,它们所给我们的直接的、确定的报道,只限于我们所认识的那些物象和认识发生时的那个时期,但是这个经验为什么可以扩展到将来,扩展到我们所见的仅在貌相上相似的别的物像,这正是我所欲坚持的一个问题。这是一个直接涉及归纳法的合理性问题,人们称之为归纳问题,或休谟问题。

具体地说,我们过去总是看到太阳从东方升起,我们凭什么说,明天太阳还将从东方升起,而且将来一直会从东方升起?也就是归纳的合理性何在?于是有人很快会说,因为太阳总是从东方升起,所以太阳明天会从东方升起。可太阳总是从东方升起,本来是来自于过去太阳从东方升起。这样,我们说归纳自身不能用来证明归纳,上述论证是循环的。而休谟的问题,即归纳的合理性问题依然存在。

另外,演绎的一个根本要求是无矛盾性。由于归纳推理是关于经验事实的,而过去的经验事实与将来的经验事实永远不会构成逻辑矛盾,也就是,即使我们在(1)中推出结论,太阳明天不从东方升起,也不会与前提构成矛盾。显然,归纳的合理性不能从演绎方面得到证明。

既然一切逻辑推理要么是演绎的,要么是归纳的,因而归纳的合理性不能从逻辑上得到证明。

2.4 归纳问题的解决方案

休谟提出归纳问题后,围绕归纳合理性的争论日趋激烈。

在休谟本人看来,人依靠感官和记忆只能确立以一个个孤立的事实情况,再依靠因果律建立事实情况之间的联系。因果律成了支持经验科学的支柱。

问题是因果律的经验基础何在,对两个相连的事实情况,我们永远看不到他们中间有任何纽带,它们似乎是"会合"在一起,而不是"联系"在一起的。例如,第一个台球滚动并撞击第二个台球,第二个台球滚动起来。休谟认为,第一个台球运动和第二个台球的运动完全是两码事,第一个台球的运动一点也不暗示第二个台球的运动。这只有借助我们关于因果关系的联想才能达到。

这样,休谟就对自己提出的问题作了一个心理主义的回答。他认为,我们尽管不能凭理性从原因必然推论出它的结果,但可以根据另外的原则来达到上述要求,这个原则就是所谓"习惯"或"惯性"。

习惯是人生的最大的指导,事件相继出现多次以后,人们会期待着一事件后出现另一事件,这是人心受习惯影响而产生联想的结果,就好比我们对动物作条件反射实验一样。铃响喂食,一连多次以后,狗会在铃响时,就分泌唾液。人心也不过如此。

人们对休谟的回答并不感到满意。许多哲学家、逻辑学家都在另外寻找休谟问题的答案。大致上有如下四种:

(1) 借助世界齐一性,认为自然过程一直不变,从而解释过去符合于将来的原因。其代表人物是 J·S·弥尔等。

(2) 诉诸无知,我们不知否定的条件成立的话,应用这种推理就是合理的了。其代表人物是 H·莱欣巴赫等。

(3) 釜底抽薪,即断言归纳不能证明为合理。其代表人物是 C·波普等。波普自己也常说"我的观点是:没有什么归纳法","归纳主义是错误的哲学"①。

(4) 借助概率弱化归纳结论,从而形成概率演算,使归纳呈现某些演绎的特征。其代表人物是 T·贝耶斯等。

尽管没有一个答案令人感到十分满意,也就是说,根本上休谟的责难是无法应对的,但我们科学认识并不因此抛弃归纳,相反,对归纳问题的深入研究,使得人们在概率、因果关系和类比等方面取得了更大的理论进展。

---

① 朱水林:《现代逻辑引论》,上海人民出版社 1989 年版,第 413 页。

3. 概率的基本知识

3.1 概率

概率,又称"或然率"、"几率",它是对一个随机事件的可能性的大小所作的数量方面的估计。

随机事件(random event)通常简称为事件,是一个现代归纳逻辑名词,指在一定条件下可能发生也可能不发生的事态或事件,可用大写英文字母 A、B、C 表示。

不同随机事件发生的可能性的大小是不同的,概率就是人们用来表示随机事件发生的可能性大小的一个量。在一定条件下,事件 A 一定会出现,称之为必然事件,其概率为 1,记作 $P(A)=1$;在一定条件下,事件 A 一定不会出现,称之为不可能事件,其概率为 0,记作 $P(A)=0$;其他事件的概率介于不可能事件与必然事件的概率之间,即它可表示为 $0 \leqslant P(A) \leqslant 1$。

具体关于概率的数值计算有概率的古典定义和频率定义等多种方式:

(1)古典定义:一个事件 A 出现的概率,是 A 可能出现的情况与全部可能情况的比率。其计算公式为:

$$P(A) = \frac{m(A 可能出现的情况)}{n(全部可能的情况)}$$

这是一种先验概率,获得一事件的概率无需进行试验,它给予我们理性的认可或相信如此。

例如,随便抛一枚硬币,国徽朝上的概率是 1/2,因为投掷结果只有两种,一种朝上,一种朝下,两结果出现的可能性相等,所以其概率为 1/2。

(2)频率定义:一事件 A 出现的概率,等于在若干次试验中 A 出现的频率。可用公式表示如下:

$$P(A) = \frac{m(A 出现的情况)}{n(试验总次数)}$$

例如,投掷一枚硬币,一共投掷了 100 次,国徽朝上的次数为 54,则国徽朝上的概率在这次试验中为:$P(A)=54\%$。

频率定义的概率是经过试验得出的,在不同的试验中,其结果可能有不同,所以是相对的后验概率。

(3)条件概率

条件概率指在事件 B 发生的条件下事件 A 发生的概率,记作 $P(A|B)$。当

P>0时,规定:

$$P(A|B) = \frac{P(A \cap B)}{P(B)}$$

当 P(B) = 0 时,规定 P(A|B) = 0。

上式中,$A \cap B$ 指独立事件 A 与独立事件 B 的联合出现。

例如,袋中装有 6 个球,其中 4 白 2 黑,在第一次摸得黑球且不放回袋中的情况下,第二次摸得黑球的概率就是一个条件概率。若记 B = "第一次摸得黑球",A = "第二次摸得黑球",此时 P(B) = 2/6,$P(A \cap B)$ = 1/15,即可推得 P(A|B) = 1/5。实际上,第一次摸走黑球后,剩下 5 个球,其中只有一个黑球,因此可以马上得到 P(A|B) = 1/5。

由条件概率定义,可以得到两个公式:

乘法公式:　　　　　$P(A \cap B) = P(B)P(A|B)$
　　　　　　　　　　　　　　　$= P(A)P(B|A)$

全概率公式:

如果事件组 B_i、B_j ··· 满足 $B_i \cap B_j = \emptyset (i \neq j)$,$\bigcup_{i=1}^{\infty} B_i = \Omega$　Ω 指样本空间。

则对于任一事件 A 有:

$$P(A) = \sum_{i=1}^{\infty} P(A|B_i)P(B_i)$$

如果事件组为 B_i、B_j ··· B_n,上式可写成:

$$P(A) = \sum_{i=1}^{N} P(A|B_i)P(B_i)$$

3.2　贝耶斯定理

弗兰克·拉姆塞认为,要确定是否相信一个条件句,就是要临时性地或假设性地增加其前件给你原有的信念构成的集合,然后根据新的集合考虑是否相信其后件。这种做法就是把是否相信条件句的问题还原为是否相信非条件句命题(即直言命题或必然命题)的问题(前件和后件有时也被称为条件从句和条件结论句)。如果一个人相信一个条件句的前件不得不也相信其后件,那么就应该相信整个条件句。

贝耶斯定理又称"贝耶斯逆概定理"、"贝耶斯规则",是一种概率统计学中应用观察到的现象修正先验概率的一种标准方法,它得到的是一种后验概率。

其公式为:

如果事件组 B_i、B_j ··· 满足 $B_i \cap B_j = \emptyset (i \neq j)$,$\bigcup_{i=1}^{\infty} B_i = \Omega$,

则对于任一事件 A(P(A) > 0) 有:

$$P(B_i|A) = \frac{P(B_i)P(A|B_i)}{\sum_{i=1}^{\infty} P(B_i)P(A|B_i)}$$

如果事件组为 B_i、$B_j \cdots B_n$，则上式可写成：

$$P(B_i|A) = \frac{P(B_i)P(A|B_i)}{\sum_{i=1}^{n} P(B_i)P(A|B_i)}$$

下面这个例子取自张维迎《博弈论与信息经济学》[①]。

如果我们把所有的人划分为好人(GP)和坏人(BP)两类，所有的事划分为好事(GT)和坏事(BT)两类，那么，一个人干好事的概率等于他是好人的概率P(GP)乘以好人干好事的概率 P(GT|GP)，加上他是坏人的概率 P(BP)乘以坏人干好事的概率 P(GT|BP)：

$$P(GT) = P(GT|GP)P(GP) + P(GT|BP)P(BP)$$

假定我们观测一个人干了一件好事，那么，这个人是好人的后验概率为：

$$P(GP|GT) = \frac{P(GT|GP)P(GP)}{P(GT)}$$

为了更具体一点，让我们假定，我们认为这个人是好人的先验概率为1/2，那么，在观测到他干了好事之后，我们如何修正他是好人的先验概率依赖于我们认为这件好事好到什么程度。让我们考虑三种极端的情况：

第一种情况是，这是一件非常好的好事，好人一定干，坏人绝对不可能干，即 $P(GT|GP)=1, P(GT|BP)=0$，那么，

$$P(GP|GT) = \frac{1 \times 1/2}{1 \times 1/2 + 0 \times 1/2} = 1$$

就是说，尽管我们原来认为这个人是好人的可能性是1/2，但在观测到他干了这件好事后，我们就会得出结论说：他肯定是个好人。

第二种情况是，这是非常一般的好事，好人会干，坏人也会干，即 $P(GT|GP)=1, P(GT|BP)=1$，那么，

$$P(GP|GT) = \frac{1 \times 1/2}{1 \times 1/2 + 1 \times 1/2} = 1/2$$

即我们对他的看法不会改变。

第三种情况介于上述两种情况之间：这件好事好人肯定会干，但坏人可能干也可能不干，概率各为1/2，那么，

$$P(GP|GT) = \frac{1 \times 1/2}{1 \times 1/2 + 1/2 \times 1/2} = 2/3$$

[①] 张维迎：《博弈论与信息经济学》，上海三联书店1996年版，第308—311页。

即我们认为他是好人的概率增加了,但他仍然有 1/3 的可能性是坏人。

假如我们观测到这个人干了一件坏事,我们将如何改变对他的看法呢？如果我们相信,好人绝对不会干坏事,只有坏人才会干坏事,那么,我们可以肯定,他绝不可能是个好人:

$$P(GP|BT) = \frac{0 \times 1/2}{0 \times 1/2 + P \times 1/2} = 0$$

这里,$P > 0$ 是坏人干这件坏事的概率,或者说,他肯定是一个坏人:

$$P(BP|BT) = \frac{P \times 1/2}{0 \times 1/2 + P \times 1/2} = 1$$

如果我们原来认为一个人 100% 的是一个好人,但突然发现他干了一件坏事,我们该如何改变对他的看法呢？显然,我们对他的看法会有一个彻底的改变:嗨,原来他是一个坏人。尽管此时我们不能使用贝耶斯法则,但我们的这个改变与贝耶斯法则并不矛盾。

如果我们原来认为他肯定是一个坏人,突然发现他干了一件好事,我们又该如何看待这个人呢？如果我们认为坏人干好事的目的仅仅是假装好人,如果这个人是在知道我们认为他是坏人的情况下干了好事,那么,我们认为这个人是坏人的后验概率可以是 [0,1] 区间的任何数(不过,一般来说,我们不会马上认为这个人一定是好人,除非这件好事非常非常的好,因为否则的话坏人总是有积极性干一件好事以使我们认为他是一个好人)。当然,如果我们认为好人干好事并不仅仅是为了假装好人,我们对他的看法就不会改变,因为根据贝耶斯法则:

$$P(BP|GT) = \frac{P \times 1}{Q \times 0 + P \times 1} = 1$$

这里,$P > 0$ 是好人干好事的概率,$Q > 0$ 是坏人干好事的概率。

从上述例子中可以看到,我们如何改变对一个人的看法不仅依赖于我们认为他是好人或坏人的先验概率,而且依赖于我们如何"认为"好人干好事和坏人干好事的条件概率。

3.3 复合事件的概率

事件之间存在逻辑关系:复合事件是由简单事件逻辑地构成的。
假定 A、B 为简单事件,且已知其概率。
¬A 为 A 事件的"逆事件":它表示"A 不发生"的事件;
A+B 为 A、B 的"或事件":A、B 两个事件中至少有一个事件发生的事件;
A·B 为 A、B 的"与事件":A 与 B 均发生的事件。
任何复杂的事件都可能通过简单的事件用 ¬,· 和 + 经过多次复合而成。

(1) $p(\neg A) = 1 - p(A)$
(2) $p(A+B) = p(A) + p(B) - p(A \cdot B)$
(3) $p(A \cdot B) = p(A) \cdot p(B|A)$
(4) $p(A+B) = p(A) + p(B)$,若 $p(A \cdot B) = 0$,即 A 与 B 不能同时发生;
(5) $p(A \cdot B) = p(A) \cdot p(B)$,若 $p(B|A) = p(B)$,即 B 事件独立于 A 事件。

根据上述公式,我们可以进行某些基本的概率运算。

试以求爱博弈为例[①]:

有人向你求爱,你的选择是接受或是拒绝,这依赖于你对求爱者品德的判断。如果你准确知道求爱者品德良好,你会选择接受,反之不接受。问题是,你可能不准确知道求爱者的品德。这时,你的决策显然取决于你在多大程度上相信他是一个品德优良者(或品德恶劣者)。

现给出两种情况下的支付矩阵。假定不论求爱者品德如何,若他求爱你接受,则他得到 100;但你的支付依赖于求爱者的类型:接受一个品德优良者的求爱,你得到 100,而接受一个品德恶劣者的求爱,你损失 100;求爱者(不论何种类型)在你拒绝时损失 50,因为丢面子。

表 8-1 求爱博弈:品德优良者求爱

		你	
		接受	不接受
求爱者	求爱	100,100	-50,0
	不求爱	0,0	0,0

表 8-2 求爱博弈:品德恶劣者求爱

		你	
		接受	不接受
求爱者	求爱	100,-100	-50,0
	不求爱	0,0	0,0

现假设你认为求爱者品德优良的概率为 x,求爱者也知道这个 x 为多少,则他求爱而你接受时,你的期望效用为 $100x + (-100)(1-x)$,你不接受时,你的期望效用为 0。当 $x > 1/2$ 时,你接受才是最优选择。如果 $x < 1/2$,求爱者会选择不求爱,因为他知道若求爱会被你拒绝,会丢面子,因此他不会这样做。

---

① 该例亦选自张维迎:《博弈论与信息经济学》,上海三联书店 1996 年版。

3.4 概率逻辑

如果在科学研究或其他场合发现，以假言命题前件真后件假是不可能的，那么就称后件命题 e 支持前件命题 h，其中 h 表示假说，e 表示证据。

这种思想的两种不同发展方向的理论观点的发源或奠基始于 17 世纪。当时，培根从他的归纳主义理论出发，坚定地认为，根据他的理论——三表法（存在表、程度表和缺乏表）就可发现事物间的因果联系，后来他的思想被弥尔发展为一套适用于教学的归纳体系，其主要内容是观察方法、实验方法、简单枚举法、弥尔五法等，这种归纳理论的显著特征是不能形式化，不讲求证据数量和证据对假说的支持程度，自弥尔以来，这种古典归纳理论基本处于停滞状态。

培根以后，帕斯卡尔（Pascal）和 Fermat 提出了一些数学的几率演算的原则，即概率演算的原则，莱布尼茨（Leibniz）和 Bernoulli 等人把这种几率演算解释为一种概率判断，并在某种程度上推广到科学研究方法领域。

20 世纪以前，人们没有将概率演算直接与归纳逻辑挂钩，仅仅关注从数学角度怎样应用和完善概率理论。到了 19 世纪末 20 世纪初，一些数学家和逻辑学家，如耶方斯（W. S. Jevons）、凯恩斯（J. M. Keynes）等人真正意识到，帕斯卡尔等人的概率理论完全能发展为一种归纳逻辑理论，专门用于证据假说程度的支持，这是一种关于科学研究或发现的理论，又称概率逻辑。概率逻辑是应用数理逻辑和概率理论对归纳法进行形式化研究的逻辑学，因此，有许多演绎系统所具有的重要特征。

20 世纪 20 年代，概率逻辑取得了长足的发展，其代表人物是凯恩斯、尼科德（J. Nicod）、莱欣巴赫（H. Reichenbach）、卡尔纳普（R. Carnap）等，他们很多人既是逻辑学家也是科学哲学家。根据对概率的不同定义或解释，可以形成不同的概率逻辑系统，其中以卡尔纳普的概率逻辑系统最具有代表性。

卡尔纳普于 1945 年发表了《论归纳逻辑》和《概率的两种概念》，讨论了一些理论问题，并于 1950 年发表了《概率的逻辑基础》建立了正式的概率逻辑系统，1952 年的《归纳方法的连续统》为其续篇。卡尔纳普的基本思路是：首先，建立一个形式上精确并且完备的关于解释的理论；其次，给经验科学方法论中的基本概念，即证据对假说的"确证"，给出一个定量的精确的说明；最终建立起归纳的演绎理论。

在卡尔纳普那里，解释和确证是两个十分基本的概念。他说："所谓解释，我们把它理解为，是从一个不精确的，前科学的概念，即被解释者（explicandum），到一个精确的概念，即被解释者（explicatum）的变换。"一个好的解释必须具有相似性、精确性、富有成效性和简洁性。

相似性是指在被解释者即大多数迄今已获的应用场合,解释者也能应用;精确性要求解释者以精确的形式给出它的迎送规则,使得建构起的理论具有精密科学理论体系的结构。卡尔纳普把"概率1"(逻辑概率)解释成"确证度",建立起他的系统。限于篇幅,兹不详述,有兴趣的读者可参看卡尔纳普本人的著作。

上述两种归纳逻辑各有其特点:古典理论的弱点是不能形式化、不能量化,只注意证据对假说支持的质,忽视了量;归纳的概率理论的弱点是不注意证据对假说的质的支持,并且在实际应用中不比古典理论方便,如卡尔纳普的理论,只有那些对这种理论十分熟悉的人才能勉强应用。有鉴于此,有的欧美逻辑学家、科学哲学家开始探索、研究新的归纳理论,其中以 L·J·柯恩的新培根主义较为典型。

柯恩的理论有两个基本组成部分:第一,"相关变化的方法",在任一特殊研究领域中,一个假说的可靠性程度可根据适当范围内实验证据的变化情况而分级,这种方法就是用来表述此种分级情况的;第二,普通的模态逻辑系统,用它把归纳正式的可靠性等级表述为到达规律性陈述的一个个步骤。

新培根主义逻辑的基本思路可概括如下:在经验科学中,一个假说的可靠性与它在不断增加的严峻条件下抵抗证伪的能力相一致。如果要形成一个假说,并验证它的可靠性程度,则可以在相应领域找到一系列变项。变项类似于我们一般所说的条件,变项又由一系列变元(类似于子条件)构成。变项的排列是有序的,分为若干级。一个假说通过了第一级变项中所有变项的验证,就获得了第一级的可靠性。然后在试图通过第二级变项,如果这个假说通过了这一级中的所有变元的验证,以及这级变元和第一级变元的所有可能的组合,就获得了第二级的可靠性,如此等等。积累了越多的复合验证,就一步一步不断向高层次的知识或可靠性迈进。如果这个假说不能通过第三级变项,那么这个假说至多只具有第二级的可靠性。但作为一种逻辑系统,需要对柯恩的这种思路作大量的限制、解释、补充说明等工作,然后再形式化,其精细、复杂程度不比任何概率逻辑系统逊色。

3.5 归纳悖论

20世纪以来,归纳理论研究过程中出现了四五个归纳悖论,这些悖论有力地促进了归纳理论的研究。其中,最有影响的归纳悖论是亨普尔的乌鸦悖论、古德曼的古怪谓词悖论、基伯格的彩票悖论[1]。

---

[1] 参见柯恩:《归纳逻辑 1945—1977》,转引自朱志凯:《逻辑与方法》,人民出版社 1995 年版,第339—341页。

3.5.1 亨普尔悖论

亨普尔悖论与确证概念有关。他概述了研究确证概念的必要性,把不同的充足条件公式化,把确证条件看作为满足这些充足条件,但是,在这种条件基础上产生了乌鸦悖论。他认为上述三个条件不能同时成立,否则就会出现悖论,可是,很多归纳理论承认了这三个假定。它们是:

(1)如果一个条件句的前件和后件是真的,那么就在某种程度上确证了一个条件句。以乌鸦为例,一个"既是乌鸦又是黑的"的事物可以确证"对任一对象而言,如果它是乌鸦,那么它是黑的"这个条件句。

(2)在逻辑上等值的命题可由同样的证据确证。如果一个证据能确证"对任一对象而言,如果它是乌鸦,那么它是黑的",同时,它也确证"对任一对象而言,如果它不是黑的,则它不是乌鸦"。

(3)常识告诉人们,一个既非黑的又非乌鸦的对象不能确证"对任意对象而言,如果它是乌鸦,则它是黑的",例如,一块白手帕,就不能确证这个命题。

显然,第三个假定与前两个假定有矛盾,乌鸦悖论由此而产生。这表明,人们的确证概念与逻辑上的确证概念不一样。很多归纳逻辑系统难以避免这个悖论。亨普尔认为,我们必须限制或放弃其中的一个假定,否则就不可避免这个悖论。

3.5.2 古德曼悖论

古德曼悖论与确证标准有关。假定在某一时刻 t 以前考察的所有绿宝石都是绿的,按照这一标准,过去考察的所有绿宝石在 t 之前都确证"所有绿宝石都是绿的"这一假说。但是,按照不同的标准,人们也可得出不同的结论。给定一谓词"绿蓝",它被定义为在 t 时以前所考察的对象,只要它们是绿的,它们就是"绿蓝"的,在其他情况下它们都是蓝的。

例如,设 t 时为公元 2000 年,在以前的绿宝石是绿的,所以,它们是绿蓝的,而在此后,这些绿宝石都是蓝的。这样,我们的观察能够分别以同样的强度确证两个不相一致的假说:所有在 t 之前观察到的绿宝石是绿的和所有在 t 时后观察到的绿宝石都是蓝的。

古德曼悖论要说明的问题是,只有当一假说具有规律性时才可以由它本身衍生出来的证据确证,否则就无意义。"绿蓝"和"蓝绿"是古怪词,没有什么意义,与此相关的假说也没有规律性。

古德曼认为,利用可取度来评估不同的假说,可以解决这个悖论。所谓可取度是指,如果由假说得到的一些公式表示的谓词(或者是由这些谓词的共同扩张而得的谓词)比较多地出现在成功的假说中,那么就称这个假说比另外的更可取。如果两个不相一致的假说均由观察事例证明,那么更可取的方式得到较好确证的那一个。这个观点未必实用。

3.5.3 基伯格悖论

基伯格悖论与怎样处理曾经获得满意证据度的假说的问题有关。他认为下面三个假说不能同时成立:

(1) 通过完全的研究,可合理接受任一假说 H,这个假说保持了帕斯卡概率(在适当的证据上)。

(2) 可合理地接受一个由可合理接受的假说集所推出的任一逻辑的结论。

(3) 接受一个不一致的假说集是不合理的。

以彩票为例:假定某种彩票发行一百万张,其中只有一张能中奖。对每张彩票而言,可合理接受下列假说:这张彩票不会中奖。但是,每个这样的假说的合取不相一致,因为可以合理地接受这样的假说,恰好有一张彩票中奖。这样,上述三个假说不能同时成立。

基伯格解决这个悖论的方法是对假定(2)作些限制,其他哲学家用不同的方法限制(1),其中有的打算抛弃(3)。可是,除非有一种解决这个彩票悖论的方法,否则,基伯格悖论就无法解决。

上述三个悖论困扰学术界几十年,迄今没有一个逻辑系统能同时圆满解决它们,归纳悖论仍有待学人深入研究。

4. 因 果 五 法

因果五法包括求共法、求异法、求共求异并用法、剩余法和共度法。

4.1 因果联系

我们说一个个独立的事实不能构成经验科学,经验科学的研究在于寻找事实间的秩序,最根本的就是因果秩序。但对因果性概念的分析却有很大的争议。

我们称一事件 A 是另一事件 B 的原因,可以有多种解释,借用假言条件来说:

A 可能是 B 的充分条件。例如:因为天下雨,所以地上湿,这里,"天下雨"是"地上湿"的充分条件。

A 也可能是 B 的必要条件。例如：有氧气是燃烧的原因，"有氧气"是"燃烧"的必要条件。

A 也可以是 B 的充要条件。例如：因为他是单身汉，所以他是未婚成年男子，"他是单身汉"是"他是未婚成年男子"的充分必要条件。

但我们应该注意到，条件关系不等于因果关系：

虽然，

如果天下雨，那么地上湿；可以理解成：因为天下雨，所以地上湿；

但是，

如果地上不湿，那么天没下雨；却不可以理解成：因为地上不湿，所以天没下雨。

因为，条件关系属于思想中命题的某种逻辑关系，因果关系属于对客观事实的某种认识。条件关系是关于命题的，而因果关系是关于事实的；逻辑学家考虑的是命题之间的关系，科学家所考虑的是事件之间的内在联系。因此，也可以说，原因≠理由。

再如：

（1）如果电影不好看，那么买票的人不多。

（2）如果买票的人多，那么电影好看。

（3）因为电影不好看，所以买票的人不多。

（4）因为买票的人多，所以电影好看。

上述4句，（1）（2）反映的是条件关系，根据它进行推理，若看到买票人多，可以得出电影好看，但此时，它陈述的是逻辑上的一个理由；（3）（4）反映的是两个事件在事实上的因果关系，它陈述的是某种原因。但我们能说（1），不能说（3）；能说（2），不能说（4）。

理由是：

从（3）看，买票的人不多，不能说"因为"电影不好看；而从（4）看，不能说"因为"买票的人多，所以电影好看，电影好看的"原因"应该是导演导得好，演员演得好，编剧编得好等等。因此，说"因为买票的人多，所以电影好看"，实际上是犯了倒置因果的错误。

在寻找因果联系（Causal Connections）的时候，人们往往把某些条件关系与因果联系联想起来；如下节我们要讲到的因果五法中，求同法类似于寻找充分条件；求异法类似于寻找必要条件等等。可不能改变的是条件关系是某种假设性命题，它可以分析未发生的事，未来的事，虚拟的事；而因果关系更多的是针对已经发生的事实而言。

同时，因果关系有其复杂性。

有时我们也可以发现一连串因果链条：A 引起 B，B 引起 C，C 引起 D，D 引起 E。

我们把 E 认为是 A∨B∨C∨D 一复合事件的结果，其中 D 可称作"近因"，A 可称作"远因"。

在不同的场合，人们对原因的要求也不同。比如，一个保险公司派调查员调查一起奇怪的火灾事故的原因，若调查员回来报告说是因为有氧气存在，那么他马上就会被炒鱿鱼，这时必要条件不成其为火灾原因；如果调查员报告是，经调查证实火灾是由于投保人自行点火引起，则不必考虑其他必要条件。于是我们发现，日常使用的因果概念就假言条件来说，有时既非充分，也非必要，这也是因果性之所以争议颇多的原因之一。

逻辑对因果联系的考察主要是从为演绎前提寻找根据入手，即我们如何寻找充分条件、必要条件和充要条件等等。而对于那些既非充分、又非必要的偶然的因果联系，逻辑形式恐怕助力不多。

休谟对归纳合理性的责难来自于他对因果关系的经验分析，后来一位著名的逻辑学家、思想家 J·S·弥尔在培根三表法（存在表、缺乏表和程度表）的基础上形成了寻求因果联系的五种方法，也称弥尔五法。

4.2　求同法（契合法）

假如在观测之下的现象有两个或两个以上的隔离，其中只有一种情境是共同的，则这种情景是造成该现象的原因。其格式如下：

个例	情境	现象
1.	A B C	a 出现
2.	A E F	a 出现
3.	A G H	a 出现

∴ A 与 a 有因果联系。

求同法（Method of Agreement）得出的因果联系类似于假言条件中"充分条件"关系，通常是通过观察法得出来的。

例如，生病是一种现象，甲、乙、丙三个人一起上馆子吃饭，回来同时生病了，医生问三人吃过什么东西，甲乙丙都说在店里喝过同一种饮料，并且也只有这种饮料是三人吃过的食物中唯一相同的，那么，喝这种饮料可能是造成三人生病的原因。

教师批考卷，发现只有四位学生考 100 分，教师问了 4 名学生的学习情境，得知这 4 名学生都到 A 补习班补习，应用求同法，教师就可推断，学生到 A 补习班补习是考试得 100 分的原因。

《新民晚报》1995 年 10 月 16 日报道，国际学术界研究发现，神童与父母双亲的年龄差距有密切联系。丹麦一位学者收集了世界历史上两千多位名人、天才人物出生时父母的年龄,包括各行各业。结果发现,他们父母年龄差距都比较大,最小的相差七岁,最大的差五十多岁。比如,孔子父母相差 54 岁;柴可夫斯基父母相差 18 岁;居里夫人父母相差 11 岁;果戈理父母相差 24 岁;爱因斯坦父母相差 11 岁;贝多芬父母相差 10 岁。

我们似乎可以从求同法得出"父母年龄相差大"与"生神童"有因果联系,但显然这是或然的。报纸还另给了一个遗传学的解释,兹从略。

再如,弗雷格晚年十分古怪,脱离外界,想法离奇,想一些货币紧缩论;皮尔士晚年变成一个怪人,要么戴上一副面具,要么到阁楼上躲债权人;杜比斯拉夫晚年受到躁狂症的打击,后来自杀;波斯特晚年受到精神分裂症不断复发的打击。

应用求同法,当代伟大的逻辑学家晚年都发生病态。显然,这一结论是或然的。

我们应该注意,应用求同法时,也许各个例中共同的因素不止一个,我们所找到的一个却与所研究现象关系不大。

比如,某甲一晚上看两小时书,喝了几杯浓茶,结果整夜失眠;第二天晚上他也看了两小时书,吸了许多支烟,结果也是整夜失眠;第三天晚上,他还是看了两小时书,又喝了大量的咖啡,结果也是整夜失眠。

应用求同法似乎应该得出,看书两小时与整夜失眠有一定的联系。但是在这里,三天晚上的情境除了看两小时书是共同情境外,还有一个共同之处是食用大量含有兴奋、刺激性的东西,如,浓茶、香烟、咖啡等。

4.3 求异法(差异法)

观测之下的一个个例产生一种现象,另一个个例则不产生这种现象。这两个个例所处的情境,除了一个不同,其余都相同,则这一差别情境可能是产生该现象的原因。

个例	情境	现象
1.	A B C	a 出现
2.	— B C	a 不出现

∴ A 与 a 有因果联系。

求异法(Method of Difference)得出的因果联系类似于假言条件中"必要条件"关系,通常是通过实验法得出来的。

为了弄清空气和声音传播的内在联系,证实声音在真空中不能传播的道理,科学家做了如下实验。把电铃放在密闭的玻璃罩内,按动电钮使电铃敲动,人们可以听到清脆的铃声;再把玻璃罩内的空气抽出,使罩内成为真空,再按电铃,人们只看见电铃敲动,但听不到清脆的铃声。这个实验说明空气振动可能是声音传播的途径和原因。

差异法在实验科学中有着广泛的应用,在多数实验中,我们使一个相关条件变化,而其他条件保持不变,以探求某种因果联系。

再如,甲乙两人从一年级到五年级都同班,因此学习情境相同,功课表现也很相近。但六年级时,甲乙到不同班级上课,结果发现甲乙两生的学习成绩相差很大,根据求异法可以推出,"在不同班级上课"可能是造成两人学业差别的原因。

应用差异法也应注意不同的差异。例如,有一个同学一上课就头疼,不上课就没事了。他以为是上课不好,后来发现是因为他上课时戴了一副不合适的眼镜。他上课戴眼镜,下课不戴眼镜,正是这副不适合的眼镜使得他上课时头疼。

4.4 求同求异并用法(契差并用法)

求同法只注意正面的现象或产生的现象,求异法则把焦点放在产生差异现象的情境上,这两种方法的混合使用就是求同求异并用法(the Joint Method of Agreement and Difference)。

假如一种现象发生了,这种现象有两个或两个以上的个例,而这些个例只有一种情境相同;同时,不发生该现象的两个或两个以上的个例,除了没有该情境之外无一相同,则这两组个例中的差别情境有可能是产生该现象的原因。其格式为:

个例	情境	现象
1.	A B C	a 出现
2.	A E F	a 出现
3.	— G H	a 不出现
4.	— I J	a 不出现

∴ A 与 a 有因果联系。

契差并用法的因果联系类似于假言条件中的"充要条件"关系。同时应注意,契差并用法不是一次求同法与一次求异法的先后使用,其实它有三步:第一步是对出现的个例求同;第二步是对不出现的个例求同;最后第三步是根据前两步求异。

契差并用法可以弥补求同法与差异法的不足,这是很显然的。它其实有三步,先对出现现象的个例求同,再对不出现的个例求异,然后对一、二步求异。例如:

甲、乙两人都生病,我们发现他们除了共同吃过一种饼干外,其余食谱都不同;并且我们有丙、丁,他们除了没吃那种饼干是共同的之外,其余食谱也都不同;因而可推测吃那种饼干是得病的原因。

再如:

人们早就发现种植豆类作物不用施氮肥,经考察得知,豆类作物如豌豆、蚕豆、大豆的根茎都有根瘤,并且土壤中有氮增加;而其他作物如小麦、水稻、油菜等没有根瘤,所以土壤中氮不会自行增加,需要人工施氮肥;因此,应用契差并用法可得出根部有根瘤时土壤中增加氮的原因。

4.5 剩余法

根据先前的经验归纳,一种现象的部分原因,产生该种现象的部分结果,则可知这种现象的剩余原因产生这种现象的剩余结果。剩余法(the Method of Residues)的格式为:

1. A、B、C 是被考察现象 a、b、c 的产生因素;
2. 又已知 B 是 b 的原因;
3. _____ C 是 c 的原因;_____
∴ A 与 a 有因果联系。

这有些类似于一种数学中的解题程序,设 A、B、C 三学生平均分为 90 分,又已知 A 得 95 分(比平均分多 5);B 得 80 分(比平均分少 10 分);则可知 C 得分为 95 分,即 90 - (5 - 10)。

居里夫人发现镭元素用的就是剩余法。当时已知纯铀的放射强度,又已知一定量的沥青矿石所含的纯铀的数量,但观测到定量的沥青矿石所发出的放射线比它所含的纯铀所能发出的放射线要强许多。于是她认为一定还含有其他比铀的放射性更强的元素,经过艰苦的工作,她终于发现了镭。

4.6 共变法

一种情境在不同程度上变化,另一种现象也跟着以不同的程度变化,则前一情境是后一现象的原因。共变法(the Method of Concomitant Variations)的格式为:

个例	情境		现象
1.	A_1 B	C	a_1
2.	A_2 B	C	a_2
3.	A_3 B	C	a_3

∴ A 与 a 有因果联系。

日常生活中的温度计、气压计等应用的都是共变法的原理,温度计升高使水银柱上升,气压升降将反映到气压计上来。

再比如,马克思在《资本论》中曾说:"资本来到世间,从头到脚,每个毛孔都滴着血和肮脏的东西。"马克思引用《评论家季刊》中的一段话作为这句话的注解:"资本逃避动乱和纷争,它本性是胆怯的,这是真的,但不是真理。资本害怕没有利润或利润太少,就像自然界害怕真空一样,一旦有适当利润,资本就大胆起来。如果有10%的利润,它就保证到处被利用;如果有20%的利润,它就活跃起来;如果有50%的利润,它就会铤而走险;如果有100%的利润,它就敢践踏一切人间法律;如果有300%的利润,它就敢犯任何罪行,甚至冒绞首的危险。如果动乱和纷争能带来利润,它就会鼓励动乱和纷争,走私和贩卖奴隶就是证明。"

应用共变法可得出资本利润多少与资本的大胆程度有因果联系。

应当注意,共变法都是在一定限度内进行比较的,超过某种限度,共变关系就会消失,病人补充营养能恢复健康,不断补充以至过量,营养过剩,身体机制就要发生危机。

4.7 因果五法的局限性

从上面的论述中可以发现,因果五法由于它的归纳本性,显然不是绝对成立的,其原因主要有以下三点:

(1) 在错综复杂的现象之间,一因多果、一果多因、多果多因的联系普遍存在,我们无法从有限的个例中把这些联系全部(完全)观测、考察出来。

(2) 由于人类自身官能的局限,观察、实验操作的每一过程都可能发生个人误差几个方面因素的干扰。

(3) 从归纳的结论来看,它对未来现象也做出解释,但未来现象的原因也许根本与我们已知的现象无关,它可能超乎我们的经验,因而还是不能从过去、现在扩展到未来。

尽管如此,因果五法在经验科学和日常生活中还是极为频繁地应用。

5. 类 比 法

5.1 类比的结构

类比法的基本原理为：从已知的两个或两类对象在一些属性上相同得到他们在其他属性上也可能相同。即如果 A 与 B 在某些方面相似，则 A 与 B 在其他方面也有可能相似。其形式为：

A、B 共有属性 b、c、d；
<u>B 还有属性 a；</u>
所以，A 可能也有属性 a。

例如，有人把美国加利福尼亚州的地形、土壤、气候条件与我国南方某些地区的自然条件加以比较，有很大的相似之处，于是人们把浙江黄岩的特产——柑橘引种于美国加州，并获得了巨大的成功。这其中就有类比法的应用。

再如，李四光发现中国松辽地区和中亚细亚的地质结构相类似，又已知中亚细亚有丰富的石油，他经过类比推断，松辽平原也蕴藏着丰富的石油，后来，大庆油田发现了。又经过类比发现华北平原和松辽平原地质结构相似，于是又发现了胜利油田。这些都是类比的功效。

5.2 类比的可靠性

类比的结论不是演绎必然的，它属于一种广义的归纳过程，因而它也有可信度与可靠性的问题。

提高类比的可靠性有两方面的因素：
（1）类比对象之间的共同属性的数量越多越好；
（2）对象的类比属性本质相关。

若类比对象的共同属性数量不多，或对象的类比属性并非本质相关，则容易犯"机械类比"的错误。

例如，在《庄子·天运》那个东施效颦的笑话中，东施模仿西施皱眉头、捧心口，以为人们也会认为她美丽，结果却弄巧成拙，其中就是类比的误用。

再如，休谟以自然界运行的和谐及组织结构的严密而类推出有一个"设计者"（Designer），即神的存在。他说，环顾全世界，想想它的整体及部分，你将会发现那只不过是一部大机器,再分为无数的小机器,小机器又再分为更小的机器,甚至那微小的部分都彼此衔接得如此恰好,多么令观察者所赞美,这种神秘的目的与方法之间的配合存在于整个自然界中。根据这种说法,就可说明神的存在。

我们可以简单地说:自然界是一个和谐整体,它有规律地运动着,钟表也一样,而钟表有它的设计者、制造者,世界也应该有它的设计者、制造者——上帝。我的世界的一切有序与规律结构都是上帝安排的。

实际上,自然科学是以世界有内在规律性为前提的。一切现象都有其内在的秩序,万事万物的发展都一环连着一环,如果事物内部没有一种规律性,或说内在结构,科学研究就没有必要了。但是,这与钟表的内在结构与规律不能构成本质相关的类比,从唯物主义的角度看,这是一种典型的机械类比。

另外,从关系的角度来说,相似、可类比性是非传递的。《吕氏春秋·察传》中有段话:

"夫得言不可以不察,类传而白为黑,黑为白,故狗似玃,玃似母猴,母猴似人,人之与狗则远矣。"

实际生活中谣言的传递就存在因为类比而以讹传讹的现象,到后来可能无中生有,把一滴水夸大成惊涛骇浪,这和从一滴水推测到大西洋可能存在,在思维方法上有很大的差异。

5.3 类比的推广应用

类比推理在日常生活、生产实践、科学研究(如仿生学)和技术发明等方面都有巨大的功用,如司法定罪量刑中应用类推原则等等。我们常用的比喻思维、移植思维、联想思维和模拟思维等各种不同的思维方式,其基础大都在于类比法。

因此,类比是人们认识世界的重要工具,是人们创造性思维的重要手段。正如康德所说:"每当理智缺乏了靠论证的思路时,类比这个方法往往能引导我们前进。"

6. 设 证 法

6.1 设证法的格式

演绎法重视人类的理性功能,因此理性主义学者使用它;归纳法强调人类经验的重要性,因此经验论的思想家鼓吹它。而实际上,演绎与归纳是密切联系、互不可分的。

哲学史上,康德曾对归纳和演绎的纷争作了调和,但仍偏向演绎。后来,皮尔士提出了设证法(Retroduction or Abduction),在解决理性与经验两者的争论之间,倾向于经验。

演绎法只有在观念当中打转,归纳法则在事实界中横冲直撞,而设证法则是拟定假设,视假设为行动方向的指针,这点异于归纳法,但设证法的假设又经常由经验事实修改。其基本格式如下:

我们观察到了 C 这个事件,令人惊异;

但假如 A 是真的,则 C 事件是理所当然的;

因此,我们有理由猜想,A 是真的。

例如,我们在街上看到某处上方在冒烟,冒烟这件事是不寻常的,但假如该处发生了火灾,则该处上方冒烟是非常自然的,因此,我们猜想,在该地发生了火灾。

但是,这种研究过程并未结束,我们可能会发现了另外一种事件(C')也在该地发生,这时,以 A 来解释 C 和 C',如果绰绰有余,则 A 这个假设是经得起一定的考验的;如果 A 只是可以解释 C 但却不能说明 C'产生的原因,则得另外"猜想"一种足以同时解释 C 和 C'的假设,这个新假设为 A',同理,当产生 C"时,若 A 及 A'皆无法解释 C、C' 及 C"时,得另"猜想"出 A" 作为假设。假设之必须修正的原因就在于此。

设证法的过程正如华罗庚讲数学归纳法的一段话:从一个袋子里摸出来的第一个是红色的玻璃球,甚至第二个、第三个、第四个、第五个都是红玻璃球的时候,我们立刻会出现一种猜想:是不是这个袋子里的东西全部都是红玻璃球?(这里运用了简单枚举法。)但是,当我们有一次摸出一个白玻璃球时,这个猜想失败了。(因为如果这只袋子里全部都是红玻璃球,那么每一次摸出的球都应当是红色的玻璃球,而现在摸到了白色的玻璃球,并由演绎法中充分条件的否定后件式,可以否定原来的假设。)这是我们出现另一个猜想,是不是袋子里的东西全部都是玻璃球?但是当有一次摸出来的是一个木球的时候,这个猜想又失败了。那时我们会出现第三个猜想:是不是袋里的东西都是球?这个猜想对不对,还必须继续加以检验……

6.2 设证法的原理

设证法有两层重点:一个是假设(hypothesis),一个是求证(verification)。假设可以通过各种归纳法从已有的经验事实中得出,或者是简单枚举法,或者是弥尔五法,或者是类比法等等。求证一般我们通过演绎法,从假设成立而导出一定的结论,将它与经验事实比较:如果所导出的结论符合事实,则假设获得了一次支持(support),该事实就是该假设的证据(evidence);如果所导出的结论不符合事实,则假设不成立,也即假设被证伪(falsified),这是假设并非要被完全抛弃,而可以在其基础上修正,或进一步概括提出一个新的假设。

我们把上述思想形式化,设 A 为假设,B 为所导出的结论,则:

(1) $\quad\quad B$ $\quad\quad\quad\quad\quad\quad$ (2) $\quad\quad A \to B$
$\quad\quad\quad\underline{A \to B}$ $\quad\quad\quad\quad\quad\quad\quad\quad\quad\underline{\neg B}$
$\quad\quad\quad\therefore \Diamond A$ $\quad\quad\quad\quad\quad\quad\quad\quad\quad\therefore \neg A$

(1)式不是演绎的,而是逆演绎的,人们有时称之为回溯推理,结论也是或然的。事实只能"支持"假设,而不能完全证实,通常把这种只给予一定程度的"支持"叫做"确证"。确证具有程度上的差别,可以表示为或然性概率的大小,即确证度。

(2)式是演绎的,为假言推理的否后规则,也即证伪的过程中包含的推理形式是演绎必然的。在此,我们可以体会到,如果说演绎逻辑教导人避免逻辑错误,归纳逻辑则是鼓励人犯逻辑错误。

6.3 设证法的应用

设证法在科学理论研究中有广泛的应用。当前的自然科学研究方法基本应用的是设证法的格式。假设的提出需要一定的归纳法帮助;而对假设分析、求证的需要借助演绎法;若提出新的假设,则它对旧假设的修正也可能存在一个归纳过程。

例如,牛顿从苹果下落,假设有地心引力,它能解释苹果下落,构成了对地心引力假设的支持。抛一块石头,它也下落,又是一次支持,支持多了它就成为所谓的定理。但是,地心引力不能解释月亮为什么不掉到地球上来的现象,于是就假设万有引力。万有引力定律可解释地球、月亮,乃至太阳系、银河系之间的引力关系,其理论可获得很强的经验支持。但是,万有引力定律不能解释微观电子现象,于是有爱因斯坦新理论出现,它又把牛顿理论作为其中的一个特例包容进去。但是,爱因斯坦的理论却也只能是一定的科学假说,它也只是获得了一定程度的经验事实支持,而不是完全被证实了的绝对真理。

休谟早就说过,我们不能从想当然的"应该是的"继而断定"就是","应该是"不等于"是"。在前述(1)中,只是应该是 A 而不是就是 A,"A 应该是真的"不是说"A 就是真的"。

演绎法、归纳法及设证法这三种方法,套用培根在《新工具》中的比喻:演绎法像蜘蛛,归纳法如蚂蚁,设证法似蜜蜂。演绎法主内,像蜘蛛一样由内向外吐丝;归纳法主外,如蚂蚁到外面拾取资料;设证法则内外兼顾,似蜜蜂一般,吸取花粉,经过消化再吐出蜂蜜。另外,演绎法重思,归纳法重学,设证法学思并重。偏学、偏思都非求知良方。学而不思则罔,思而不学则殆。这句孔圣教训,正说中了设证法的要点,也是求学、求知的基本原则。

本章思考与练习:

1. 试分析逻辑论证和事实证明的关系。
2. 试分析休谟问题的由来及其解决方案。
3. 试举例说明归纳与演绎中思维进程的差异。
4. 试分析归纳主义和演绎主义的主要分歧。
5. 试结合本专业学习谈谈科学研究的方法。
6. 针对书中所提到的归纳悖论,谈谈你认为可能的解决办法。
7. 试举例说明日常生活中"原因"一词的不同用法。
8. 试举例说明因果五法在日常生活中的应用。
9. 试举例说明因果五法的局限性。
10. 试举例说明类比法在科学研究中的应用。
11. 试分析设证法在日常生活与科学研究中的应用。
12. 下列结论能否用完全归纳法得出?
    (1) 甲班同学都会用电脑。
    (2) 世界上没有两片相同的树叶。
    (3) 所有金属都能导电。
    (4) 太阳总是东升西落。
    (5) 中国人是勤劳勇敢的。
13. 试分析下列语句中逻辑推理的形式,并分析其可信度的高低。
    (1) 爱音牛奶公司的广告大肆宣扬爱音牛奶来自愉快的母牛,因而奶质优良。借用到人力资源管理上,愉快的工人就是生产力高的工人。这样,公司搞郊游、设地位标志、办雇员咖啡厅,及其他改善工人所处社会环境的行为就都有了理论根据。但到1964年,"愉快的工人"这一时尚假说宣告结束。
    (2) 富兰克林是建国元老、大发明家,杰弗逊是第三任美国总统、建国纲领《独立宣言》的起草者。18世纪70年代初,北美13个殖民地的代表齐聚一堂,协商脱离英国独立的大事,并推举富兰克林、杰弗逊和亚当斯负责起草一份文件,具体由杰弗逊执笔。杰弗逊年轻气盛,文才过人,平素最不喜欢别人对他写的东西评头论足,他起草宣言之后,把它交给一个委员会审查通过,自己坐在会议室外,等待着回音。过了很久也没结果,他不耐烦了,这时富兰克林讲了下面一件事:一位年轻人刚开了一个帽店,发现有一个醒目的招牌很有必要,于是自己设计了一个——"约翰·汤普森制作和现金出售多式礼帽",还画了一顶帽子附在下面。送去制作之前,他拿给朋友们征求意见。第一个朋友看过后,就不客气地说:"帽店"一词与后面的"出售多式礼帽"语义重复,建议删去。第二位朋友说:"制作"一词也可省略,因为顾客并不太关心帽子的制作人,而只关心式样、质量。第三位朋友说:"现金"两字实在多余,因为本地市场一般习惯现金交易,这样删改几次后,只剩下"约翰·汤普森出售各式礼帽"了。"出售各式礼帽?"最后一个朋友对剩下的词也不满意,谁也不指望你白送它,礼帽也不用了,下面明明画了一顶帽子嘛!帽店开张,招牌挂出来时,上面醒目地写着"约翰·汤普森"几个大字,下面是一个新颖的礼帽图样,来往顾客都称赞招牌做得好。听了这个故事,自负的杰弗逊平静了下来,《宣言》草案经过众人的精心推敲成了万人传诵的不朽文件。

(3) 地球磁场发生磁暴的周期性经常与太阳黑子的周期一致。随着太阳黑子数目的增加,磁暴的强度增大。当太阳黑子的数目较少时,磁暴的强度降低。所以,科学家推测,太阳黑子的出现可能是磁暴的原因。

(4) 许多研究人员推测:大脑细胞中的RNA是记忆的生化基础,即RNA的存在使我们能够记忆。已知某一化学物质可抑制体内RNA的合成,研究人员将RNA抑制物注射到已经练过跳火圈的狗的体内,然后,检验对所学反应的记忆,用这种方法来检验他们的推测是否正确。

(5) 英国哲学家伯特兰·罗素有一个关于归纳主义者火鸡的故事。在火鸡饲养场里,有一只火鸡发现,第一天上午9点钟主人给它喂食。然而,作为一个卓越的归纳主义者,它并不马上作出结论。它一直等到已收集了有关上午9点给它喂食这一经验事实的大量观察;而且,它是在多种情况下进行这些观察的:雨天和晴天,热天和冷天,星期三和星期四……它每天都在自己的记录表中加进新的观察陈述。最后,它的归纳主义良心感到满意,它进行归纳推理,得出了下面的结论:"主人总是在上午9点钟给我喂食。"可是,事情并不像它所想象的那样简单和乐观。在圣诞节前夕,当主人没有给它喂食,而是把它宰杀的时候,它通过归纳概括而得到的结论终于被无情地推翻了。

(6) 据报道,某国科学家在一块60万年前来到地球的火星陨石上发现了有机生物的痕迹,因为该陨石由二氧化碳化合物构成,该化合物产生于甲烷,而甲烷可以是微生物受到高压和高温作用时产生的。由此可以推断火星上曾经有过生物,甚至可能有过像人一样的高级生物。

(7) 2000年预测美国总统大选笑料百出。脱衣战术:常常被美国人作为笑谈的是候选人争先恐后当众脱衣,据说脱衣的次数越多,他在选民心中的亲和度就会越高。如今两党候选人也学得有模有样,戈尔在支持者面前脱去西装的次数,明显多于小布什。道指走势:《纽约时报》撰文指出,虽然大多数民意调查显示小布什暂时领先,但是根据道·琼斯指数近半年走势,胜出的是戈尔而不是小布什。该报称根据过去100多年的经验统计,按道·琼斯指数在大选年下半年,尤其是第三季度的走势预测谁会当选总统,其准确度接近90%。高个占优:另有媒体指出,过去40年来美国总统大选,几乎都是两党候选人中的高个子当选。小布什身高约1.78米,戈尔身高约1.85米,照此理论,小布什似乎不妙。(南方都市报)

(8) 某研究生对导师说:学习成绩全优的学生学习都很刻苦,你要是想让我学习刻苦,最好的办法是给我的所有课程都判优。

(9) 由于大学的学术水平反映了一个国家的竞争实力,所以要想提高国力,就要建设一流大学。这好像是在说,一个人的肺活量反映了一个人的健康水平,所以要提高健康水平,一个人应该努力提高自己的肺活量。吹气球能够提高肺活量,但有谁靠吹气球来锻炼身体呢?

(10) 曾有人做过实验:将一只最凶猛的鲨鱼和一群热带鱼放在同一个池子里,然后用强化玻璃隔开,最初,鲨鱼每天不断冲撞那块看不到的玻璃,奈何这只是徒劳,它始终不能过到对面去,而实验人员每天都有一些鲫鱼在池子里,所以鲨鱼也没缺少猎物,只是它仍想到对面去,想尝试那美丽的滋味,每天仍是不断地冲撞那块玻璃,它试了每个角落,每次都是用尽全力,但每次也总是弄得伤痕累累,有好几次都浑身破裂出血,持续了好一些日子,每当玻璃一出现裂痕,实验人员马上加上一块更厚的玻璃。后来,鲨鱼不再冲撞那块玻璃了,对那些斑斓的热带鱼也不再在意,好像它们只是墙上会动的壁画,它开始等着每天固定会出现的鲫鱼,然后用它敏捷的本能进行狩猎,好像回到海中不可一世的凶狠霸气,但这一切只不过是假象罢了,实验到了最后的阶段,实验人员将玻璃取走,但鲨鱼却没有反应,每天仍是在固定的区域游着。它不但对那些热带鱼视若无睹,甚至于当那些鲫鱼逃到那边去,他就立刻放弃追逐,说什么也不愿再过去,实验结束了,实验人员讥笑它是海里最懦弱的鱼。

(11) 2005 年,德国媒体刊登一篇文章,称德国一些城市的下水道井盖屡遭盗窃,造成不少车毁人伤事件。此类社会消息原本不足为奇,然而此文奇在最后下结论称,这是由于中国钢铁需求量大,导致德国废钢铁涨价,引诱德国人偷井盖卖钱。刊登在德国之声电台网站的这篇文章说,越来越多的德国街道,甚至高速公路下水道的井盖丢失。从埃尔富特到德累斯顿高速公路上,最近 16 个铸铁井盖被盗。不久,这 16 个井盖在旧金属回收商那里出现。百思不得其解的警察最后认为,"罪魁祸首"是中国的繁荣,中国对钢铁的需求使德国废钢铁的价格一路上涨。

(12) 2005 年高考前后,天津、大连等地的一些媒体上出现一则新闻报道形式的广告文章。在这篇文章中,"高考状元"陈某感慨道:"这次能考入北京大学,还成了高考状元,全是家教机的功劳!"。文章呼吁"家长朋友":"给孩子一次机会吧!有了家教机,就能拥有好成绩。"记者找到陈某求证此文,陈某却说:"我从没有用过家教机。去年高考分数下来后,厂家找我联系,要我为他们的家教机代言。双方就签了协议,做了广告。"

第九章

论　证

论证是逻辑的发源,同时也是逻辑研究的目的,因此本章是本书各章知识的综合运用。本章考察论证与推理的关系、论证的规则、辩论反驳的方法以及各种谬误的逻辑分析。

1. 论证的概述

1.1 论证与推理

1.1.1 论证的定义

对于论证定义,不同的教材有不同的看法。

"论证是根据一个或几个真实性判断来断定另一个判断真实性的思维形式。"(朱志凯《逻辑与方法》)

"论证是用一个(或一些)真实性命题确定另一命题真实性的思维过程。"(吴家国《普通逻辑》)

"论证是指出下判断的根据和理由的思维过程。"(诸葛殷同《形式逻辑原理》)

上述三种具有代表性的观点,首先,论证不是一种逻辑理论专门研究的思维形式,逻辑研究的思维形式主要指概念、判断、推理三种。其次,"真实"、"真实性"等概念颇难定义,同时有缩小论证外延之嫌,似乎一个论证中绝对不会出现假命题、假判断,从而取消了部分不健全论证的存在。因此我们认为,第三种看法相对合理些,它既避免了一些模糊不清的概念,也指出了论证的基本性质。

1.1.2 论证三要素

一般一个论证可以分析成论题(或论点)、论据、论证方式三要素。

论题就是论证的对象,它回答"论证什么"的问题。一个论题可以是经过实践检验已确定为真的判断,也可以是在论证之前尚未经过实践检验、未确定其真假的命题。如果是前者,那么论证的目的主要在于阐述那个判断所以为真的根据,以便使人们很信服地接受一个真正判断。

教育工作者和宣传工作者经常做这种事情。如果是后者,论证在开始论证之前对于论证者来说,还只是一个假设,一个命题。论证的目的在于从一些已知为真的判断去探求和确定论题的真,在各门科学中,对于某些假说、猜想的论证就是如此,这类论证往往带有理论研究的探索性质。

论据,就是论证的根据,他回答"用什么论证"的问题,论据就是下判断的理由和根据,是除却论题之后剩下的所有判断或语句。

一个论据如有必要还必须再给出它的理由和根据,也即在更小范围内把这个论据作为一个论题,所以问题、论据是在特定范围中相对而言的。这样我们可以区分出总论题下的各级分论题,并使论证呈现一定的层次性。即相对于总论题的一级论据、二级论据,直至 n 级论据等等,参见图 9-1。

用于直接支持论证的各级论据,主要有两类。一种是事实论据,主要指客观事实,事实胜于雄辩,就具有较强的说服力。另一种是科学定义、公理和定理,它们已为过去的经验的反复检验得到证据支持,同样也具有很强的说服力。

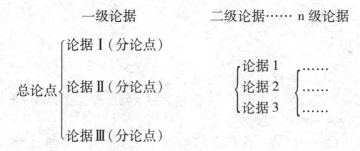

图 9-1

论证方式,指论据和论题之间的联系方式,它回答"怎样论证"的问题。论证作为一个思维过程,它的各论据总有个顺序排列,它必须体现某种结构。换言之,我们应该运用一定的推理形式从论据组合中推出论题来。这样,一个论证的论证方式,即它所包含的推理形式。

1.1.3 论证与推理

若论证方式就是论证中所包含的推理形式,则论证与推理又有什么联系呢?

台湾有学者认为,论证就是逻辑所研究的各种有具体内容的推理过程的文字记录、语言表现。所以,此前所论述过的各种推理,凡形诸语言、文字的都是论证。推理的前提就是论据,而推理结论就是论题。不体现推理过程的文字,比如说轶事、趣闻、记叙文、散文、计划、法律、法规等等,都不是论证。

西方也有学者把论证直接等同于推理,Argument 与 Reasoning 互用,不再把推理作为内在的思维过程,一开始就从论证讲起。从一个论证中找出其内在的推论结构,然后再从逻辑研究其推理形式。而实际上我们前面对于各种推理形式的举例都是论证,而一个推理形式就是各种不同的具体内容的论证的抽象或归纳。

我们认为,论点、论据、论题等概念都属于文法范畴,属于语文中的议论文字写作,或谈话、演讲中发表议论的过程,而不是逻辑所重点关注的形式。形式逻辑关注的是推理形式,把论证放到最后一章,确实是各种逻辑知识的实际应用,而并非逻辑学理论本身,从这个角度,我们再来谈谈论证和推理的区别。

推理是根据一个或若干个命题(前提)得出的另一个命题(结论)的思维形式,推理的前提不一定是真实的。论证作为给出下判断的理由、根据的思维过程,要保证所下判断的真实性,或具有说服力,也必须保证其所以根据的理由的可靠性。

一个论证可以是一个或一个系列的推理,但一个推理却可以不是一个论证。一个推理,它可以构成论证,也可以不构成论证,关键要看其对前提是否断定,这是论证和推理的主要区别。

另外,从思维进程的角度来看,推理是从前提到结论,而论证往往是先提出问题(结论),再去找制定这个问题的论据(前提)。也即,作为结论在进行推理之前可以是未知的,但作为论证的论题在进行论证之初就必须是已知的。

逻辑研究推理,关注其推理形式,而对于论证,则要求论证有根有据,这不仅仅是形式有效的问题。

1.2 论证的种类

根据不同的标准,论证可以分成不同的种类。根据论证中论据对论点的支持方式,论证可以分为直接论证和间接论证;根据论证中所包含的推理形式,论证可以分为演绎论证和归纳论证。

1.2.1 直接论证和间接论证

A. 直接论证。

直接论证即通过对各支持论题的论据的断定直接过渡到对论题的断定。也就是说,从论据出发,直接推出论题,论据给论题直接提供正面支持。

其形式见图 9-2。

法庭定罪量刑通常体现直接论证。判定某人有罪必须根据某人有罪的事实及其法律依据①，如论证某甲的行为已经构成贪污罪，因为贪污罪是指国家工作人员（集体经济组织工作人员）利用职务上的便利，非法占有公共财物的行为，而某甲身为某地税务官员，私自扣留上缴的税款。

? A（论题）
⊢ B（论据1）
⊢ C（论据2）
⊢ D（论据3）
⊢ A（论题得证）

图 9-2

在上述论证中，论题是某甲行为已构成贪污罪；其论据有两个，一是法律条文，另一个是客观事实；其论证方式是一种演绎三段论，其中，论据对论题提供了直接的支持。

其他直接论证的例子还有很多，许多在演绎推理（如三段论）和归纳推理（如简单枚举法）中举的例子一般都属于直接论证。

B. 间接论证。

间接论证即通过对原论题的反论题或矛盾论题的否定而达到对原论题的断定的论证。它有两种主要形式：选言证法和假言证法。

a. 选言证法

选言证法，又称分情况证明法、淘汰法，它运用的推理形式是选言推理的否定肯定式。其格式见图 9-3。

在实际运用中，一般是提出解决问题的几种可能的方案，尽量穷尽所有可能，并且各种可能方案彼此互相反对，即它们之间保持不相容。然后对其中的可能方案逐一淘汰，剩下的那个未被淘汰的方案就是所要找的方案。

? A
(1) ⊢ A∨B∨C
(2) ⊢ B̄
(3) ⊢ C̄
(4) ⊢ A

图 9-3

例如：

20世纪60年代初，赫鲁晓夫领导下的苏联将导弹运送到古巴，从而引起"导弹危机"，当时美国的肯尼迪政府有六个备选方案，即：

（1）无所作为；
（2）施加外交压力；
（3）与卡斯特罗谈判；
（4）全面入侵；
（5）突袭摧毁导弹基地；
（6）间接军事行动，封锁海面。

肯尼迪经过分析淘汰，选择方案（6），最终化解了"导弹危机"。

---

① 但应注意断定某人无罪不一定要根据某人无罪的事实，根据西方法律，不能证明某人有罪，就说明他无罪，不必一定要有无罪的事实。参见本书第九章4.1.2。

选言证法在选优决策得到直接的运用,但选优决策中还必须设定选择的最佳原则或满意原则,这已不是形式逻辑所考察的范围。

b. 假言证法

假言证法,即运用充分条件的假言推理的否定式,通过对原论题的反论题的否定,达到对原论题的断定。具体它有两种:反证法和归谬法。

其格式分别见图9-4。

反证法用语言表述就是,要证明原论题 A,先假设¬A,结合已知推出 B,B 与已知条件或事实矛盾,或 B 是荒谬的,从而¬A 假,根据排中律,得 A 真。

例如:针对古罗马医生盖伦的血液不循环论,哈维提出血液循环假说。哈维运用反证法指出,若人体内血液是不循环的,则根据合理计算可得出,一个一般的成人每小时由心脏排出的血液将是人体自身重量的 3 倍。这显然十分荒谬,所以血液循环假说是正确的。

反证法:　　　　　　归谬法:

　　? A　　　　　　? ¬A　　　或　　? ¬A

(1) 设 ¬A　　　　(1) 设 A　　　　　(1) 设 A

(2) ⊢ ¬A→B　　(2) ⊢ A→B　　　(2) ⊢ A→(B∧¬B)

(3) ⊢ ¬B　　　　(3) ⊢ ¬B　　　　(3) ⊢ ¬(B∧¬B)

(4) ⊢ ¬¬A　　　(4) ⊢ ¬A　　　　(4) ⊢ ¬A

(5) ⊢ A

图 9-4

归谬法用语言表述就是,要证明论题 A 假,先假设 A 真,结合已知推出 B,B 与已知条件或事实矛盾,或 B 是荒谬的,从而 A 不真,根据矛盾律,得¬A 真,即 A 假。

例如:如果有胡子就算学识渊博,那么山羊也可以上讲台。这种说法就包含了对归谬法的运用。实际上,对于假的论证,直接构成了对于真的论证的反驳,是以归谬法常被用作反驳方法。

1.2.2　演绎论证和归纳论证

A. 演绎论证。

演绎论证,即运用演绎推理形式进行论证的方法,也可称作演绎证明,通常这又简称作"证明",则是"证明"的狭义用法,包括数学证明、逻辑系统中的定理证明等等。有的书上直接将这里的"论证"称作"证明",这是其广义用法。一般我们不认为应用归纳法进行的论证是证明。上述选言证法、假言证法都是运用演绎推理形式证明的例子,对于演绎推理我们曾提到健全的推理与不健全的推理,同样我们可以区分出健全的论证与不健全的论证。

健全的论证,即,论据真实可靠,论证方式形式有效,则其论题将被必然地断定。

不健全的论证,即,或者论据不真实、不可靠,或者论证方法形式无效,或上述两者兼而有之,论题在该论证中并未得到证明,该论证则是不健全的。虽然该论题本身可能是真实的。指出一证明不健全,就构成了对这个证明的反驳。

B. 归纳论证。

归纳论证,即运用归纳推理形式进行的论证,论据对问题只是一定程度的支持,而并非完全的证实。前面我们讲归纳法时,简单枚举法、不完全归纳法、因果五法、类比法时所举的具体例子都可以是归纳论证。归纳论证的证据可以要求真实性,但其结论却不能简单的以是否真实来衡量,确切地说,我们只是断定它有多大的可能性。

C. 喻证法。

一些逻辑教科书上还提到喻证法,这里略作介绍。喻证法即用比喻作论证,拿比喻者之理去论证被比喻者(论题)之理。例如,《毛泽东选集》第5卷上有一段话:

"苏联的办法把农民搞得很苦,他们采取所谓义务交集制等数项办法,把农民生产的东西拿走太多,给的代价又极低,他们这样来积累资金使农民生产的积极性受到极大的损害,既要母鸡多下蛋,又不给它米吃,既要马儿跑得好,又要马儿不吃草,世界上哪有这样的道理。"

为了论证苏联对农民的政策不对,毛泽东用"既要母鸡多下蛋,又不给它米吃,既要马儿跑得好,又要马儿不吃草"两个比喻,由比喻者在道理上的荒唐,推出苏联对农民政策的没有道理。

注意单纯作为修辞手法的比喻,打比方,其作用主要在于加深印象,一般不具有推理过程,没有论证性质。作为喻证法,它有异于类比论证。类比应根据事实,而喻证法则可以夸张,甚至完全虚构、虚拟。寓言、童话和神话通过动物会话,神仙鬼怪事迹所阐明的道理,即属于喻证法的性质。

同时,在喻证法中,一般比喻者与被比喻者属于完全不同的两类事物,它成立的前提是同理;而类比的一般要求对象是同类事物,并且在一系列属性上相同、相似,它成立的前提是同类。

当然,喻证法本身由于运用了比喻,能使论证形象、生动,以浅喻深,以显喻奥。但实际应用中,常常将它与各种其他论证方法结合起来使用。

同样,演绎论证和归纳论证也经常被综合起来运用。对于一个论题,可以用不同的论证方式,也可以同时使用各种论证方式。

2. 论证的规则

2.1 论题必须明确

论题不明确,论旨不清,论证显然无法展开,论据的寻找也没有明确的中心或目标指向,非但不能论证什么,反而可能出现各执一端,各为其说的场面。

例如:"父在母先亡","坐着的人能散步","没写字的人能写字","某某是否自由"等论题都犯有"论旨不清"的错误。

2.2 论据必须真实可靠

由于论据是用以说明论点的真实性的,在直接论证中,论据的真实性是使人信服的关键因素,论据不真实就会犯"虚假论据"或"预期理由"的逻辑错误。从其所包含的推理形式来看,若其前提有假,即使其形式有效,结论仍可真可假,故其论证难有说服力。

例如,有位苏格兰人请牙医为他装了一副假牙,事后他用伪钞付费,牙医将他拉到警察前评理,他对警察说:"因为他给我装假牙,所以我付给他伪钞。"其隐含的论据"如果装的是假牙,那么就可以支付伪钞"显然是不能成立的,属于"虚假论据"。

预期理由指用未经证明的或假定的论据来论证论题。在这种情况下的论据通常是一些主观臆断或无根据的猜测。

例如,17世纪,伽利略用自己的天文望远镜看到月球表面充满着山岭和凹坑,当时有人为了维护亚里士多德"所有天体都是完美的"的观点,说是月球上有一种不可见的物质充塞着凹坑,覆盖着山岭,从而使月球成为完美、光滑的球体。再问他们如何测知这种物质,回答是无法测知。显然,这些人犯了"预期理由"的逻辑错误。

2.3 论证方式合乎逻辑

"论证方式合乎逻辑"是论证的形式要求。论据的真假与纯形式的逻辑研究并不直接相关,但论证方式由于它包含着推理形式,所以可以从逻辑推理形式上加以考察。论证方式合乎逻辑,其具体的要求是论证所包含的推理形式必须有效。若无效,则从推理的角度来看,即使其前提为真,其结论仍可真可假。论证因此也缺乏说服力。

论证方式不合乎逻辑,则可以说论证犯了"推不出"的逻辑错误,具体它又有循环论证、偷换/转移论题和不相干论证[①]等几种情况。

2.3.1 循环论证

在论证中,论题的真实性是通过论据而建立的,若论据的真实性又被建立在论题的真实性基础之上,则论证就犯了"循环论证"(Circular Argument)的逻辑错误。既以论据说明论题,又以论题说明论据,这种论证显然没有说服力。其格式有如下两类:

(1) 论题 T 为真,因为 T 为真;
(2) 论题 T 为真,因为 A 为真;而 A 为真是因为 B 为真,而 B 为真是因为 T 为真(这个论证的串联可以有不同的长度)。

例如:
问:你为什么发愁?
答:因为我掉头发。
问:为什么掉头发?
答:因为我发愁。
这样,答者就犯了"循环论证"的逻辑错误。

再如:
凡金属都能导电,因为铜、铁、锡等金属都能导电;而铜、铁、锡等之所以能导电,是因为凡金属都能导电。

2.3.2 偷换或转移论题

偷换或转移论题属于违反同一律的谬误,此前已有不少论述[②]。从论证的角度来看,其中论据与论点的关系不是相对应的,具体说论据论证的是另一个论题而不是原来的论题。其通常的表现是扩大论题、缩小论题,以及不相干论证等等。

扩大论题和缩小论题在辩论赛中很是常见。在相互的辩驳中,辩手们常常故意扩大对方的论题,将对方的辩题推到荒谬的地步,以利于本方的反驳和进攻;同时为了利于本方立论与防守,辩手们又常常故意缩小本方的论题。

例如,将对方辩题"儒家思想可以抵御西方歪风"扩大为"儒家思想可以有效地

[①] 详见本书第九章 4.1.2。
[②] 详见本书第五章 2.2.2。

抵御、完全地抵御、彻底地抵御西方的歪风"(1988年亚洲大专辩论赛);将对方辩题"人性本善"扩大到"人性善",再扩大到"所有人是善的"(1993年国际大专辩论赛)。

再如,可以将本方论题"中学生异性交往弊大于利"缩小为"中学生异性过分密切交往必定弊大于利",再缩小为"中学生异性交往任其发展必定弊大于利";将本方论题"人性本恶"缩小为"人的自然属性在不正常的情况下,任其本能和欲望的无节制的扩张,是恶的"(1993年国际大专辩论赛)。

3. 辩论与反驳

3.1 辩论的特征

辩论,又称论辩,是人们常用的言语交际方式。对同一对象情况的不同断定,对同一断定的不同理解,都可能引起辩论。实际上辩论双方都在作某种论证,因此,首先双方都必须遵守上节中的论证规则。

同时辩论又是一种特殊的言语交际方式,它不同于演讲,也不同于日常谈话,它具有两个明显的特征:

3.1.1 对抗性

《墨经》:"辩,争彼也,或谓之牛,或谓之非牛,是争彼也。是不俱当,不俱当,必或不当,不当若犬。……辩也者,或谓之是,或谓之非,当者胜也。"争彼,就是关于同一主词间的两个矛盾命题的是非之争。

辩论的目的在于确立己方的观点的正确、可靠和对方观点的虚假、不可靠。如果辩论双方的论题可以同真、不互相否定,那么,由此引起的争论不是严格意义上的辩论,因为它是由于误解,或者没有准确理解对方意思引起的,一旦对方意识到了这一点,辩论就不会继续下去。

3.1.2 互制性

辩论中,交际双方轮换发言,从信息交流的角度说,它是一个双向过程。每一方总是针对对方话题展开,或为己方观点辩护,或驳斥对方的论证。因此,双方语言表达是互相制约的,离开了对方的话题,辩论就难以继续下去。

3.2 辩论与诡辩

辩论的目的主要是为了交流思想、探讨真理,所以它是一种积极有益的交际活动。

诡辩则是为明知错误的观点进行辩解,诡辩者明知自己所持的观点不正确、不可靠,但出于某种目的,还是要"无理讲上三分理"。孔子云,"巧言令色,鲜矣仁。"可见,孔子并不赞成巧言乱德。

老子说"大辩若讷","言者不善,善者不言",聪明人懂得沉默自知,即使真要辩论,也只求服人心,非屈人口。所以在手段上,应通过有效、合理的逻辑方法来论证己方的观点,驳斥对方的论点,以说服对方和听众。

诡辩则不择手段,只要能达到辩胜的目的就采用。比如,故意利用语词歧义、诉诸感情、诉诸无知、人身攻击等。正如黑格尔所说,为辩论者并不深究所要辩护的东西的内容,这种内容很可能是真的,他只求说出根据的形式,通过这些理由和根据,它可以替一切东西辩护,但同时也可以反对一切东西。列宁还曾引用黑格尔的话说,诡辩是依据未加的批判和反复思考的毫无根据的前提而发的议论[①]。

3.3 反驳

反驳是一种特殊的论证,主要探求破斥别人论证的方法,即用一个论证来推翻另一个论证。由于反驳也是一种特殊的论证,所以,它也必须遵守论证的各条规则,兹不再重复。

严格说来,反驳总是相对于某一论证而言,这在辩论中表现极为明显。我们说演讲是独角戏,主要通过自导自演以求说服听众,而辩论是对台戏,反驳对方论点比自我论证更能说服对方或听众。

辩论,辩论,要有辩有论,"辩"指辩驳,也即反驳,从驳伪到真;论,指立论,从真到真。由于辩论中正反论题并存,各自陈述一定的理由,因此若不能驳斥对方,不能指出对方观点的虚假或不能成立,就难以最终确立己方的观点,达到说服的目的。俞吾金教授就谈论过"辩"和"论"的关系,他说:有论无辩,正反双方就像两条平行线,不相交;有辩无论,没有理论基础,只能流于文字游戏。所以,己方立论是基础,辩驳对方是立论的展开。这样,反驳可以说是辩论的一个重要的逻辑特征。

---

① 《列宁全集》第 38 卷,人民出版社 1986 年版,第 108 页。

反驳是一种特殊的论证，它不是直接证明、论证某一观点、方法真实可靠，而是论证某一观点和方法虚假或不能成立。从构成要素上说：反驳也具有论证的三个要素，它们分别被称作反驳的论题、反驳的论据和反驳的论证方式。

反驳的论题可以针对对方的论题，也可以针对对方的论据或论证方式。也即，反驳论题，论证对方论题虚假；反驳论据，论证对方论证虚假；反驳论证方式，论证其论证方式无效，不可信。用于反驳的论据和论证所要采取的论据一样，可以是具体事例、经验事实，也可以是科学原理、定义、公设等等。

注意反驳了论据或论证方式并非直接驳倒了论题，充其量只是动摇了对方的论证，但论题的正误、真伪还必须另行论证。

《古今谭概·语塞部》记载：北宋范景仁不信佛，苏东坡问他理由，范云："平生事，非目见，即不信。"苏轼曰："公亦安能然哉？设公有疾，令医切脉，医曰寒则服热药，曰热则服寒药，公何尝见脉而后信之？"

故事中，范景仁的论据是"非目见，则不信"，论题是"不信佛"，但苏轼对他的反驳仅是反驳其论据，而并不意味要反驳其论题。

3.4 反驳方法

通常所说的反驳方法指反驳方式，即把用于反驳的论据与被反驳的论题联结起来的方式。常见的反驳方法有如下四种。

3.4.1 事实反驳法

事实胜于雄辩，用铁的事实反驳对方的论点或论据是作常用的反驳方法。在辩论中针对论敌的全称判断，只要能找出一个事实反例就能轻而易举地驳倒对方。直言三段论的第三格、充分条件的假言推理的否定后件式等，都是实施反驳法的常用的推理形式。

例如，古希腊雄辩家苏格拉底（以下简称苏）与埃弗齐姆（以下简称埃）有一次辩论。

埃：我知道所有正义性事情和非正义的事情。
苏：你把欺骗列入哪一类呢？
埃：一切欺骗都是非正义的事情。
苏：战略家欺骗自己的敌人当属于哪种情形？
埃：这种情况是正义的。（埃发觉与他原来的命题矛盾，于是修改原始命题。）欺骗朋友是非正义的，欺骗敌人则是正义的。
苏：当战略家看到士气低落时，故意对他们说出盟军将要到来的谎言，从而提高了士气,这是正义的还是非正义的?

埃:虽然战略家欺骗的不是敌人而是朋友,但这种欺骗应当属于正义的事情。(埃又发现自我矛盾,于是收回自己前面所说的话。)

在这里苏格拉底利用提问让埃弗齐姆自己得出小前提,认识到自相矛盾,这是更加巧妙的事实反驳法的运用。

3.4.2 独立证明法

对于一个我们要驳斥的论题,我们不去直接反驳他,而是把对方的论题、论据和论证方式暂放一边,先自行论证一个与对方论题相矛盾(或反对的)论题的真实性。根据矛盾律,从而确立对方论题的虚假性。

例如,在《愚公移山》中,河曲智叟笑而止之曰:"甚矣,汝之不惠,以残年余力,曾不能毁山之一毛,其如土石何?"北山愚公长息曰:"汝心之固,固不可彻,曾不若孀妻弱子。虽我之死,有子存焉,子又生孙,孙又生子,子又有子,子又生孙,子子孙孙无穷匮也,而山之不增,何苦不平?"

对于智叟的"太行、王屋二山挖不平"的论题,愚公的反驳是自行论证太行、王屋二山挖得平,根据矛盾律则知智叟论题为假。

真与假、正与误是对立的,我们论证了一个命题(论题)是真的,也等于论证了它的矛盾论题(或反对论题)是假的。因此,任何一个直接论证,如果它是针对某一特定的矛盾论题(或反对论题)所作的,那么它同时也就是建交驳斥了矛盾论题(反对论题)。

3.4.3 归谬反驳法

先假定对方命题为真,由此推出一个或一些与事实相悖或其本身荒谬,甚至是自相矛盾的论题,从而运用假言命题推理的否定后件式证明对方命题为假。

例如:

鲁迅在《集外集——文艺的大众化》中讥讽梁实秋,倘若说作品愈高,知音愈少,那么推论起来,谁也不懂的东西就是世界上的绝作了。

再如:

药店商人在书店里质问书商:你怎么能卖自己未看过的书?
书商反驳说:难道你会把你药房里所有的药都尝一遍?

归谬法也可用于反驳论证方式,可以先承认对方的论证方式或推理形式是有效的,并以此为出发,由真前提推出对方所不能接受的结论,或与对方论题相矛盾(反对)的结论。

例如:

林家庭院中有一大树,欲伐去之,云:"为宅之法,正如方口,口中有木,困字不祥。"

徐孺子对曰:"为宅之法,正如方口,口中有人,囚字何殊?"

此外,二难推理可用于论证,同样也可有效地用于归谬反驳。例如对于上帝万能的反驳,可提问:上帝能否创造一块他自己也举不起来的石头?

再如:

汉成帝宠幸赵飞燕,赵诬才女班婕妤曾向鬼神诅咒过成帝,帝怒而传讯班婕妤,班辩解说,"妾闻死生有命,富贵在天,修善尚不能蒙福,为邪欲以何望,若鬼神有知,不受邪佞之诉;若其无知,诉之何益?故不为也。"

3.4.4 比譬反驳法

比譬反驳法和喻证法是同样的道理,喻证法可以用于论证一个论题,也可以反驳一个论题。

如孟子对告子"性无善恶"的反驳:

告子曰:"性,犹湍水也,决诸东方则东流,决诸西方则西流。人性之无分于善不善也,犹水之无分于东西也。"

孟子曰:"水信无分于东西,无分于上下乎?人性之善也,犹水之就下也。人无有不善,水无有不下。今夫水,搏而跃之,可使过颡;激而行之,可使在山。是岂水之性哉?其势则然也。人之可使为不善,其性亦犹是也。"

《墨子·公孟》中,公孟子曰:"无鬼神。"又曰:"君子必学祭祀。"子墨子曰:"执无鬼而学祭礼,是犹无客而学客礼也;是犹无鱼而为鱼罟也。"

以上各种反驳方法大致可归结为直接反驳法和间接反驳两类,前者如事实反驳法、二难反驳法等;后者如独立证明法、归谬法等等。但这种归类并不是十分精确或严格,各种反驳方法的运用都需要随机应变,往往不拘一格,并非都是非此即彼。

4. 谬 误

4.1 谬误的概述

我们曾说诡辩是为明知错误的观点进行辩解,这里所说的错误也就是谬误。英文 fallacy 有许多不同的含义,英国学者 A·西奇维克(Alfred Sidgwick)曾专

门给出它的四种含义:

(1) 狭义上的错误的推理,即形式无效的推理;

(2) 广义上的错误的推理,由真前提得到假结论的推理,它也考察其内容;

(3) 一个错误的信念,或者来自假前提(理由、来源)而推理正确的,或者来自真前提(理由、来源)而推理不正确;

(4) 任何会引起困惑的思考。

上述含义一个比一个广,但具体来说,逻辑谬误有如下几种解释:一种是泛指人们在思维和语言表达中所产生的一切逻辑错误;另一种是指由违反逻辑规律和规则而产生的各种逻辑错误;再一种仅指由于违反论证规则而犯的逻辑错误。我们采用前一种解释,它包括了后面两种含义。通俗地说,逻辑谬误就是逻辑上的"犯规"。

自古以来,中外学者都曾对谬误做了研究,并且都提出了一些辨别谬误的逻辑原则。尤其在辩论中,辨谬也是攻无不克的反驳术。同时,"知谬用谬"引诱对方踏入谬误的陷阱,也是辩论中常用的方法,很多官司都是通过利用谬误而打赢的。所以,从各方面来看很有必要对它做一番研究。

哲人叔本华曾设想如果每一种谬误都能得到一个简短而又显然合适的名字,以便当某人犯了某种谬误时,他马上会遭到驳斥,这将是非常有益的事情。可毕竟这只是设想,实际上对于谬误的分类和各种谬误的命名都是众说纷纭,莫衷一是。下面我们讲述的分类也只能算是提供大家参考。

4.2 谬误类型

一般说来,谬误可以分为形式谬误和非形式谬误两大类。

4.2.1 形式谬误

形式谬误指由于推理形式不正确而产生的错误,主要指无效的演绎推理或论证方式,或说语形谬误。比如,无效的换位,无效的方阵推演,无效的三段论,无效的假言推理、选言推理等违反演绎系统规律、规则的谬误,此前已有论述,兹不再重复。

4.2.2 非形式谬误

非形式谬误有语义谬误和语用谬误两类。

A. 语义谬误。

概念含糊

同一个语词所反映的概念内涵、外延不确定,或者语义模糊,或有不同的解释,形成了不同的概念。在论证过程中,含糊其词,模棱两可,易形成诡辩。两面堵、四面围、正说也行、反说也通、随机应变、视情况做解等,都是那些相面人常用的把戏,如"父在母先亡"。再如,"鲁迅的小说"、"今天的报纸"等等。

同音异义

在口语中还有同音异义的现象,例如汉语中把"前途无量"理解成"前途无亮",把"诲人不倦"理解成"毁人不倦"等语义曲解的情况。

构形歧义

由于语句的语法结构不确定导致所反映的命题含义不确定,可以解释成不同的命题,从而形成构形歧义。中国古书没有句读标点,所以现代人对个别字句的解释可能因为构形歧义而多种多样。

如对孔子"民可使由之不可使知之"就有如下三种的不同标点:

(1) 民可使由之,不可使知之。

(2) 民可使由之? 不可,使知之。

(3) 民可,使由之;不可,使知之。

上述不同的标点,将形成对孔子思想的完全不同的看法。再如,人们对《史记》中有关老子归隐出关时的一句话"关令尹喜曰"争议也颇多,此略。

错放重音

错放重音指在口语表达中突出强调与语句中的某个或某几个概念,加重语气,以影响或改变人们对该语句意义的理解。这实际上是以构形歧义为基础的,如"他连我都不认识","除了良知以外,还有什么好讲的?"对画线概念的不同重音强调,在不同的语境下有不同的意义。

当然,要注意区分语义含糊和修辞上的妙语双关。实际上,很多东西褒贬全在乎感情,不在于逻辑理性。罗素有个你我他定理:我坚守原则,你不知变通,他冥顽不灵;我三思而行,你迟疑不决,他反应迟钝;我节俭,你小气,他嗜钱如命;我在沉思,你在发呆,他整天浑浑噩噩。你我他定理表明,由于不同的感情倾向,对于事物的同一状况会导致不同的判断。

合称和分谬

以整体的组成部分具有某种属性为依据,认为有这些部分组成的整体也具有这些属性,称作合称,即以部分为整体。反过来,以整体具有某种属性为证据,论证其组成部分也具有这些属性,称作分谬,即以整体为部分。

例如,1、9 为奇数,所以,1+9 是奇数;或者,1+9 得到的数是偶数,所以,1 或 9 是偶数。再如,从美国人富有,到某个美国人富有;或者,从某个中国人贫穷,推出中国人贫穷。

B. 语用谬误。

语用谬误不仅与语义相关,而且涉及认知的过程。最常见的就是属于不相干论证的那一类谬误,如人身攻击、诉诸无知、诉诸权威、诉诸威力、诉诸怜悯、诉诸群众、稻草人论证等等。

不相干论证,即用一些与论题毫不相干的论据或理由来论证论题的真实性、可靠性,论据与论题并无确定的、必然的内在联系。实际上,这也是转移了论题。正如亚里士多德所说的,有人并没有证明什么,说不以问题的形式提出命题,而是断然陈述为"所以,"或"如此这般的事实,并非真",就真的像是已获得证明的样子(《辩谬篇》)。

人身攻击(Personal Attacks)

当我们要攻击某一个主张或论证为错误时,如果不对这个主张或论证本身加以攻击,也就是不就事论事,提出客观的理由或证据来证明这个主张或论证是错的,而却指责这个主张和论证的提出者人品或道德有瑕疵,也就是骂他是"坏"人,由于人品或道德有瑕疵,所以他的主张或论证是错的,我们就犯了人身攻击的谬误。

一般说来,除了喜欢撒谎或言而无信这种人品和道德上的缺失以外,一个人其他人品或道德上的毛病,和他的言论的可信性,没有任何特别的关联。但是人们常常误以为有关联。因此,我们常常可以看到,两个人在辩论某一个问题时,如果有一方道理讲不过另一方时,他便有意无意转移辩论方向或要点,不从原来应有的从学理、证据、经验或事实上指出对方的错误,反而说对方神经不正常、德行败坏、操守不好等等人品或道德上的缺失为"理由",来攻击对方的论点为错误。

例如:

我们对尼采的攻击基督教,不要太认真。因为,尼采是堕落的,他最后发了疯。

在法庭上,如果你以某人的曾犯妨害风化罪为理由,来指控他犯侵占罪时,你就犯了人身攻击的谬误。但是,如果你指责某人曾犯过伪证罪,因此他不能当证人。这不可视为人身攻击,因为犯过伪证罪是这个人品上的缺失,和他有没有资格当证人,有密切的关联。

诉诸无知(Appeal to Ignorance)

诉诸无知有如下两种形式:

(1) 论题 T 为真,因为它未被证明为假(或没有证据或理由使 T 为假)。

(2) 论题 T 为假,因为它未被证明为真(或没有证据或理由使 T 为真)。

例如:

因为没有人能证明上帝不存在,所以上帝存在。

没有人证明过死后灵魂不存在,所以死后灵魂存在必真。

因为没有人提出理由来反对我的理论,所以,我的理论必真。

在法庭上,我们有一条指导的原则,这一原则有强、弱两式的讲法:强式的讲法是,一个人除非被证明有罪,否则他无罪;弱式的讲法是,一个人除非被证明有罪,否则法律假定(presume)他无罪。

从逻辑上,我们显然应采取弱式的讲法,虽然现在不能查清事实,但不能否认,也许以后有了新的证据发现可以给某人定罪。

诉诸权威(Appeal to Authority)

在论证时,不可不诉诸权威,但如果诉诸不当时,他就会犯诉诸权威的谬误。

我们经常引用某人或某些人陈述过某一个主张,来支持这个主张,这种形态的论证,具有下列的格式(其中代表某一个论断):

A 断言 T。

所以,T。

仅仅因为 A 断说 T,得不到 T 为真。然而,如果 A 是关于 T 的一个可靠的权威,则 A 断说 T,是我们主张 T 的好根据。

换句话说:

A 是一个关于 T 的可靠的权威。

A 断言 T。

所以,T。

这是一个正确的论证模式。我们怎么确定是某一个领域的可靠权威呢?我们可以说,如果就所论领域他所作的论断有很高的百分比为真,则他就是在所论领域的一个权威。

一般说来,当一个论证是上述第一个形式,但不是关于这个领域的一个权威,例如,如果有一个人引用 A 说某一个牌子的车子比另一个牌子的好,但 A 却不是车子专家,则他就犯了诉诸权威的谬误。

简单地说,当一个人引用不当的权威来支持自己的观点,他就是诉诸权威了。例如随意应用某些偶像的"权威";在官僚体制中引用"高官"的"权威",引用某些"过时的权威"等等。正如鲁迅所说:专门家的话多悖,他们的悖,未必悖在他们的专门,是悖在他所专门之外的事。

诉诸威力(Appeal to Force)

当一个人诉诸武力或武力的威胁,使人产生恐惧,以求他人接受一个观点时,就犯了诉诸威力的错误谬误。"强权即公理"(might makes right)和"说不过就讲打"就是诉诸威力论证的缩写。

当人要别人接受一个主张或结论时,自古以来就有两大方式。一个是讲理的,另一个是不讲理的。在不讲理的方式中,又有用暴力、威吓、利诱、色迷和动情等等。罗素曾说:"只有少数人是讲理的,而且也是在少数时候。"学习逻辑在人类社会的重要用途之一,是要增加讲理的人,并增加讲理的时候。

在国际事务中,诉诸威力论辩的意思,就是战争或战争的威胁。在第二次世界大战末尾,雅尔塔三巨头会议时,丘吉尔告诉其他人教皇曾建议怎样行动。据说斯大林曾表示不同意,他说:"你说教皇有多少个师的军队可以用来战斗?"

诉诸怜悯(Appeal to Pity)

不针对论题本身,而是诉说一些所谓的证据以唤起对方的怜悯或同情,这就是诉诸怜悯的谬误。诉诸怜悯在法庭上经常由被告及其辩护人所应用,有时有用,有时则不然。

例如,《水浒传》中李逵第一次碰到李鬼,李鬼被李逵拿住时,李鬼求饶称家中尚有90岁老母需要赡养,他是为了母亲而出来劫财。李逵听了,柔肠顿起,遂放了李鬼一马。这就是诉诸怜悯得手的一例。

再如,某不孝之子谋杀父母,在法庭上,公诉人提供了他谋杀的确切证据后,请求法庭宽恕,理由是他是一个无依无靠的孤儿,法官当即予以驳回而对之严惩。这是诉诸怜悯不能得手的一例。

诉诸群众(Appeal to Popular)

当我们想要赢得众人同意一项主张时,不诉诸相关的事实和理由,而宁可激起他们的情感和热情以达到这个目的,这就是诉诸群众。这不是服人以理,而是动人以情。这是宣传家、煽动的政客和广告家最常用的辩论方式。

政治竞选者经常"论证"说,他应该获得我们的选票,因为"每一个人"都这么投。广告说,我们应该去看某部电影,因为它在全国引起了轰动。某一个信念"必定为真",因为"每一个人都知道它"。但是,众人接受的某一个政策,未必聪明;大家都去看的电影,未必好;一般接受的主张,未必有道理。上述的论证都犯了诉诸群众的谬误。

稻草人(Straw Man)

人的意见和主张,经常被有意无意地曲解。当我们有意或无意对别人的主张加以曲解,并对曲解了的主张当作原来的主张来抨击时,就犯了稻草人的谬误。这也可以说是偷换/转移论题的谬误。例如:

那个说"奇迹不会发生的"的人,简直是盲目的。我猜他从未听过电脑。"太空人"对它而言是一个新词。关于木乃伊的事,他一无所知。我告诉你,这是一个奇迹的时代。我可以举出一千个以上的奇迹。

在这个例子中,如果说话者是认真在辩论的话,"奇迹不会发生"当作是异常的发明不会发生的意思。在这个理解下,他显然成功地显示了这句话为假。但是,"奇迹不会发生"是要这样来理解吗?在一般情况下,所谓奇迹不会发生,是指违反自然规律或由超自然力引起的事件,是不会发生的。在这种理解下,上面的例子就犯了稻草人的谬误了。

我们通常所谓断章取义,正是稻草人谬误的一个形态。为了避免无意地曲解别人的观点和主张,我们最好对别人的观点和主张,要做同情的理解。所谓同情的理解,是指尽量以有利于别人的解释,来了解别人所说的话和所写的文字。在作学术评论时,我们要把别人的观点用自己的话重述一下,然后再作批评,这才是理性、科学的态度。

4.3 走出思维的误区

谬误的表现形式及其种类还有很多,难以一一详述。但是,只要掌握逻辑规律,遵守各条思维的规则,多学多思,对谬误的分析与驳斥能力自然能够相应提高。也即,学好逻辑,用好逻辑,正己扶人,善莫大焉。我们应力求走出思维的误区,因为,当我们离谬误越来越远的时候,也正是我们渐渐逼近真理的时候。

本章思考与练习:

1. 试分析论证的不同定义。
2. 试分析反证法和归谬法的异同。
3. 试举例说明喻证法与类比法的差异。
4. 试分析辩论与诡辩的异同。
5. 试分析反驳与诡辩的异同。
6. 试结合本专业学习分析谬误种类的划分办法。
7. 试指出下列言论中所包含论证或反驳的结构(论点、论据、论证方式)。
   (1) 我认为这件圣物是真,因为如果它是假的话,那么它就不可能在六百年的时间里一直被我们的教友敬奉。事实上,我们一直虔诚地敬奉着它,可见它是真的。
   (2) 在一次国际会议中,一位西方外交人士挑衅性地对我方代表说:"如果你们不向美国保证不用武力解决台湾问题,那么显然就是没有和平解决的诚意。"我方代表立即予以还击:"台湾问题是中国的内政,采取什么方式解决是中国人自己的事,无须向他国做什么保证,请问:难道你们竞选总统也需要向我们做什么保证吗?"言简意赅的两句话,顿时使对方哑口无言。这位西方外交家又狡猾地把话题一转:"阁下这次在西方逗留了一段时期,不知是否对西方有了点开明的认识?"言外之意是挖苦我方代表无知。而我方代表淡然一笑,回答说:"我是在西方受教育的,40年前,我在巴黎受高等教育,我对西方的了解可比你少不了多少,遗憾的是您对东方的了解可真是太差了。"

(3) 1961年,一个外国记者以挑衅的口吻问周恩来总理:"中国那么多人口,是否对别国有扩张领土的要求?"周总理严正回答:"你似乎认为一个国家向别国扩张,是由于人口过多。我们不同意这种看法。英国的人口在第一次世界大战以前是4 500万,不算太多,但是,英国在很长的时间内曾经是'日不落'的殖民帝国。美国的面积略小于中国,而美国的人口还不到中国的1/3,但是美国的军事基地遍布全球,美国的海外驻军达150万人。中国人口虽多,但是没有一兵一卒驻在外国领土上,更没有在外国建立一个军事基地。可见一个国家是否向外扩张,并不决定于它的人口的多少。"

(4) 清代著名学者纪晓岚机智过人,能言善辩,一次乾隆有意为难他,问:"纪卿,忠孝怎么解释?"
纪晓岚答曰:"君要臣死,臣不得不死,为忠;……"
乾隆立刻说:"我以君的身份命你现在去死!"
"……臣领旨!"
"你打算怎样去死?"
"跳河。"
"好,去吧!"
纪晓岚走后,乾隆边漫步,边吟诗,一首诗还没念完,纪晓岚就跑了回来,乾隆问道:"纪卿,你怎么没死?"
纪晓岚答道:"碰到了屈原,他不让我死。"
"此话怎讲?"
"我到河边,正要往下跳时,屈大夫从水里向我走来,他拍着我的肩膀说:'晓岚,这就不对了,想当年楚王是暴君,我不得不死。可如今皇上还算圣明,你应该先回去问问皇上是不是昏君,如果皇上说是,你再死也不迟啊!'"

(5) 生活于社会显然是人性的一种必然。对其他一切动物来说,自然也为它们准备好事物。它们有毛御身,有牙、角和爪当防身工具或是至少它们能急速追跑,而只有人生来就没有这些准备。人虽然没有这些,可是人却富有理性。使用理性,人凭着双手可以为他自己取得上述东西。然而一个人无法独自去为他自己获取这些东西。因一个人如无帮助,不足以提供生命所需。所以人应生活于多数人所形成的社会里。这是很自然的。

(6) 我们的法律系统有不合理的地方。刑法对既遂犯比未遂犯处罚更严——即使有相同的犯意。但是,根据民法,诈骗未遂不需赔偿损失。

(7) 病人:我不明白,别的医生都说我得的是不治之症,可你怎么能肯定我的病会治好呢?医生:我经过严格核实的,统计数字表明:得了这种病的人十分之一是能好的。病人:太可怕了,你说我会好的,是在骗我。医生:别怕,你可是我的第十个这样的病人,前九个都已经死了。这样一个简单的算术问题难道你得不出答案吗?

(8) A:合同上写的是皮箱,可是所交的皮箱中有木料,而有木料的货不能算皮箱。B:这是英国伦敦出品的一块金表,这只表叫金表,难道除了在它的表壳有镀金外,它的内部机件也是金制的吗?

(9) 晏子将使楚,楚王闻之,谓左右曰:"晏婴,齐之习辞者也。今方来,吾欲辱之,何以也?"左右曰:"为其来也,臣请缚一人,过王而行。王曰:'何为者也?'对曰:'齐人也。'王曰:'何坐?'曰:'坐盗。'"晏子至,楚王赐晏子酒。酒酣,吏二缚一人诣王。王曰:"缚者曷为者也?"对曰:"齐人也,坐盗。"王视晏子曰:"齐人固善盗乎?"晏子避席对曰:"婴闻之,橘生淮南则为橘,生于淮北则为枳。叶徒相似,其实味不同。所以然者何?水土异也。今民生于齐不盗,入楚则盗,得无楚之水土使民善盗耶。"王笑曰:"圣人非所与熙也,寡人反取病焉。"

(10) 谭鑫培的戏风靡北京,各大学多有谭迷。一天课间休息,教师们闲话谭的《秦琼卖马》时,胡适插话:"京剧太落伍,用一根鞭子就算是马,用两把旗子就算是车,应该用真车真马才对……"在场者都静听高论,无人说话。只有黄侃立身而起,道:"适之,适之,那要唱武松打虎怎么办?"

(11) 1945年在重庆的一次聚会上,郭沫若经人介绍认识了廖冰兄。廖冰兄告诉他,因为其妹叫廖冰,所以他叫廖冰兄。郭作出恍然大悟的样子说:"哦,我知道了,那邵力子的父亲一定是邵力,郁达夫的妻子就是郁达了!"

(12) 郭沫若指责林语堂"叫青年读古书,而他自己却连《易经》也看不懂。非但中文不好,连他的英文也不见得好"。林反驳说:"我的英语好不好,得让英国人或美国人,总之是懂英语的人去批评。你郭沫若没有资格批评我的英语。至于《易经》,郭沫若也是读的,我林语堂也是读的。我林语堂读了不敢说懂,郭沫若读了却偏说懂,我与他的区别就在这里。"

(13) 六岁的女儿认真且严肃地问道:"妈妈,桌子到底有没有腿?"妈妈:"当然有腿了,否则它如何立起来呢?"女儿:"那它为什么不走呢?"

(14) 老师:"你爸爸也是教师,可是你的成绩怎么这么差?"学生:"老师,王小明的爸爸是医生,但是为什么也会生病?"

(15) 某公司用淀粉加红糖制成所谓"营养增高剂",被骗者甚众。工商管理人员因它是假药要查封它。该公司董事长振振有词,不让查封,他说:"我没有害死人。营养增高剂吃不死人,你不信,我现在就吃给你看,并且吃了它还顶事,管饱。"

(16) 1984年,乔治·布什与丹·奎尔搭档竞选美国总统。当时有人攻击奎尔,说他的家族曾经帮他挤进印第安纳州的国民警卫队,以逃避去越南作战。对此,布什反驳说:"丹·奎尔曾在国民警卫队服役,它的分队当时有空缺;现在他却受到了爱国派们尖刻的攻击……诚然,他没去越南,但他的分队也没有被派往那里。有些事实谁也不能抹杀:他没有逃往加拿大,他没有烧掉应征卡,也肯定没有烧过美国国旗!"

(17) 《王若飞在狱中》:法官诬蔑王若飞"卖国",其理由是:"马克思、列宁都是外国人,一个中国人讲外国人的主义,难道还不卖国?"王若飞对法官这一无稽之谈有力地驳斥道:法官先生,你简直太可笑了,可笑得令人齿冷。你竟然无知到这样可怜的程度,真是令人惊奇。对你讲话,我得讲一点普通知识:马克思是德国犹太人,他在德国不能立足,曾在巴黎进行过革命活动,后来又寄居在英国伦敦。他在英国参加工人运动,英国工人阶级很欢迎他。照你的说法,莫非英国工人把自己的国家出卖给了马克思吗?列宁根据马克思主义的真理,在俄国建立了布尔什维克,领导人民推翻了沙皇的统治,赶走了德国侵略者。难道列宁赶走德国人,又把俄国出卖给了德国人吗?先生们,马克思列宁主义是无产阶级的革命真理,哪里需要就在哪里发展,谁也阻止不了!你不懂不要装懂,假装有学问,这样自以为是,自欺欺人,除了增加笑料,别无好处。

8. 张三被控告某一罪行,李四是这个诉讼的最主要证人。
 (a) 根据李四不利他的证词,张三可以被判有罪。
 (b) 李四的证词会显示他自己也参加了张三的恶行。
 (c) 张三被控的罪行仅只一个人单独去做才会犯的。
 (d) 如果陪审团知道李四自己做了某些错事,他们就不会相信他证词的任何部分。

请问,如果假定命题(a)、(b)和(c)为真,(d)为假,试分析审判结果中张三、李四是否会被判有罪?

9. 分析下列言论中的论证是否包含逻辑错误。
   (1) 恰好如果亚瑟参与定约,并且此契约合法,而亚瑟不履行契约,则玛丽将胜诉。如果亚瑟没有接受玛丽的提议,则亚瑟没有参与合约。事实上,亚瑟没有接收玛丽的提议,所以玛丽不会胜诉。
   (2) 如果亚瑟很聪明而且很用功,则他将获得好成绩和及格。如果很用功,但却不聪明,则他的努力将获得奖赏;同时,如果他的努力获得的奖赏,则他将及格。如果亚瑟聪明,则他很用功。所以亚瑟将及格。
   (3) 有一位复旦的学生说:"老师为了复旦好,是不是要给我们毕业生更多的深造机会呢?现在欧美各国大学的研究所给入学许可和奖学金大都可以学生的成绩为凭据,因此老师应该把我们的分数提高一点,以便我们都有机会出国深造。"
   (4) "那个说奇迹不会发生的人,简直是盲目的。我想,他从未听说过电脑。他也不知道什么是电视。'太空人'对他更是一个新词。我告诉你,这是一个奇迹的时代。我可以说出一千个以上。"
   (5) 这次比赛中我们球队是最杰出的一队,因为它拥有最好的球员和最好的教练。因我们的球队将赢得这次比赛,所以我们知道它拥有最好的球员和最好的教练。而我们的球队将赢得这次比赛,因为它有资格赢得这场比赛。它显然有资格赢得这场比赛,因为它是这次比赛中最杰出的队伍。
   (6) 只有具有健康肉体(及健全精神)的人,才算是真正的健康。由此我们可以看出,健康之肉体是健全精神的一个必要条件。
   (7) 从未有人经常过度地服用一种温和的药物而损害到他的健康。尼古丁是一种温和药物,而且很少抽香烟的人,能够过度地抽。所以,如果认为抽香烟会危害健康这简直是荒谬。
   (8) 将社会生产品更普遍公平地分配,是社会主义的特殊目标之一。不过,这也是资本主义的一个理想目标。同时,资本主义在此一理想目标上已经表现了相当的成就。因此,我们了解,若认为社会主义与资本主义的目标之间有任何抵触,这种看法是错误的。
   (9) 杀害别人都是谋杀。所有谋杀,就道德上说,都是错误的。所以,杀死一个患不治之症的病人,纵使得到他的同意,就道德上说,永不能算是对的。
   (10) 乞丐从不过问养狗之家,乞丐也很少拜访装有电话的家宅。因此,我们推定:有些养狗之家装有电话。

(11) 民主国家所给予人民的自由权中,最可贵的就是管制政府,批评政府和改组政府的权力。在罗斯福总统的新政下,美国人民并没有失去这些基本民权。所以在罗斯福总统的新政下,美国人民的个人自由权,并没有被削减。

(12) 如果哲学家能解决宇宙的根本问题,则或是物理学家根本是废物,或是数学家只是会画一些难看符号的小孩。如果宇宙是一块不动的大石头,则物理学家根本是废物,而且如果数学命题没有真假可言,则数学家只是会画一些难看符号的小孩。宇宙不是一块不动的大石头,而数学家不是只会画一些难看符号的小孩。实际上,哲学家也不能解决宇宙的根本问题。

(13) 如果亚瑟犯了谋杀罪,则他在被害者的房间,并且在12点以前他没有离开该房间。事实上,他在被害者的房间。如果他在12点以前离开该房间,则门房看到他。但是,说门房看到他,或他犯谋杀罪,这是不对的。

(14) 在莫斯科机场,我曾问过一个人:"你相信神吗?"他回答说:"我不相信那些我看不见的东西。"我说:"那你相信这房子内有无线电波吗?"他无话可答。我们的感知是非常有限的,许多的实际存在是我们感知不到的,是我们感觉能力所不及的。我们许多的知识都是来源于证据,目击者的见证,历史的记载,完整的推理等等。法庭上,事情的真实情形都是由调查证据获得,由目击者的见证获得,也可由推理和辩论获得。法官和陪审员必须考查到证据和见证。调查所得的一点一滴综合起来就会使法官和陪审员判定是否存在确实的证据来定罪。你需要调查神存在的证据。你认为已有充分的证据来证明这一点吗?你会有确实的信心来相信吗?圣经说:"信是所望之事的实底,是未见之事的确据。"为要相信一个人,你需要知道有关这个人的事并认识这个人。你可以从那些知道他的人的口中来认识他,你可以通过观察他的所作所为来认识他,你也可以通过和他交谈,从他口中的话语来认识他。要相信神也是如此。

10. 试分析如下的两难抉择,并给出你自己的判断:一列火车失去了控制,呼啸而来,这轨道上有五个人。如不采取行动,这五个人必死。你可以选择按下开关,火车就能转到另一条轨道上去,但那个轨道上也站着一个人。你将会怎样做?也许,和大多数人一样,正确的做法是最大限度地减少流血,你会采取理性的措施,按下开关。但是,如果情况稍有不同,你又会怎么办？这时,你正站在过街天桥上俯瞰着铁道,火车疾驰而来,铁轨上仍有五人,但没有一条可让火车改道的铁轨,更没有开关。在你的面前站着一个魁梧的家伙。如果将他推下去,横在铁轨上,他硕大的身躯足以拦住失控的火车。你这样做,可以牺牲他一人,换来其他五条人命。你将如何做？大多数人都不会将壮汉推到铁道上送死,人们认为,主动杀死一个人,即使挽救了更多的生命,也是完全错误的。

11. 三个探险家 A、B 和 C 在沙漠中偶遇。A 决定借机谋杀 C,他偷偷在 C 的水壶里下了剧毒。B 也想杀害 C,但他不知道 A 已经有所行动。趁 C 没留神,B 在 C 的水壶底凿了个洞而使水漏光了。当天晚上 C 因为缺水死在了沙漠里,离营地只有一英里。那么谁是凶手呢？并请写出分析过程,注意采取不同的论证方法。

附录

逻辑选择题的解题策略

1. 攻读专业硕士学位入学考试中的逻辑选择题

1.1 逻辑选择题的引入

20 世纪 90 年代以来,西方对逻辑理性的重视也反映到学历教育与非学历教育各个领域。

MBA 教育在 20 世纪初起源于美国,目前已经是全球管理教育的主流模式。中国自 1997 年起实施全国 MBA[①] 入学联考制度,逻辑为考试科目之一。继 MBA 入学考试将逻辑列为考试科目后,近年来公共管理硕士(MPA)、法律硕士(JM)、会计专业硕士(MPACC)、工程硕士(ME)等等先后在入学考试中加入逻辑选择题部分的内容。

根据全国 MBA 教育指导委员会颁布的《MBA 考试大纲》,逻辑部分要求考生快速阅读文字材料,准确把握其观点与论述结构,运用逻辑思维能力,找到正确答案。以 MBA 考试大纲为例:逻辑推理能力测试,旨在考察考生掌握和运用逻辑分析方法的能力,运用给出的信息和已掌握的综合知识,通过理解、分析、综合、判断、归纳等过程,引出概念、寻求规律,对事物关系或事件的走向趋势作出合理判断与分析,确定解决问题的途径和方法。

1.2 逻辑选择题的基本形式

这类逻辑测试的试题形式通常是单项选择题,即试题先给出一段文字叙述为题干所提供的信息,在给定的四个或五个选项中,选择一个最合适的作为答案。

逻辑试题不考核逻辑学专业知识,但熟悉一些逻辑学的基础知识,掌握一些逻辑学的基本方法,有助于考生迅速准确地解题。学习一些逻辑基础知识有助于

[①] MBA 是"工商管理硕士"的英文缩写(Master of Business Administration)。

从自发遵守逻辑规则到自觉认识逻辑思维的本质,从而迅速、准确地解答题目。

笔者认为,逻辑是一门关于推理和论证的学问,因此对于逻辑思维能力的考察必定围绕推理与论证来展开。

一个完整的推理或论证一般包括如下几个部分,见图10-1。

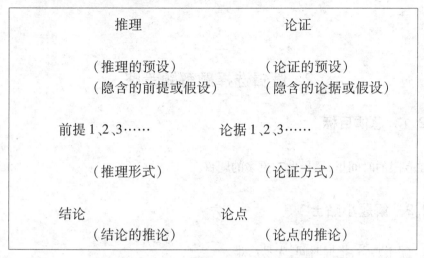

图 10-1

在上述图表中,加有括号的部分在推理或论证中并不直接显示出来,它需要具备一定的逻辑分析能力。相应的,有关试题所涉及的问题可以归纳为如下几类:

(1) 确立论点,即给出一段文字,要求掌握其所表达的基本意思或中心论点;

(2) 找推论,即要求从给定的文字表述中得出合乎逻辑的结论或推论,有时它要求应用一些基本的逻辑推理与运算;

(3) 找隐含的预设、假设、论据或前提,即要求发现推理或论证过程中未曾明示的前提或论据;

(4) 选择论据加强论证,即要求找出能够使原推理或论证更具说服力与逻辑性的文字;

(5) 选择论据削弱论证,即要求找出能够使原推理或论证不具说服力与逻辑性的文字;

(6) 确立论证方式,即要求认识论据对论点的支持方式或从前提到结论的推理形式,在问题中,一般以推理形式与论证方式比较的形式出现;

(7) 指出逻辑错误,即要求认识推理形式或论证方式中存在的各种逻辑谬误,或对该错误进行反驳,或对同类的错误展开比较。

在上述 7 类问题中,(1)、(2)与论点或结论相关;(3)、(4)、(5)与论据或前提相关;(6)、(7)与推理形式或论证方式相关。在全国工商管理硕士入学考试研究中心编写的《综合能力考试辅导教材》中,这7类问题具体演变成如下7种题型:相似比较型、直接推断型、加强前提型、削弱结论型、说明解释型、语义分析型和逻辑运算型。

2. 逻辑选择题解题策略

2.1 总体目标

在有限的时间里,尽量做对更多的题目。

2.2 解题小贴士

a. 端正心态,把握时间,先易后难。
b. 带把小尺子,将题目上下划界分开,或用手将该题框住。
c. 先瞄问题,了解问题的类型。
d. 再瞄选项,感觉解题的方向。
e. 分析题干中的前提与结论,关注首句与尾句,用笔将关键字句划出。
f. 先排除最不可能的选项,并与题干中的关键字句比较择优。

2.3 解题思路:选择题策略

选择题需要解决的是某个选项是否为答案,以选项 A 为例,其解决办法有如下几种方式。

2.3.1 A 是答案

a. (直接论证)根据已经条件,直接得到 A 是答案;
b. (反证法)若 A 不是答案,将导致矛盾;
c. (选言证法)五个选项中,B、C、D、E 不是答案。

2.3.2 A 不是答案

a. (归谬法)若 A 是答案,将导致矛盾;

b.（选言证法）已经有比 A 更佳的答案。

2.4 解题技巧①

可先将所有的逻辑选择题分为两个大类：一是题干中具有明确、清晰的逻辑形式或逻辑关系可以利用，其结论的得出是必然的，可以像做数学题一样找到答案，我们权且称之为"推理型"选择题；二是题干中的内容难以辨别其逻辑形式或逻辑关系，其结论的得出过程是模糊的、其结论本身是或然的，我们权且称之为"论证型"选择题。从总体上看，选择题的解题技巧是围绕题干与选项出发，其中有三个进程方向：

1. 从题干本身出发，针对问题，结合已知条件，直接得到答案选项。
2. 从题干与选项的比较出发，得到答案选项。
3. 从对选项之间的比较出发，找到更为可能的答案选项。

从这三个进程方向出发，可以有如下解题技巧。

2.4.1 从题干出发

解题技巧 1 联结词：解题中应把握题干中的逻辑联结词：如，若……则……、所有……是……、必然……等等，这些是逻辑学研究需要研究的内容。

例 1 法官面带微笑、所有陪审员正襟危坐的时候，律师便挥汗如雨。法官面带微笑但某些律师没有挥汗如雨，所以，某些陪审员不在座位上。

以下哪项中的推理形式与上述推理最相似？

A. 每当走读生与住宿生约会，学生家长向校方提出抗议的时候，班主任就会受到责备。走读生与住宿生约会但没有班主任受到责备，所以，没有学生家长向校方提出抗议。

B. 每当文明有所进步，曾经合理的观念被视为荒唐可笑的时候，这些观念就会在常识中消失。某些曾经合理的观念没有在常识中消失，所以文明还没有取得进步。

C. 如果空气中的温度合适，土壤中的湿度也合适，正常的种子就会发芽。空气中有了合适的温度但有些正常的种子并没有发芽，所以，有些土壤中的湿度不够。

D. 如果追求苗条和健壮的身材，就不能吃油腻的食物。所以，吃油腻食物的人身材不会苗条。

---

① 本节参见邵强进、陈伟：《MBA 逻辑》，清华大学出版社 2004 年版，第 201—209 页。

E. 如果农作物歉收,粮食的价格就会上涨,而且猪肉的价格也会上涨。农作物没有歉收,但猪肉的价格却大幅度上升。

解题提示:本题题干的逻辑形式是:如果 p 并且 SAP,那么 MAN;p 并且 MON;所以,SOP。若关注其结论为 SOP,则马上可以找到 C 这个答案。

解题技巧 2　真假关系:在逻辑联结词的基础上分析题干中相关命题的逻辑关系,如矛盾关系、反对关系、下反对关系、差等关系、等值关系等等。

例 2　某仓库失窃,四个保管员因涉嫌而被传讯。四人供述如下:

甲:我们四个都没作案。乙:我们中有人作案。丙:乙和丁至少有一人没作案。丁:我没作案。

如果四人中有两人说的是真话,有两人说的是假话,则以下哪项断定成立?

A. 说真话的是甲和丙。

B. 说真话的是甲和丁。

C. 说真话的是乙和丙。

D. 说真话的是乙和丁。

E. 无法判断谁说真话。

解题提示:本题题干中,甲、乙的话相互矛盾,因此一真一假,丁和丙的话是差等关系,因此易于判断若丁为真,则丙亦为真,据题意,丁与丙亦为一真一假,由此可得丁假丙真,再由丁假得乙真,故答案为 C。

解题技巧 3　找突破口:在诸多信息中找出一个解题突破口,一般是出现次数比较多的那个概念或命题,一般是先考虑简单命题,然后是联言命题,再是选言或假言命题。

例 3　已知下列四句只有一真:

1. 或小周不学日语,或小陈不学日语;

2. 只有小周学日语,小陈才学日语;

3. 小刘学日语,并且,小陈也学日语;

4. 小周不学日语。

由此可以判断小周、小陈、小刘三人中谁一定学日语?

A. 小周和小陈。B. 小周和小刘。C. 小陈和小刘。

D. 三人都学日语。E. 三人都不学日语。

解题提示:本题参考答案为 A。可先将题干中的条件运用逻辑符号进行化简如为:1. ¬周∨¬陈; 2. 陈→周; 3. 刘∧陈; 4. ¬周; 注意 2 式是一个必要条件的表达形式,可以直接转换为充分条件。在上述四个条件中,小周出现次数最多:三次,应从这里寻找突破口;若设 4 为真,则 1 为真,因为相容选言命题有一命题为真,则不论另一命题真假,整句话为真;根据题意四句只有一真,故 4 不能为真;由4假,可得:小周学日语;已知"小周学日语"结合条件2,根据假言命题"或前件假,或后件真"的实质,可知2必真;由2真,根据题意四句只有一真,可再得1、3为假;由1假,根据求否定规则,可得小周学日语,且小陈学日语;由3假,根据德摩根律,可得"或小刘不学日语,或小陈不学日语",前此已知"小陈学日语",根据选言推理的否定肯定式,得"小刘不学日语"。因此,可确定小周和小陈学日语,而小刘不学日语。

解题技巧4　假设推导:进行推导时,应保证推理形式的有效性,如充分条件假言命题的肯定前件式,否定后件式,相容选言命题的否定肯定式等都属于基本的有效推理形式。

例4　如果甲和乙都没有考试及格的话,那么丙就一定及格了。

上述前提再增加以下哪项,就可以推出"甲考试及格了"的结论?

A. 丙及格了。
B. 丙没有及格。
C. 乙没有及格。
D. 乙和丙都没有及格。
E. 乙和丙都及格了。

解题提示:题干形式是:如果非甲并且非乙,那么丙。可以将它从蕴涵式变成选言式,即它等于:或者,非甲并且非乙,或者,丙。意即,或甲,或乙,或丙。若要得到甲,则可用相容选言的否定肯定式,即需要增加的前提是:非丙并且非乙,即乙和丙都没有及格。故答案是:D。

以上四项技巧主要用于"推理型"的选择题。

2.4.2　从题干与选项的比较出发

解题技巧5　关键词:针对论证题,关键应把握论证的主题,也即找到题干中的主题关键词,一般出现多次,通常在段首、段尾,有时在选项中也重复出现,一道题中,一般可确认2至3个主题关键词。

例5　某保险公司近来的一项研究表明:那些在舒适工作环境里工作的人比在不舒适工作环境里工作的人生产效率高25%。评价工作绩效的客观标准包括承办案件数和案件的复杂性。这表明:日益改善的工作环境可以提高工人的生产率。

以下哪项如果为真,则最能削弱以上结论?

A. 平均来说,生产率低的员工每天在工作场所的时间比生产率高的员工要少。
B. 舒适的环境比不舒适的环境更能激励员工努力工作。
C. 生产率高的员工通常得到舒适的办公场所作为酬劳。

D. 生产率高的员工不会比生产率低的员工认识错误的时间长。

E. 在拥挤、不舒适的环境中,同事的压力妨碍员工的工作。

解题提示:题干中可以判断出本题主要是探讨工作环境优劣与工人生产率高低的关系,其中选项 A、D 所涉及的时间题干中未出现,选项 B、E 实际上支持了结论,因此,答案是 C。

解题技巧 6　语义一致:在找到主题关键词的基础上,优先考虑出现主题关键词最多的那个选项,因为它与题干意思最接近易于肯定(或否定)其为答案。

例 6　通过对大量普通家庭的垃圾分析,一组现代城市人类学者们发现,一个家庭的饮食标准化程度(指罐装和预先包装的食物的含量)越高,这个家庭就会扔掉越少的食物,但同时扔掉的新鲜农产品就越多。

从上面陈述能得出以下哪一项结论?

A. 越来越多的家庭依赖高标准化的饮食。

B. 一个家庭的饮食标准化程度越低,则扔掉的非食品垃圾就越多。

C. 一个家庭的饮食标准化程度越低,则在扔掉的食物中新鲜农产品所占比例就越小。

D. 一个家庭的饮食标准化程度越低,则它扔掉的罐装和预先包装的食物也就越多。

E. 一个家庭购买的新鲜农产品越多,则它扔掉的新鲜农产品也越多。

解题提示:本题参考答案为 C。注意题干涉及饮食标准化的高低与家庭扔食物的类型与多少之间的关系,若标准化程度高,则扔食物少,且扔新鲜农产品多;应用共变法,可将其隐含的对应面补充出来:若标准化程度低,则扔食物多,且扔新鲜农产品少;然后调整其语义表达,得到:一个家庭的饮食标准化程度越低,则在扔掉的食物中新鲜农产品所占比例就越小。

解题技巧 7　语义反对:逻辑本身力求完善,避免矛盾或遗漏,逻辑题的产生在于存在矛盾或遗漏,并由此出题,因此,题干中往往给出了一半信息,而需要在解题时找到另一半信息,选项中与题干主题词语义反对的概念也是解题的关键,如题干中出现"老人",而选项中出现"非老人",题干中出现"男人",而选项中出现"女人"等等。

例 7　高脂肪、高糖含量的食物有害人的健康。因此,既然越来越多的国家明令禁止未成年人吸烟和喝含酒精的饮料,那么,为什么不能用同样的方法对待那些有害健康的食品呢?以下哪一项为真则最能削弱上述建议?

A. 许多国家已经把未成年人的标准定为 16 岁以下。

B. 烟、酒对人的危害比高脂肪、高糖食物的危害要大。

C. 并非所有国家都禁止未成年人抽烟喝酒。

D. 禁止有害健康食品的生产,要比禁止有害健康食品的食用更有效。
E. 高脂肪、高糖食品主要危害中老年人的健康。

解题提示:题干中的主题关键词是"食物"、"健康"与"未成年人",从题干与选项的比较来看,选项 A、B、C、D 都只涉及一两个上述关键词,而选项 E 中若加上与"未成年人"相反对的"中老年人"这一关键词,即可判断其为答案。

以上 3 项技巧主要用于"论证型"选择题。

2.4.3 从选项出发

解题技巧 8　选项优先:做逻辑选择题,首先应考虑将选项的范围"缩小",即从五选一,变成三选一,或二选一,在比较两个或多个选项的过程中,有些选项可以优先考虑。具体说来:

　　a. 有逻辑联结词出现的选项优先于没有逻辑联结词出现的选项。
　　b. 有全称性断言(SAP 或 SEP)的选项优先于特称性断言的选项(SIP 或 SOP),或说整体性论述的选项优先于部分性论述的选项。
　　c. 直接肯定或否定的选项优先于间接肯定或否定的选项,或说意思明确的选项优先于意思模糊的选项。

并不是说优先考虑的选项肯定就是答案,而是易于判断它们是否为答案,从而节省解题时间。

例 8　许多消费者在超市挑选食品时,往往喜欢挑选那些透明材料包装的食品,其理由是透明包装可以直接看到包装内的食品,这样心里有一种安全感。
以下哪项如果为真,最能对上述心理感觉构成质疑?
A. 光线对食品营养所造成的破坏,引起了科学家和营养专家的高度重视。
B. 食品的包装与食品内部的卫生程度并没有直接的关系。
C. 美国宾州州立大学的研究结果表明:牛奶暴露于光线之下,无论是哪种光线,都会引起风味上的变化。
D. 有些透明材料包装的食品有时候让人看了会倒胃口,特别是不新鲜的蔬菜和水果。
E. 世界上许多国家在食品包装上大量采用阻光包装。

解题提示:这也是一道直线削弱型题目。选项 C、D、E 是部分削弱,选项 A、B 是整体削弱,所以,选项 A、B 优先考虑,但选项按 A 是直接削弱,而选项 B 是间接削弱,故答案是:A。

解题技巧 9　选项求异:由于选择题一般是要找出唯一的最佳答案,因此,若能判断有两个选项意思两两相同或相近,若选择其中一个而没有理由放弃另一个时,这两个选项均不选,而那个与众不同的选项有可能就是答案。

例9 在国庆五十周年仪仗队的训练营地,某连队一百多个战士在练习不同队形的转换。如果他们排成五列人数相等的横队,只剩下连长在队伍前面喊口令;如果他们排成七列这样的横队,只有连长仍然可以在前面领队;如果他们排成八列,就可以有两个人作为领队了。在全营排练时,营长要求他们排成三列横队。

以下哪项是最可能出现的情况?

A. 该连队官兵正好排成三列横队。

B. 除了连长好排成三列横队。

C. 排成了整齐的三列横队,另有两个人作为全营的领队。

D. 排成了整齐的三列横队,其中有一人是其他连队的。

E. 排成了三列横队,连长在队外喊口令,但营长临时排在队中。

解题提示:题干中讲"在全营排练时,营长要求他们排成三列横队",那么,该连排成三列横队时有以下三种情况,剩余1人,剩余2人,剩余0人。对5个选项进行分析,就会发现选项A和选项E属于一种情况,即:剩余0人;而选项C和选项D属于一种情况,即:剩余2人;这样,答案肯定是最后一种情况,即:剩余1人。故答案是:B。

上述两项技巧是从题干出发和从题干与选项的比较出发对两种解题进程的补充,在解题时可以综合运用。

3. 逻辑选择题精选(附参考答案)

1. 医生甲、乙、丙可治病L、M、N、O。医生甲只能治其中的一种病;医生乙不能治M病;O病不能由医生丙治;L病和O病由同一个医生治;每种病只有一个医生能治。

   根据以上对事实的陈述,以下哪个判断为假?

   A. 医生甲不能治O病。

   B. 医生乙只能治其中一种病。

   C. 医生丙不能治L病。

   D. 根据以上事实无法判断出哪位医生能治M病。

   E. 根据以上事实无法判断出哪位医生能治N病。

2. 地球之外有没有生命是科学家长期探索的课题。1996年美国航天局研究人员对火星陨石的研究中,正式提出了表明火星上36亿年前存在生命的证据,并向全世界的科学家提出挑战,欢迎他们证明这一论点是错误的。科学界对这一问题反映不一。以下是一些专家的论述。

在下面的几点意见中,哪个是对美国航天局的挑战?

A. 这是能证明地球外生命的最令人深思和浮想联翩的事情。

B. 德国一研究员说,36亿年前在太阳系中有众多的陨石,很难确切断定哪一块真正来自火星。

C. 对陨石上取下一小片金色样品进行的化学、显微和组织检查表明,36亿年前这里有过原始生命、微生物生命的存在。

D. 如果已经发现36亿年前火星上有生命的存在,我不会特别感到意外。

E. 我们不能排除这种可能性:生命从火星来到了我们所在的这颗行星。

3. 人生之路,考试重重。面临即将到来的考试的巨大压力,很多人吃不好、睡不着、难以精神抖擞地全力备考。"双百全优"中药冲剂,集中国传统医学之精华,镇静您的精神,焕发您的精力,去除长时间学习的疲倦,让您吃好睡好,以崭新的面貌走上考场。

以下哪一项在上述的广告宣传中没有作为"双百全优"中药冲剂的功效特性?

A. 夺取优异成绩。

B. 稳定精神状态。

C. 帮助保持食欲。

D. 恢复身体疲劳。

E. 加强睡眠休息。

4. 当且仅当竞争对手甲退出投标时,对手乙就会报一个较高的价位,我方也才不会在第一轮就被淘汰。当且仅当我方在第一轮竞争中就被淘汰之后,第一轮轮空的强有力对手丙才会在第二轮报价。当且仅当对手丙报价时,才会出现强劲对手丁不战退出的情况,或者出现另一个对手戊报一个相当的高价的情况,或者两种情况都出现。

如果已知的信息是丁退出了第二轮竞争,下面哪项一定是事实?

A. 我方通过了第一轮的竞争。

B. 竞争对手乙首轮报价过高。

C. 竞争对手甲没有退出投标。

D. 竞争对手丙第二轮没报价。

E. 竞争对手戊报了一个高价。

5. 新民生住宅小区扩建后新搬入的住户们纷纷向房产承销公司投诉附近机场噪声太大令人难以忍受。然而,老住户们并没有声援说他们同样感到噪声巨大。尽管房产承销公司宣称不会置住户的健康于不顾,但还是决定对投诉不准备采取措施。他们认为机场的噪声并不大,因为老住户并没有投诉。

下列哪项如果为真,则表明房产承销公司对投诉不采取措施解决的做法是错误的?

A. 房产承销商们的住宅并不在该小区,所以不能体会噪声的巨大危害。
B. 老住户自己都配备了耳塞来解决这个问题,他们觉得挺有效果的。
C. 老住户觉得自己并没有与房产承销商有什么联系,也没有太大的矛盾。
D. 老住户认为噪声并不巨大没有声援投诉是因为他们的听觉长期受噪音影响已经迟钝失灵。
E. 房产承销公司从来没有隐瞒过小区位于飞机场旁边这一事实。

6. 孩子们看的电视越多,他们的数学知识就越贫乏。美国有超过1/3的孩子每天看电视的时间在5小时以上,在韩国仅有7%的孩子这样做。但是鉴于在美国只有不到15%的孩子懂得高等测量与几何学概念,而在韩国却与40%的孩子在这个领域有这个能力。如果美国孩子要在数学上表现出色的话,他们就必须少看电视。

下面哪一个是上述论证所依赖的假设?

A. 美国孩子对高等测量和几何学概念的兴趣比韩国的孩子小。
B. 韩国的孩子在功课方面的训练比美国孩子多。
C. 想在高等测量与几何学上取得好成绩的孩子会少看电视。
D. 如果一个孩子每天看电视的时间不超过1小时,那么他在高等测量与数学方面的能力就会提高。
E. 美国孩子在高等测量和几何学概念方面所能接受的教育并不比韩国孩子差很多。

7. 政府应该实施一条法案来禁止在通勤火车上销售和饮用酒精饮料。最近,政府运用它的法律权力,通过了一条禁止在通勤火车上抽烟来保护上下班人的健康的法律。当喝醉了的乘客下了车,钻进他们的汽车后开车时,公众面临的危险与火车上不抽烟的乘客被迫呼吸香烟的烟尘所面临的危险至少是一样大。

证明在通勤火车上喝含有酒精的饮料应该被禁止时作者依赖于:

A. 喝含有酒精的饮料有害个人健康的事实。
B. 人们需要保护以免受他们的行为对自己造成伤害的原则。
C. 对抽烟和喝酒精饮料做了一个充满感情的指责性描述。
D. 读者对通勤者所遭遇的问题的同情。

E. 在抽烟的影响与喝含有酒精的饮料的影响两者之间作了一个比较。

8. 是否应当废除死刑,在一些国家一直存在争议。下面是相关的一段对话。

   史密斯:一个健全的社会应当允许甚至提倡对罪大恶极者执行死刑。公开执行死刑通过震慑作用显然可以减少恶性犯罪,这是社会自我保护的必要机制。

   苏珊:您忽视了讨论这个议题的一个前提,这就是一个国家或者社会是否有权力剥夺一个人的生命。如果事实上这样的权力不存在,那么,讨论执行死刑是否可以减少恶性犯罪这样的问题是没有意义的。

   如果事实上社会有权力剥夺一个人的生命,则以下哪项最为恰当地评价了这一事实对两人所持观点的影响?

   A. 两人的观点都得到加强。
   B. 两人的观点都未受到影响。
   C. 史密斯的观点得到加强,苏珊的观点未受影响。
   D. 史密斯的观点未受影响,苏珊的观点得到加强。
   E. 史密斯的观点得到加强,苏珊的观点受到削弱。

9. 一个人从饮食中摄入的胆固醇和脂肪越多,他的血清胆固醇指标就越高。存在着一个界限,在这个界限内,两者成正比。超过了这个界限,即使摄入的胆固醇和脂肪急剧增加,血清胆固醇指标也只有缓慢地有所提高。这个界限,对于各个人种是一样的,大约是欧洲人均胆固醇和脂肪摄入量的1/4。

   上述判定最能支持以下哪项结论?

   A. 中国的人均胆固醇和脂肪摄入量是欧洲的1/2,但中国人的人均血清胆固醇指标不一定等于欧洲人的1/2。
   B. 上述界限可以通过减少胆固醇和脂肪摄入量得到降低。
   C. 3/4的欧洲人的血清胆固醇含量超出正常指标。
   D. 如果把胆固醇和脂肪摄入量控制在上述界限内,就能确保血清胆固醇指标的正常。
   E. 血清胆固醇和含量只受饮食的影响,不受其他因素,例如运动、吸烟等生活方式的影响。

10. 张教授:在我国,因偷盗、抢劫或流氓罪入狱的刑满释放人员的重新犯罪率,要远远高于因索贿受贿等职务犯罪入狱的刑满释放人员。这说明,在狱中对上述前一类罪犯教育改造的效果远不如对后一类罪犯。

    李研究员:你的论证忽视了这样一个事实:流氓犯罪等除了犯罪的直接主客体之外,几乎不需要什么外部条件;而职务犯罪是以犯罪嫌疑人取得某种官职为条件的。事实上,刑满释放人员很难再得到官职,因此,因职务犯罪入狱的刑满释放人员不具备重新犯罪的条件。

以下哪项最可能是李研究员的反驳所假设的?

A. 因职务犯罪入狱的刑满释放人员如果具备条件仍然会重新犯罪。
B. 职务犯罪比流氓罪等具有更大的危害。
C. 我国监狱对罪犯的教育改造是普遍有效的。
D. 流氓犯罪等比职务犯罪更容易得手。
E. 惯犯基本上犯的是同一类罪行。

11. 正是因为有了充足的奶制品作为食物来源,生活在呼伦贝尔大草原的牧民才能摄入足够的钙质。很明显,这种足够的钙质,对于呼伦贝尔大草原的牧民拥有健壮的体魄是必不可少的。

以下哪种情况如果存在,最能削弱以上的断定?

A. 有的呼伦贝尔大草原的牧民从食物中能摄入足够的钙质,且有健壮的体魄。
B. 有的呼伦贝尔大草原的牧民不具有健壮的体魄,但从食物中摄入的钙质并不缺少。
C. 有的呼伦贝尔大草原的牧民不具有健壮的体魄,他们从食物中不能摄入足够的钙质。
D. 有的呼伦贝尔大草原的牧民有健壮的体魄,但没有充足的奶制品作为食物来源。
E. 有的呼伦贝尔大草原的牧民没有健壮的体魄,但有充足的奶制品作为食物来源。

12. 某大学哲学系的几个学生在谈论文学作品时说起了荷花。甲说:"每年碧园池塘的荷花开放几天后,就该期终考试了。"乙接着说:"那就是说每次期终考试前不久碧园池塘的荷花已经开过了?"丙说:"我明明看到在期终考试后池塘里有含苞欲放的荷花嘛!"丁接着丙的话茬说:"在期终考试前后的一个月中,我每天从碧园池塘边走过,可从未见到开放的荷花啊?"

虽然以上四人都没有说假话,但各自的说法好像存在很大的分歧。以下哪项最能解释其中的原因?

A. 甲说的荷花开放并非指所有荷花,只要每年期终考试前夕有一枝荷花开放就行了。
B. 正如丙说的一样,有些年份在期终考试后池塘里有含苞欲放的荷花,这是自然界里的特殊现象,不要大惊小怪。

C. 自去年以来，碧园池塘里的水受到污染，荷花不再开了。所以丁也就不会看到荷花开放了。看来环境治理工作有待加强。

D. 通常说来，哲学系的学生爱咬文嚼字。可他们今天讨论问题时对一些基本概念还没有弄清楚，比如部分与全体的关系以及对时间范围的界定等。

E. 虽然大多数期终考试的时间变化不大，但是有些时候也会变。比如，去年三年级的学生要去实习，期终考试就提前了半个月。

13. 某西方国家高等院校的学费急剧上涨，其增长率几乎达到通货膨胀率的两倍。1980—1995 年中等家庭的收入只提高了 82%，而公立大学的学费的涨幅比家庭收入的涨幅几乎大了三倍，私立院校的学费在家庭收入中所占的比例几乎是 1980 年的两倍。高等教育的费用已经令中产阶级家庭苦恼不堪。

以下除哪项外都为上文的观点进一步提供论据？

A. 尽管 1980—1996 年间消费价格指数缓慢增长了 79%，公立四年制大学的学费上涨了 256%。

B. 私立学校的学费上涨比公立学校慢，从 1980 年到 1996 年上涨了 219%。

C. 如果学费继续保持过去的增长速度，1996 年新做父母的人将来他们的子女上私立大学每年的学费和食宿费总额将多达 9 万美元。

D. 政府对公立学校每个学生的补贴在学校收入中的比例从 1978 年的 66% 下降到 1993 年的 51%，而同一时期，学费在学校收入中所占比例从 16% 上升到 24%。

E. 高教市场已开始显露竞争迹象。几家私立学校和公立学校已通过缩短读学位时间的办法来间接地降低学习费用。

14. 一种虾常游弋于高温的深海间歇泉附近，在那里生长有它爱吃的细菌类生物。由于间歇泉发射一种暗淡的光线，因此，科学家们认为这种虾背部的感光器官是用来寻找间歇泉，从而找到食物的。

下列哪项对科学家的结论提出质疑？

A. 实验表明，这种虾的感光器官对间歇泉发出的光并不敏感。

B. 间歇泉的光线十分暗淡，人类肉眼难以觉察。

C. 间歇泉的高温足以杀死这附近的细菌。

D. 大多数这种品种的虾的眼睛都位于眼柄的末端。

E. 其他虾身上的感热器官同样能起到发现间歇泉的作用。

15. 全国各地的航空公司目前开始为旅行者提供因特网上的订票服务。然而,在近期内,电话订票并不会因此减少。

除了以下哪项外,其他各项均有助于解释上述现象?

A. 正值国内外旅游旺季,需要订票的数量剧增。

B. 尽管已经通过技术测试,但这种新的因特网订票系统要正式运行还需进一步调试。

C. 绝大多数通过电话订票的旅行者还没有条件使用因特网。

D. 在因特网订票系统的使用期内,大多数旅行者为了保险起见仍选择电话订票。

E. 因特网上订票服务的成本大大低于电话订票,而且还有更多的选择。

16. 群英和志城都是经营微型计算机的公司。它们是电子一条街上的两颗高科技新星。为了在微型计算机市场方面与几家国际大公司较量,群英公司和志城公司在加强管理、降低成本、提高质量和改善服务几方面实行了有效的措施,1998年的微机销售量比1997年分别增加了15万台和12万台,令国际大公司也不敢小看它们。

根据以上事实,最能得出下面哪项结论?

A. 在1998年,群英公司与志城公司的销售量超过了国外公司在中国的微机销售量。

B. 在1998年,群英公司与志城公司用降价倾销的策略扩大市场份额。

C. 在1998年,群英公司的销售量的增长率超过志城公司的增长率。

D. 在价格、质量相似的条件下,中国的许多消费者更喜欢买进口电脑。

E. 在1998年,群英公司的市场份额增长量超过了志城公司的市场份额增长量。

17. 美国联邦所得税是累进税,收入越高,纳税率越高。美国有的州还在自己管辖的范围内,在绝大部分出售商品的价格上附加7%左右的销售税。如果销售税也被视为所得税的一种形式的话,那么这种税收是违背累进原则的:收入越低,纳税率越高。

以下哪项,如果为真,最能加强题干中的结论?

A. 人们花在购物上的钱基本上是一样的。

B. 近年来,美国的收入差别显著扩大。

C. 低收入者有能力支付销售税,因为他们缴纳的联邦所得税相对较低。

D. 销售税的实施,并没有减少商品的销售总量,但售出商品的比例有所改动。

E. 美国的大多数州并没有征收销售税。

18. 名为小三花的植物花朵为红色或白色。人们一直认为白天觅食的蜂鸟为它的红花授粉,而夜间觅食的天蛾为它的白花授粉。为了证明这种以颜色决定的授粉方式的存在,科学家们最近将一部分小三花只在白天遮住,而另一些小三花只在夜晚遮住:结果开有红花在夜间被遮住的植物被授粉,而开有白花在白天被遮住的植物也被授粉。

下面哪一项,如果正确,将是证明蜂鸟被红花吸引而天蛾被白花吸引的又一证据?

A. 未被遮住的小三花,无论是红色的还是白色的,被授粉的比率大致相等。

B. 有些没被遮住的小三花被授粉的频率大于未被遮住的白色小三花。

C. 在夜间被遮住的红色小三花被授粉的频率大于未被遮住的白色小三花。

D. 白天被遮住的红色小三花和夜间被遮住的白色小三花仍未被授粉。

E. 在8月底,当大部分蜂鸟迁徙而天蛾依然繁多之时,开红花的小三植物比该季节早些时候更频繁地结果。

19. 农业中连续使用大剂量的杀虫剂会产生两种危害性很大的后果。第一,它经常会杀死农田中害虫的天敌;第二,它会使害虫产生抗药性,因为没被杀虫剂杀死的昆虫最具有抗药性,而且它们得以存活下来继续繁衍后代。

从上文中,我们可以推出以下哪项措施是解决以上问题的最好方法?

A. 只使用化学性稳定的杀虫剂。

B. 培育更高产的农作物抵消害虫造成的损失。

C. 逐渐增加杀虫剂的使用量使没杀死的害虫尽可能地减少。

D. 每年闲置一次一些耕地使害虫因没有充足的食物而死亡。

E. 周期性地使用不同种类的杀虫剂。

20. 通过检查甲虫化石,一研究小组对英国在过去2.2万年内的气温提出了到目前为止最为详尽的描述。该研究小组对现在的生物化石进行挑选,并确定了它们的日期。他们发现在同一时段,现存的甲虫类生物的已知忍受温度可以被用来决定那个地方在那段时间内夏季的最高温度。

研究者的论述过程依赖于下面哪一项假设?

A. 甲虫忍耐温暖天气的能力比忍耐寒冷天气的能力强。

B. 在同一地方发现的不同物种的化石属于不同的时期。

C. 确定甲虫日期的方法比确定其他生物日期的方法准确。

D. 一个地方某个时期的实际最高夏季气温与在那个地方那段时间发现的每种甲虫类生物的平均最高可忍受气温相等。

E. 在过去的2.2万年时间内,甲虫类生物的可忍受气温没有明显变化。

21. 本世纪初海豹的数量由于捕猎已经降到了几十只。在最近几十年,由于联邦政府的保护,其数量又迅速增加了。然而,由于它们通过广泛的近交进行自我繁殖,所以现在显示出了基因的单一性,这是其他哺乳动物所没有的。因此,它们面临灭绝的危险性要比其他种类大得多。

    在上文信息的情况下,下面哪一项最可能是其他哺乳动物比海豹灭绝的危险要小的原因?

    A. 其他种类的哺乳动物数目多,因此该种类数量减少一些并不明显。
    B. 其他种类的哺乳动物经过一代代的经验,已经增加了对危险的了解。
    C. 猎人很容易辨认出其他种类的哺乳动物的雌雄或老少。
    D. 其他种类的哺乳动物中,一些成员因基因方面的原因能更好地抵抗毁灭了该种类中其他成员的疾病或危害。
    E. 因为其他种类的哺乳动物没有被当作濒临灭绝的动物而加以保护,所以保留了谨慎和警惕的习惯。

22. 只要天上有太阳并且气温在零度以下,街上总有很多人穿着皮夹克。只要天下着雨并且气温在零度以上,街上总有人穿雨衣。有时,天上有太阳但却同时下着雨。

    如果上述断定为真,则以下哪项一定为真?

    A. 有时街上会有人在皮夹克外面套着雨衣。
    B. 如果街上有很多人穿着皮夹克但天没下雨,则天上一定有太阳。
    C. 如果气温在零度以下并且街上没多少人穿着皮夹克,则天一定下着雨。
    D. 如果气温在零度以上并且街上没多少人穿雨衣,则天一定下着雨。
    E. 如果气温在零度以上但街上没人穿雨衣,则天一定没下雨。

23. 统计数据正确地揭示:整个20世纪,全球范围内火山爆发的次数逐年缓慢上升,只有在两次世界大战期间,火山爆发的次数有明显下降。科学家同样正确地揭示:整个20世纪,全球火山的活动性处于一个几乎不变的水平上,这和19世纪的情况形成了鲜明的对比。

    如果上述断定是真的,则以下哪项也一定是真的?

    Ⅰ. 如果20世纪不发生两次世界大战,全球范围内火山爆发的次数将无例外地呈逐年缓慢上升的趋势。
    Ⅱ. 火山自身的活动性,并不是造成火山爆发的唯一原因。
    Ⅲ. 19世纪全球火山爆发比20世纪要频繁。

    A. 只有Ⅰ。

B. 只有Ⅱ。
C. 只有Ⅲ。
D. 只有Ⅰ和Ⅱ。
E. Ⅰ、Ⅱ和Ⅲ。

24. 有些外科手术需要一种特殊类型的线带,使外科伤口缝合达到10天,这是外科伤口需要线带的最长时间。D型带是这种线带的一个新品种。D型带的销售人员声称D型带将会提高治疗功效,因为D型带的黏附时间是目前使用线带的两倍。

    以下哪项如果成立,最能说明D型带销售人员所做声明中的漏洞。

    A. 大多数外科伤口愈合大约需要十天。
    B. 大多数外科线带是从医院而不是从药店得到的。
    C. 目前使用的线带的黏性足够使伤口缝合10天。
    D. 现在还不清楚究竟是D型线带还是目前使用的线带更有利于皮肤的愈合。
    E. D型线带对已经预先涂上一层药物的皮肤的黏性只有目前使用的线带的一半好。

25—26题基于以下题干:

据1999年所做的统计,在美国35岁以上的居民中,10%患有肥胖症。因此,如果到2009年美国的人口将达到4亿的估计是正确的话,那么,到2009年美国35岁以上患肥胖症的人数将达到2 000万。

25. 以下哪项最可能是题干的推测所假设的?

    A. 在未来的10年中,世界的总人口将有大的增长。
    B. 在未来的10年中,美国人饮食方式将不会有任何变化。
    C. 在未来的10年中,世界上不会有大的战争发生。
    D. 到2009年,美国人口中35岁以上的将占了一半。
    E. 到2009年,对肥胖症的防治仍没有任何进展。

26. 以下哪项如果为真,最能削弱题干的推测?

    A. 肥胖症对健康的危害,已日益引起美国和其他发达国家的重视。
    B. 据1998年所做的统计,在美国35岁以上的居民中,肥胖症患者的比例是12%。
    C. 有权威人士指出,对到2009年美国人口将达到4亿的推测缺乏足够的根据。
    D. 到2009年,美国人口的年龄结构中,35岁以上所占的比例将比目前有所下降。

E. 一个设计有误的统计,将不可避免地提供错误的数据。

27. 最近五年来,共有五架 W-160 客机失事。面对 W-160 设计有误的指控,W-160 的生产厂商明确加以否定,其理由是,每次 W-160 空难的调查都表明,失事的原因是飞行员的操作失误。

    为使厂商的上述反驳成立,以下哪项是必须假设的?

    Ⅰ. 如果飞行员不操作失误,W-160 就不会失事。
    Ⅱ. 飞行员的操作失误和 W-160 任一部分的设计都没有关系。
    Ⅲ. 每次对 W-160 空难的调查结论都可信。

    A. 只有Ⅰ。
    B. 只有Ⅱ。
    C. 只有Ⅲ。
    D. 只有Ⅱ和Ⅲ。
    E. Ⅰ、Ⅱ和Ⅲ。

28. 最近十年,地震、火山爆发和异常天气对人类造成的灾害比数十年前明显增多,这说明,地球正变得对人类愈来愈充满敌意和危险。这是人类在追求经济高速发展中因破坏生态环境而付出的代价。

    以下哪项如果为真,最能削弱上述论证?

    A. 经济发展使人类有可能运用高科技手段来减轻自然灾害的危害。
    B. 经济发展并不必然导致全球生态环境的恶化。
    C. W 国和 H 国是两个毗邻的小国,W 国经济发达,H 国经济落后,地震、火山爆发和异常天气所造成的灾害,在 H 国显然比 W 国严重。
    D. 自然灾害对人类造成的危害,远低于战争、恐怖主义等人为灾害。
    E. 全球经济发展的不平衡所造成了人口膨胀和相对贫困,使得越来越多的人不得不居住在生态环境恶劣甚至危险的地区。

29. 一群在海滩边嬉戏的孩子的口袋中,共装有 25 块卵石。他们的老师对此说了以下两句话:第一句话是"至多有 5 个孩子口袋里装有卵石";第二句话是"每个孩子的口袋中,或者没有卵石,或者至少有 5 块卵石。"如果上述断定为真,则以下哪项关于老师所说的两句话关系的断定一定成立:

    Ⅰ. 如果第一句话为真,则第二句话为真。
    Ⅱ. 如果第二句话为真,则第一句话为真。
    Ⅲ. 两句话都可以是真,但不会都是假的。

    A. 仅Ⅰ。
    B. 仅Ⅱ。
    C. 仅Ⅲ。

D. 仅Ⅰ和Ⅱ。

E. 仅Ⅱ和Ⅲ。

30. 政府的功能是满足群众的真正需要,除非政府知道那些需要是什么,否则政府就无法满足。言论自由能确保政府官员听到这样的需求信息。因此,对一个健康的国家来说,言论自由是必不可少的。

    以下哪项,如果正确,不能削弱上述论证的结论?

    A. 人民在多数情况下并不知道他们真正需要什么。

    B. 言论自由最终倾向于破坏社会秩序,而良好的社会秩序是满足群众需要的先决条件。

    C. 政府的正当功能不是去满足人民的需要,而是给人民提供平等的机会。

    D. 言论自由对满足群众的需要是不充分的,良好的社会秩序也是必不可少的。

    E. 统治者已经知道人民需要什么。

31. 1997年7月1日以后,每一台由香港本地生产的机器上,都会在机壳的显著位置表明"Made in China"。

    下面哪项可以从上述结论中正确推论出来?

    A. 1997年7月1日以后,机壳显著位置标有"Made in China"字样的机器,有一部分是由香港本地生产的。

    B. 香港1997年7月1日以前不能够由本地自行生产机器。

    C. 有些香港本地生产的机器在1997年7月1日以前就标有"Made in China"的字样。

    D. 1997年7月1日后没有标有"Made in China"字样的机器不得由香港进入内地销售。

    E. 1997年7月1日前香港本地生产的机器是都是在机壳显著位置,标有"Made in HongKong"的字样的。

32. 人类中的智力缺陷者,无论经过怎样的培训和教育,也无法达到智力正常者所能达到的智力水平;同时,新生婴儿如果没有外界的刺激,尤其是人类社会的环境刺激,也同样达不到人类的正常智力水平,甚至还会退化为智力缺陷者。

    以下哪项作为上面这段叙述的合理结论最为恰当?

    A. 人的素质是由遗传决定的。

    B. 在环境刺激接近的条件下,人的素质直接取决于遗传的质量。

    C. 人的素质主要受环境因素的制约。

D. 遗传和环境的共同作用决定了人的素质状况的优劣。

E. 社会环境和自然地理环境都会对人的智力产生长远的影响。

33. 达尔文的生物进化学说揭开了人类进化研究的世纪性的新篇章。然而至今,人类仍然无法找到从猿向人进化的关键性证据。所以,人们只得又在达尔文学说的前面重新加上"假说"这两个字。

以下各项中,有哪一项是上文推理中隐含的假设?

A. 达尔文的学说还不能算是经过科学验证的真理。

B. 达尔文的生物进化学说的关键性证据是世纪性的悬案。

C. 缺少科学上关键性证据的学说只能称为假说。

D. 认为达尔文的生物进化学说千真万确的观点是伪科学的。

E. 达尔文如果在世,从猿向人进化的关键性证据就不会还是个谜了。

34. 作为市电视台的摄像师,最近国内电池市场的突然变化让我非常头疼。进口高能量的电池缺货,我只能用国产电池来代替作为摄像的主要电源。尽管每单位的国产电池要比进口电池便宜,但我估计如果持续用国产电池替代进口电池来提供同样的电源供应的话,我支付在能源上的价格将会提高。

说这番话的人在上面这段话中隐含了以下哪项假设?

A. 以每单位电池提供的电能来计算,国产电池要比进口电池提供得少。

B. 每单位的进口电池要比国产电池价格贵。

C. 生产国产电池要比生产进口电池成本低。

D. 持续使用国产电池,摄像的质量将无法得到保障。

E. 国产电池的价格会超过进口电池,厂家将大大盈利。

35. 有国风、江夏、金力三家投资公司,一家总部在北京,一家总部在上海,一家总部在深圳。三家公司中,一家主营基金,一家主营外汇,还有一家主要在证券二级市场炒作。其中,国风公司不经营基金,江夏公司不在证券二级市场上炒作;主营基金的总部不在上海,主要在证券二级市场炒作的公司总部在北京;江夏公司总部不在深圳。

根据上述事实,请尽可能准确地判断国风公司的主要经营方向:

A. 主营基金。

B. 主营外汇。

C. 主要在证券二级市场炒作。

D. 外汇或是在证券二级市场炒作。

E. 已知信息不足,无法判断。

36. 近期的一项调查显示:日本产"星愿"、德国产"心动"和美国产"EXAP"三种轿车最受女性买主的青睐。调查指出,在中国汽车市场上,按照女性买主所占的百分比计算,这三种轿车名列前三名。星愿、心动和 EXAP 三种车的买主,分别有 58%、55% 和 54% 是妇女。但是,最近连续 6 个月的女性购车量排行榜显示,都是国产的富康轿车排在首位。

以下哪项如果为真,最有助于解释上述矛盾?

A. 每种轿车的女性买主占各种轿车买主总数的百分比,与某种轿车买主之中女性所占的百分比是不同的。

B. 排行榜的设立,目的之一就是引导消费者的购车方向。而发展国产汽车业,排行榜的作用不可忽视。

C. 国产的富康轿车也曾经在女性买主所占的百分比的排列中名列前茅,只是最近才落到了第四名的位置。

D. 最受女性买主的青睐和女性买主真正花钱去购买是两回事,一个是购买欲望,一个是购买行为,不可混为一谈。

E. 女性买主并不意味着就是女性来驾驶,轿车登记的主人与轿车实际的使用者经常是不同的。而且,单位购车在国内占到了很重要的比例,不能忽略不计。

37. 罗伯塔出生于 1967 年,因此,1976 年她 9 岁。从这个例子可以清楚地看到一个人出生年的最后两位数字与其 9 岁那年的后两位数相同,只是数字的位置颠倒了。

以下哪一项是对上述推论的最佳反驳?

A. 这种归纳只对结尾数字不是两个零的年份有效。

B. 例子显示的规律与建立在它的基础上的归纳中的规律并不一致。

C. 这种归纳只是在末尾数字比倒数第二位大 1 的出生年份里才有效。

D. 除非已经预先假定了这种归纳的正确性,否则不能表明给出的例子是正确的。

E. 这种归纳只对末尾数字大于 5 的年份适用。

38. 某本科专业按如下原则选拔特别奖学金的候选人:将本专业的同学按德育情况排列名次,均分为上、中、下三个等级(即三个等级的人数相等,下同),候选人在德育方面的表现必须为上等;将本专业的同学按学习成绩排列名次,均为分优、良、中、差四个等级,候选人的学习成绩必须为优;将本专业的同学按身体状况排列名次,均分为好与差两个等级,候选人的身体状况必须为好。假设该专业共有 36 名本科学生,则除了以下哪项外,其余都可能是这次选拔的结果?

A. 恰好有 4 个学生被选为候选人。

B. 只有2个学生被选为候选人。
C. 没有学生被选为候选人。
D. 候选人数多于本专业学生的1/4。
E. 候选人数少于本专业学生的1/3。

39. 一份对北方山区先天性精神分裂症患者的调查统计表明,大部分患者都出生在冬季。专家们指出,其原因可能是那些临产的孕妇营养不良。因为在一年最寒冷的季节中,人们很难买到新鲜食品。

    以下哪项,如果为真,能支持题干中的专家的结论?

    A. 在精神分裂症患者中,先天性患者只占很小的比例。
    B. 调查中相当比例的患者有家族史。
    C. 与引起精神分裂症有关的大脑区域的发育,大部分发生在产前一个月。
    D. 新鲜食品与腌制食品中的营养成分对大脑发育的影响相同。
    E. 虽然生活在北方山区,但被调查对象的家庭大都经济条件良好。

40. 在H国2000年的人口普查中,婚姻状况分为四种:未婚、已婚、离婚和丧偶。其中,已婚分为正常婚姻和分居;分居分为合法分居和非法分居;非法分居指分居者与无婚姻关系的异性非法同居。普查显示,分居者中,女性比男性多100万。

    以下哪项如果为真,有助于解释上述普查结果?

    Ⅰ. 分居者中的男性非法同居者多于女性非法同居者。
    Ⅱ. 未在上述普查中登记的分居男性多于分居女性。
    Ⅲ. 离开H国移居他国的分居男性多于分居女性。

    A. 只有Ⅰ。
    B. 只有Ⅱ。
    C. 只有Ⅲ。
    D. 只有Ⅱ和Ⅲ。
    E. Ⅰ、Ⅱ、Ⅲ。

41. 欧几里得几何系统的第五条公理判定:在同一平面上,过直线外一点可以并且只可以作一条直线与该直线平行。在数学发展史上,有许多数学家对这条公理是否具有无可争议的真理性表示怀疑和担心。

    要是数学家的上述怀疑成立,以下哪项必须成立?

    Ⅰ. 在同一平面上,过直线外一点可能无法作一条直线与该直线平行。
    Ⅱ. 在同一平面上,过直线外一点作多条直线与该直线平行是可能的。
    Ⅲ. 在同一平面上,如果过直线外一点不可能作多条直线与该直线平行,那么,也可能无法只作一条直线与该直线平行。
A. 只有Ⅰ。
B. 只有Ⅱ。
C. 只有Ⅲ。
D. 只有Ⅰ和Ⅱ。
E. Ⅰ、Ⅱ、Ⅲ。

42. 某地有两个奇怪的村庄,张庄的人在星期一、三、五说谎,李村的人在星期二、四、六说谎,在其他日子他们说实话。一天,外地的王从明来到这里,见到两个人,分别向他们提出关于日期的问题。两个人都说:"前天是我说谎的日子。"
如果被问的两个人分别来自张庄和李村,以下哪项判断最可能为真?
A. 这一天是星期五或星期日。
B. 这一天是星期二或星期四。
C. 这一天是星期一或星期三。
D. 这一天是星期四或星期五。
E. 这一天是星期三或星期六。

43. 古时候的一场大地震几乎毁灭了整个人类,只有两个部落死里逃生。最初在这两个部落中,神帝部落所有的人都坚信人性本恶,圣地部落所有的人都坚信人性本善,并且没有既相信人性本善又相信人性本恶的人存在。后来两个部落繁衍生息,信仰追随和部落划分也遵循着一定的规律。部落内通婚,所生的孩子追随父母的信仰,归属原来的部落;部落间通婚,所生孩子追随母亲的信仰,归属母亲的部落。
我们发现神圣子是相信人性本善的。
在以下各项对神圣子身份的判断中,不可能为真的是:
A. 神圣子的父亲是神帝部落的人。
B. 神圣子的母亲是神帝部落的人。
C. 神圣子的父母都是圣帝部落的人。
D. 神圣子的母亲是圣帝部落的人。
E. 神圣子的姥姥是圣帝部落的人。

44. 在新一年的电影节的评比上,准备打破过去的只有一部最佳影片的限制,而按照历史片、爱情片等几种专门的类型分别评选最佳影片,这样可以使电影工作者的工作得到更为公平的对待,也可以使观众和电影爱好者对电影的优劣有更多的发言权。
根据以上信息,这种评比制度的改革隐含了以下哪项假设?

A. 划分影片类型,对于规范影片拍摄有很重要的引导作用。
B. 每一部影片都可以按照这几种专门的类型来进行分类,没有遗漏。
C. 观众和电影爱好者在进行电影评论时喜欢进行类型的划分。
D. 按照类型进行影片的划分,不会使有些冷门题材的影片被忽视。
E. 过去因为只有一部最佳影片,影响了电影工作者参加电影节评比的积极性。

45. 如果能有效地利用互联网,快速方便地查询世界各地的信息,将对科学研究、商业来往及至寻医求药都带来很大的好处。然而,如果上网成瘾,也有许多弊端,还可能带有严重的危害。尤其是青少年,上网成瘾可能荒废学业。为了解决这一问题,某个网点上登载了"互联网瘾"的自我测试办法。
以下各项提问,除了哪项,都与"互联网瘾"的表现形式有关?
A. 你是否有时上网到深夜并为联结某个网站的时间过长而着急?
B. 你是否曾一再试图限制、减少或停止上网而不果?
C. 你试图减少或停止上网时,是否会感到烦躁、压抑或容易动怒?
D. 你是否曾因上网而危及一段重要关系或一份工作的机会?
E. 你是否曾向家人、治疗师或其他人谎称你并未沉迷互联网?

46. 经过许多科学技术人员的攻关,目前,DVD 这种最新型的播放器的成本已经大大下降,单台的售价已经基本上与即将淘汰的上一代播放设备 VCD 持平。有的市场分析人员认为,即将会出现一次 DVD 的"热情狂潮"。而对这种预测,明讯管理学院的周教授表示不能同意,认为热销之说过于乐观。以下哪项不能支持周教授的观点?
A. 目前市场中录制在 DVD 播放器所使用的激光盘上的电影节目尚不多见。
B. VCD 的技术虽然已经不很先进,但十年来占领了很大一部分市场,恐怕不会很快退出竞争。
C. DVD 在美国的销量已经连续两年紧追彩电和冰箱,成为美国电器市场销售榜的第三名。
D. 供 DVD 播放器所使用的激光盘片工艺非常特殊,经技术鉴定表明基本很难盗版。
E. 比 DVD 更先进的播放器 SVD 的研制工作已经结束,据晚报报道,再有大约半年时间就能够准确推出普通中国百姓能够买得起的 SVD 产品。

47. 老钟在度过一个月的戒烟生活后,又开始抽烟。奇怪的是,这得到了钟夫人的支持。钟夫人说:"我们处长办公室有两位处长,年龄差不多,看起来身体状况也差不多,只是一位烟瘾很重,一位绝对不吸,可最近体检却查出来这位绝对不吸烟的处长得了肺癌。看来不吸烟未必就好。"

以下各项如果为真,除哪项外均能反驳钟夫人的这个推论?

A. 癌症和其他一些疑难病症的起因是许多医学科研工作者研究的课题,目前还没有一个确定的结论。

B. 来自世界妇女大会的报告表明,妇女由于经常在厨房劳作,因为油烟的原因,患肺癌的比例相对较高。

C. 癌症的病因大多跟患者的性格有关,许多并不吸烟的人因为长期心情抑郁,也容易患癌症。

D. 烟瘾很重的处长检查身体结果还未出来,可能他的体检表会暴露更多的问题。

E. 根据统计资料,肺癌患者中有长期吸烟史的比例高达75%,而在成人中有长期吸烟史的比例不到30%。

48. 烟草业仍然是有利可图的。在中国,尽管今年吸烟者中成年人的人数在减少,但烟草生产商销售的烟草总量还是增加了。

以下哪项不能用来解释烟草销售量的增长和吸烟者中成年人人数的减少之间的矛盾关系?

A. 今年开始吸烟的妇女数量多于戒烟的男子数量。

B. 今年开始吸烟的少年数量多于戒烟的成人数量。

C. 今年,原来不吸烟而现在开始吸烟的人多于戒烟者。

D. 今年和往年相比,那些有长年吸烟史的人平均消费了更多的烟草。

E. 今年中国生产的香烟中用于出口的数量高于往年。

49—50 基于以下题干:

李工程师:在日本,肺癌病人的平均生存年限(即从确诊至死亡的年限)是九年,而在亚洲的其他国家,肺癌病人的平均生存年限只有四年。因此,日本在延长肺癌病人生命方面的医疗水平要高于亚洲其他国家。

张研究员:你的论证缺乏充分的说服力。因为日本人的自我保健意识总体上高于其他亚洲人,因此,日本肺癌患者的早期确诊率要高于亚洲其他国家。

49. 张研究员的反驳,基于以下哪项假设?

Ⅰ. 肺癌患者的自我保健意识对于其疾病的早期确认起到重要作用。

Ⅱ. 肺癌的早期确诊对延长患者的生存年限起到重要作用。

Ⅲ. 对肺癌的早期确诊技术是衡量防治肺癌水平的一个重要方面。

A. 只有Ⅰ。

B. 只有Ⅱ。
C. 只有Ⅲ。
D. 只有Ⅰ和Ⅱ。
E. Ⅰ、Ⅱ和Ⅲ。

50. 以下哪项如果为真,能最为有力地指出李工程师的漏洞?
    A. 亚洲的一些发展中国家的肺癌患者是死于由肺癌引起的并发症。
    B. 日本人的平均寿命不仅亚洲之首,而且居世界之首。
    C. 日本的胰腺癌病人的平均生存年限是五年,接近亚洲的平均水平。
    D. 日本医疗技术的发展,很大程度上得益于对中医的研究和引进。
    E. 一个数远远高于某些数的平均数,并不意味着这个数高于这些数中的每个数。

51. 一个心理健康的人,必须保持自尊:一个人只有受到自己所尊敬的人的尊敬,才能保持自尊;而一个用"追星"的方式来表达自己尊敬情感的人,不可能受到自己所尊敬的人的尊敬。
    以下哪项结论可以从题干的断定中推出?
    A. 一个心理健康的人,不可能用"追星"的方式来表达自己的尊敬情感。
    B. 一个心理健康的人,不可能接受用"追星"的方式所表达的尊敬。
    C. 一个如果受到了自己所尊敬的人的尊敬,他(她)一定是个心理健康的人。
    D. 没有一个保持自尊的人,会尊敬一个用"追星"方式表达尊敬情感的人。
    E. 一个用"追星"方式表达自己尊敬情感的人,完全可以同时保持自尊。

52. 一个产品要想稳固地占领市场,产品本身的质量和产品的售后服务两者缺一不可。空谷牌冰箱质量不错,但售后服务跟不上,因此,很难长期稳固地占领市场。
    以下哪项推理的结构和题干最为类似?
    A. 德才兼备是一个领导干部尽职胜任的必要条件。李主任富于才干但疏于品德,因此,他难以尽职胜任。
    B. 如果天气晴朗并且风速在三级之下,跳伞训练场将对外开放。今天的天气晴朗但风速在三级以下,所以跳伞场地不会对外开放。
    C. 必须有超常业绩或者教龄在30年以上才有资格获得教育部颁发的特殊津贴。张教授获得了教育部颁发的特殊津贴,但教龄只有15年,因此,他一定有超常业绩。
    D. 如果不深入研究广告制作的规律,则所制作的广告知名度和信任度不可兼得。空谷牌冰箱的广告既有知名度又有信任度,因此,这一广告的制作者肯定深入研究了广告制作的规律。

E. 一个罪犯要作案,必须既有作案动机又有作案时间。李某既有作案动机又有作案时间,因此,李某肯定是作案的罪犯。

53. 某研究所对该所上年度研究成果的统计显示:在该所所有的研究人员中,没有两个人发表的论文的数量完全相同;没有人恰好发表了10篇论文;没有人发表的论文的数量等于或超过全所研究人员的数量。

如果上述统计是真实的,则以下哪项断定也一定是真实的?

Ⅰ. 该所研究人员中,有人上年度没有发表一篇论文。
Ⅱ. 该所研究人员的数量,不少于3人。
Ⅲ. 该所研究人员的数量,不多于10人。

A. 只有Ⅰ和Ⅱ。
B. 只有Ⅰ和Ⅲ。
C. 只有Ⅰ。
D. Ⅰ、Ⅱ和Ⅲ。
E. Ⅰ、Ⅱ和Ⅲ都不一定是真实的。

54. 某公司在一次招聘中,对所有申请者进行了一次书面测试,其中包括这样一个问题:"你是否是一个诚实的人?"有2/5的申请者的回答是:"我至少有一点不诚实。"该公司在这次测试中,很可能低估申请者中不诚实的人所占的比例,因为_____

以下哪项作为上文的后续最为恰当?

A. 在这次测试中,有些非常诚实的申请者可能做了不诚实的回答。
B. 在这次测试中,那些回答"我至少有一点不诚实"的申请者可能是非常不诚实的。
C. 在这次测试中,那些回答自己是不诚实的申请者,他所做的这一回答可能是诚实的。
D. 在这次测试中,有些不诚实的申请者可能宣称自己是诚实的。
E. 在这次测试中,其余3/5的申请者中,可能很多人的回答是"我非常不诚实"。

55. 农科院最近研制了一种高效杀虫剂,通过飞机喷洒,能够大面积地杀死农田中的害虫。但使用这种杀虫剂未必能达到提高农作物产量的目的,甚至可能适得其反,因为这种杀虫剂在杀死害虫的同时,也杀死了保护农作物的各种益虫。

以下哪项如果为真,最能削弱上述论证?

A. 上述杀虫剂的有效率,在同类产品中是最高的。
B. 益虫对农作物的保护作用,主要在于能消灭危害农作物的害虫。
C. 使用飞机喷洒上述杀虫剂,将增加农作物的生产成本。
D. 如果不发生虫灾,农田中的益虫要多于害虫。
E. 上述杀虫剂只适合在平原地区使用。

56. 被疟原虫寄生的红血球在人体内的存在时间不会超过120天,因为疟原虫不可能从一个它所寄生衰亡的红血球进入一个新生的红血球。因此,如果一个疟疾患者在进入了一个绝对不会再被疟蚊叮咬的地方120天后仍然周期性高烧不退,那么,这种高烧不会是由疟原虫引起的。
以下哪项如果为真,最能削弱上述结论?
A. 由疟原虫引起的高烧和由感冒病毒引起的高烧有时不容易区别。
B. 携带疟原虫的疟蚊和普通的蚊子很难区别。
C. 引起周期性高烧的疟原虫有时会进入人的脾脏细胞,这种细胞在人体内的存在时间要长于红血球。
D. 除了周期性的高烧只有到疟疾治愈后才会消失外,疟疾的其他某些症状也会随着药物治疗而缓解乃至消失,但在120天内仍会再次出现。
E. 疟原虫只有在疟蚊体内和人的细胞内在才能生存与繁殖。

57. W公司制作的正版音乐光盘每张售价25元,赢利10元。而这样的光盘的盗版制品每张仅售价5元。因此,这样的盗版光盘如果销售10万张,就会给W公司造成100万元的利润损失。
为使上述论证成立,以下哪项是必须假设的?
A. 每个已购买各种盗版制品的人,若没有盗版制品可买,都仍会购买相应的正版制品。
B. 如果没有盗版光盘,W公司的上述正版音乐光盘的销售量不会少于10万张。
C. 上述盗版光盘的单价不可能低于5元。
D. 与上述正版光盘相比,盗版质量无实质性的缺陷。
E. W公司制作的上述正版光盘价格偏高是造成盗版光盘充斥市场的原因。

58. 声明:X国降低了关税,因为这样做符合有实力的外国公司的利益。
原则:为了使一个变革被一些人或团体从中获得的利益所解释,就必须表明这些人或团体的造成这场变革中起了什么样的作用。
下面哪一项,如果正确,能最有逻辑地作为上面论述中使用原则来反对声明的一个前提?

A. 当X国降低关税时,外国公司确实受益,但是X国消费者也同样受益。

B. 在关税降低以后的那段时间内,进口商之间的价格竞争已严重地限制了进口商在X国销售外国公司产品的所得利润。

C. 要预测X国导致降低关税的经济改变在短期内会对该国的经济产生什么样的影响是不可能的。

D. 许多从X国降低关税中获益的外国公司相互之间在X国内和其他市场上的竞争相当激烈。

E. 尽管当X国降低关税时,外国公司受益,但是没有其他证据表明是这些外国公司引起了这场变革。

59. 自从《行政诉讼法》颁布以来,"民告官"的案件成为社会关注的热点。一种普遍的担心是,"官官相护"会成为公正审理此类案件的障碍。但据A省本年的调查显示,凡正式立案审理的"民告官"案件,65%都是以原告胜诉而结案。这说明,A省的法院在审理"民告官"的案件中,并没有出现社会舆论所担心的"官官相护"。

以下哪项如果为真,将最有力地削弱上述论证。

A. 由于新闻媒介的特殊关注,"民告官"的案件审理的透明度要远远高于其他的案件。

B. 有关部门收到的关于司法审理有失公正的投诉,A省要多于周边省份。

C. 所谓"民告官"的案件审理中,在法院受理的案件只占很小的比例。

D. 在"民告官"的案件审理中,司法公正不能简单地理解为原告胜诉。

E. 在"民告官"的案件中,原告如果不掌握能胜诉的确凿证据,一般不会起诉。

60. 在法庭的被告中,被指控偷盗、抢劫的定罪率,要远高于被指控贪污、受贿的定罪率。其重要的原因是后者能聘请收费高昂的私人律师,而前者主要由法庭指定的律师辩护。

以下哪项如果为真,最能支持题干中的叙述?

A. 被指控偷盗、抢劫的被告,远多于被指控贪污、受贿的被告。

B. 一个合格的私人律师,与法庭指定的律师一样,既忠实于法律,又努力维护委托人的合法权益。

C. 被指控偷盗、抢劫的被告中,罪犯的比例不高于被指控贪污、受贿的被告。

D. 一些被指控偷盗、抢劫的被告,有能力聘请私人律师。

E. 司法腐败导致对有权势的罪犯庇护,而贪污、受贿等职务犯罪的构成要件是当事人有职权。

61. 据韩国当地媒体 10 月 9 日的报道,用于市场主流的 PC100 规格的 64MB DRAM 的 8Mx8 内存元件,10 月 8 日在美国现货市场的交易价格已跌至 15.99 美元—17.30 美元之间,但前一个交易日的交易价格为 16.99 美元—18.38 美元之间,一天内跌幅近 1 美元;而与台湾地震发生后曾经达到的最高价格 21.46 美元相比,已经下跌了约 4 美元。

    以下哪项与题干内容有矛盾?

    A. 台湾是生产这类元件的重要地区。
    B. 美国是该元件的重要交易市场。
    C. 若两人购买的数量相同,10 月 8 日的购买者一定比 10 月 7 日的购买者省钱。
    D. 韩国很可能是该元件的重要输出国或输入国,所以特别关心该元件的国际市场价格。
    E. 该元件是计算机中的重要器件,供应商对市场的行情是很敏感的。

62. 中周公司准备在全市范围内展开一次证券投资竞赛。在竞赛报名事宜里规定有"没有证券投资实际经验的人不能参加本次比赛"这一条。张金力曾经在很多大的投资公司实际从事过证券买卖操作。

    那么,关于张金力,以下哪项是根据上文能够推出的结论:

    A. 他一定可以参加本次比赛。
    B. 他参加比赛的资格将取决于他证券投资经验的丰富程度。
    C. 他一定不能参加本次比赛。
    D. 他可能可以参加本次比赛。
    E. 他参加比赛的资格将取决于他以往证券投资的业绩。

63. 一项对婚姻关系的调查表明,在一对配偶中,如果一方的作息时间和另一方有严重冲突,两个人发生争执的比例比作息时间相合的夫妇要高。看来,这种不和谐的作息时间会破坏一个婚姻。

    以下哪个选项如果为真,能够最有效地削弱上述观点?

    A. 那些作息时间比较一致的夫妇,偶尔也会发生一些争执,这些争执也会导致婚姻的破裂。
    B. 一个人的作息时间是会随季节的变化而变化的。
    C. 那些作息时间不一致的夫妇在工作中很少与同事发生争执。
    D. 人们发现那些不幸婚姻中的夫妇经常采取与对方不同的作息时间来表示其敌意。

E. 最近一项调查表明，人们的作息时间是很容易被控制和更改的。

64. 在一项有关颜色和劳动生产率的关系的研究中，原来有100名员工在一间颜色单调的车间中工作，其中50人现在搬到了颜色明亮、丰富的车间中工作，其余50人仍留在原车间工作。调查结果显示，新车间和旧车间的劳动生产率都有所提高。研究人员认为，也许是工人们意识到了他们正处于一项研究中，有旁人注视着他们的工作的结果。

    以下哪个选项如果为真，能够解释上述现象？

    A. 搬到颜色明亮的车间人员完成的工作与留在旧车间的人员完成的工作类似。
    B. 颜色单调的旧车间所设计的最多能容纳65名员工工作。
    C. 颜色明亮的新车间的50名工人在年龄和工作水平上与留在旧车间的员工的基本相同。
    D. 几乎所有的人都愿意搬到新车间去。
    E. 很多搬到新车间的工人表示他们宁愿留在旧车间。

65. 一切有利于生产力发展的方针政策都是符合人民根本利益的，改革开放有利于生产力的发展，所以改革开放是符合人民根本利益的。

    以下哪种推理方式与上面的这段叙述最为相似？

    A. 一切行动听指挥是一支队伍能够战无不胜的纪律保证。所以，一个企业、一个地区的发展壮大，也必须从大局出发，把人民利益放在首位。
    B. 经过对最近六个月销出的"命之星"健身器的质量跟踪调查，发现没有一台因质量问题而退货或返修，所以说，这批健身器的质量是合格的。
    C. 如果某种产品超过了市场需求量，就会出现滞销现象，"大富翁"领带的供应量目前超过了市场需求，因此，就一定会出现滞销现象。
    D. 凡超越代理人权限所签合同是无效的，这份房地产建设合同是超越代理权限所签合同，所以是无效的。
    E. 我们对一部分实行产权明晰化的企业进行调查，发现通过产权明晰都提高了经济效益，没有发现反例，因此我们认为，凡是实行产权明晰化的企业都能提高经济效益。

66. 计算机程序的特别之处在于，它是唯一受专利权和版权保护的产品。专利权保护的是一种发明的创意，而版权保护的是这种创意的表述，但是为了获得两方面的保护，这种创意和它的表述必须得到严格的划分。

    根据以上陈述，可以推出如下哪项结论？

    A. 计算机程序的创意和它的表述可以区分开来。

B. 任何计算机程序的设计者都是这一个程序创意的发明者。
C. 受版权保护的大部分产品都是对某种受专利权保护的创意的表述。
D. 很少有发明家既是专利权的所有者,又是版权的所有者。
E. 一个获得了专利权的计算机程序,很容易就可获得版权。

67. S市的公寓区近年来发生的入室盗窃案件,90%以上都发生在没有安装自动报警装置的住户。这说明,民用自动报警装置对于防止入室盗窃起到了有效的作用。

以下哪项如果为真,能削弱题干的论证?

Ⅰ. S市公寓区内的自动报警装置具有良好的性能:一方面,它反应准确而灵敏;另一方面,它不易被发现。

Ⅱ. S市公寓区内安装自动报警装置的住户不到10%。

Ⅲ. S市公寓区近年来接近10%的入室盗窃案件的破获,是依靠自动报警装置的。

A. 只有Ⅰ。
B. 只有Ⅱ。
C. 只有Ⅲ。
D. 只有Ⅰ和Ⅱ。
E. Ⅰ、Ⅱ、Ⅲ。

68. X:当一种很少发生但却很严重的工业事故发生时,人们的反应是认为这种事故越来越频繁了。这种想法是没有道理的。毕竟,在某一把扑克中起到4张A这一稀有的事并不增加将来某把牌起到4张A的机会。

Y:正相反,该看法是合理的,因为它使人们感觉到他们以前没感受到的危险,并采取预防措施来防止类似事故在未来发生。

Y反驳X观点的企图,在下面哪一项中得到最好的描述?

A. 它对X所进行的类比的恰当性提出质疑。
B. 它使X未能考虑人们对严重事故的反应是多么不同这一点变得很明显。
C. 它使判断合理性的基础转变为对实用性的考虑。
D. 它对人们为什么形成错误观点提出一种替代性的解释。
E. 它对X的假设:一件事的发生足以改变人的信仰,提出了挑战。

69. 近年来,海达冰箱厂通过不断引进先进技术和设备,使得劳动生产率大为提高,即在单位时间里,较少的工人生产了较多的产品。

以下哪项如果为真,一定能支持上述结论?

Ⅰ. 和1991年相比,2000年海达冰箱厂的年利润增加了一倍,工人增加了10%。

Ⅱ. 和1991年相比,2000年海达冰箱厂的年产量增加了一倍,工人增加了100人。

Ⅲ. 和1991年相比,2000年海达冰箱厂的年产量增加了一倍,工人增加了10%。

A. 只有Ⅰ。
B. 只有Ⅱ。
C. 只有Ⅲ。
D. 只有Ⅰ和Ⅱ。
E. Ⅰ、Ⅱ、Ⅲ。

70. 医学研究发现在医学杂志上发表之前通常并不公布于众,它们首先得被专家小组以所谓的评委审阅的方式审查通过后才能发表。据称,这种做法延迟了公众接触潜在的有益信息。这种信息,在极特殊的情况下,可以挽救生命。然而,发表前的评委审阅是仅有的可以防止错误的方式,从而使自身缺乏评价医学声明的公众免受了潜在有害信息的袭击。因此,为了防止公众基于不合标准的研究而做出的选择,我们就必须等待,直到研究结果被评委审阅通过,并在医学杂志上发表为止。

上面论述假设:

A. 除非医学研究结果被送给评委评阅,否则评委评阅不会发生。
B. 不在医学评委小组工作的人不具有评价医学研究结果的必要知识和专业技能。
C. 普通群众没有接触那些发表医学研究结果的期刊的机会。
D. 所有医学研究结果都要接受发表前的评委评阅。
E. 评委小组有时会迫于政治上或职业上的压力而做出不太公正的审判。

71. S市餐饮经营点的数量自1996年的约20 000个,逐年下降至2001年的约5 000个。但是这五年来,该市餐饮业的经营资本在整个服务行业中所占的比例并没有减少。

以下各项中,哪项最无助于说明上述现象?

A. S市2001年餐饮业的经营资本总额比1996年高。
B. S市2001年餐饮业经营点的平均资本额比1996年有显著增长。
C. 作为激烈竞争的结果,近五年来,S市的餐馆有的被迫停业,有的则努力扩大经营规模。
D. 1996年以来,S市服务行业的经营资本总额逐年下降。
E. 1996年以来,S市服务行业的经营资本占全市产业经营总资本的比例逐年下降。

72. 没有一个植物学家的寿命长到足以研究一棵长白山红松的完整生命过程。但是，通过观察处于不同生长阶段的许多棵树，植物学家就能拼凑出一棵树的生长过程。这一原则完全适用于目前天文学对星团发展过程的研究。这些由几十万个恒星聚集在一起的星团，大都有100亿年以上的历史。

以下哪项最可能是上文所做的假设？

A. 在科学研究中，适用于某个领域的研究方法，原则上都适用于其他领域，即使这些领域的对象完全不同。

B. 天文学的发展已具备对恒星聚集体的不同发展阶段进行研究的条件。

C. 在科学研究中，完整地研究某一个体的发展过程是没有价值的，有时也是不可能的。

D. 目前有尚未被科学家发现的星团。

E. 对星团的发展过程的研究，是目前天文学研究中的紧迫课题。

73. 你可以随时愚弄某些人。

假若此命题属实，以下哪些判断必然为真？

Ⅰ. 张三和李四随时都可能被你愚弄。

Ⅱ. 你随时都想愚弄人。

Ⅲ. 你随时都可能愚弄人。

Ⅳ. 你只能在某些时候愚弄人。

Ⅴ. 你每时每刻都在愚弄人。

A. 只有Ⅲ。

B. 只有Ⅱ。

C. 只有Ⅰ和Ⅲ。

D. 只有Ⅱ、Ⅲ和Ⅳ。

E. 只有Ⅰ、Ⅲ和Ⅴ。

74. 一个医生在进行健康检查时，如果检查得足够彻底，就会使那些本没有疾病的被检查者无谓地饱经折腾，并白白地支付了昂贵的检查费用；如果检查得不够彻底，又可能错过一些严重的疾病，给病人一种虚假的安全感而延误治疗。问题在于，一个医生往往很难确定把一个检查进行到何种程度。因此，对普通人来说，没有感觉不适就去接受医疗检查是不明智的。

以下各项如果为真，都能削弱上述论证，除了：

A. 有些严重疾病早期就有病人自己能觉察的明显症状。

B. 有些严重疾病早期虽无病人能觉察的明显症状，但这些症状并不难被医生发现。
C. 有些严重疾病只有经过彻底检查才能发现。
D. 有些经验丰富的医生可以恰如其分地把握检查的程度。
E. 有些严重疾病发展到病人有明显不适已错过了治疗的最佳时机。

75. 据国际卫生与保健组织1999年年会"通讯与健康"公布的调查报告显示，68%的脑癌患者都有经常使用移动电话的历史。这充分说明，经常使用移动电话将会极大地增加一个人患脑癌的可能性。
以下哪项如果为真，则将最严重地削弱上述结论？
A. 进入20世纪80年代以来，使用移动电话者的比例有惊人的增长。
B. 有经常使用移动电话的历史的人在1990年到1999年超过世界总人口的65%。
C. 在1999年全世界经常使用移动电话的人数比1998年增加了68%。
D. 使用普通电话与移动电话通话者同样有患脑癌的危险。
E. 没有使用过移动电话的人数在20世纪90年代超过世界总人口的50%。

76. 全国政协常委、著名社会学家、法律专家钟万春教授认为：我们应当制定全国性的政策，用立法的方式规定父母每日与未成年子女共处的时间下限。这样的法律能够减少子女平日的压力，因此，这样的法律也就能够使家庭幸福。
以下各项如果为真，哪项最能够加强上述的推论？
A. 父母有责任抚养好自己的孩子，这是社会对每一个公民的起码要求。
B. 大部分的孩子平常都能够与父母经常地在一起。
C. 这项政策的目标是降低孩子们在平日生活中的压力。
D. 未成年孩子的压力较大是成长过程以及长大后家庭幸福很大的障碍。
E. 父母现在对孩子多一分关心，就会减少日后父母很多的操心。

77. 只有住在广江市的人才能够不理睬通货膨胀的影响；住广江市的每一个人都要付税；每一个付税的人都发牢骚。
根据上面的句子，判断下列各项哪项一定是真的。
Ⅰ. 每一个不理睬通货膨胀影响的人都要付税。
Ⅱ. 不发牢骚的人中没有一个能够不理睬通货膨胀的影响。
Ⅲ. 每一个发牢骚的人都能够不理睬通货膨胀的影响。
A. 仅Ⅰ。
B. 仅Ⅰ和Ⅱ。
C. 仅Ⅱ。

D. 仅Ⅱ和Ⅲ。
E. Ⅰ、Ⅱ和Ⅲ。

78. 近年,信用卡公司遭到了很多顾客的指责,他们认为公司向他们的透支部分所收取的利息率太高了。事实上,公司收取的利率只比普通的银行给个人贷款的利率高两个百分点。但是,顾客忽视了信用卡给他们带来的便利,比如,他们可以在货物削价时及时购物。

上文是以下列哪个选项为前提的?

A. 购物折扣省下来的钱至少可以弥补以信用卡付款超出普通银行个人贷款利率的那部分花费。

B. 信用卡的申请人除非有长期的拖欠历史或其他信用问题,否则申请很容易批准。

C. 消费者在削价时购买的货物价格并不很低,无法使消费者抵消高利率成本,并有适当盈利。

D. 那些用信用卡付款买削价货物的消费者可能不具有在银行以低息获得贷款的资格。

E. 信用卡使用者所能透支的总量是有限制的,因此,其支付的利息也是有限的。

79. 从技术上讲,随着时间的推移,如果索赔加上相关的费用超出了总的保险费,某种特定的保险计划就定价过低了。但是,保险费收入可以进行投资并且获得自己的收入。所以,一种定价过低的保险计划并非在每种情况下都意味着竞争损失。

上面的论述依据下面哪项假设?

A. 对于提供保险计划的保险公司来说,没有一项保险计划是被故意定价过低以吸引客户的。

B. 对保险公司而言,并非在所有情况下,意味着竞争损失的保险计划都是定价过低的计划。

C. 有些保险计划在确定保险费之前可以很精确地预测每年的索赔额。

D. 把保险费收入进行投资所赚取的收入是决定保险利润的最重要因素。

E. 至少有些定价过低的保险计划的索赔不需要支付完这些计划最初赚取的所有保险费。

80. 在目前财政拮据的情况下,增加本市警力的动议不可取,在计算增加警力所需的经费开支时,光考虑到支付新增警员的工资是不够的,同时还要考虑到支付法庭和监狱新雇员的工资,由警力的增加带来的逮捕、宣判和监管任务的增加,势必需要相关机构同时增员。

以下哪项如果为真,将最有力地削弱上述论证?

A. 增加警力所需的费用,将由中央和地方财政共同负担。

B. 目前的财政状况,决不至于拮据到连维护社会治安的费用都难以支付的地步。

C. 湖州市与本市毗邻,去年警力增加19%,逮捕个案增加40%,判决个案增加13%。

D. 并非所有的侦察都导致逮捕,并非所有的逮捕都导致审判,并非所有的宣判都导致监禁。

E. 当警力增加到与市民的数量达到一个恰当的比例时,将会减少犯罪。

81. 一位海关检查员认为,他在特殊工作经历中培养了一种特殊的技能,即能够准确地判定一个人是否在欺骗他。他的根据是,在海关通道执行公务时,短短的几句对话就能使他确定对方是否可疑;而在他认为可疑的人身上,无一例外地查出了违禁物品。

以下哪项如果为真,能削弱上述海关检查员的论证?

Ⅰ. 在他认为不可疑而未经检查的入关人员中,有人无意地携带了违禁物品。

Ⅱ. 在他认为不可疑而未经检查的入关人员中,有人有意地携带了违禁物品。

Ⅲ. 在他认为可疑并查出违禁物品的入关人员中,有人是无意地携带了违禁物品。

A. 只有Ⅰ。

B. 只有Ⅱ。

C. 只有Ⅲ。

D. 只有Ⅱ和Ⅲ。

E. Ⅰ、Ⅱ和Ⅲ。

82. 是否公开学生的学习成绩已经成为明讯管理学院的一个热点话题。很多学生认为学习成绩是个人隐私,需要得到保护,呼吁学院不要再公开发布学生的学习成绩。学院的管理部门经过慎重考虑,决定今后所有的学习成绩统一通过电子函件的方式发送,每个学生将只能收到自己的学习成绩。

以下各项为得知这个决定后大家的一些反馈意见,其中哪项最能让学院的管理部门重新思考或修正他们的决定?

A. 学习成绩在奖学金的评定、研究生录取、毕业分配等方面是重要的指标,公开发布学生的学习成绩,能够让学生都来参与和监督这方面的工作。

B. 通过电子函件发送学生的学习成绩,会增加管理部门的工作量,恐怕工作人员还需要一段时间适应。

C. 部分学生尚不熟悉电子函件的收发,如果弄丢了自己的学习成绩,会给工作带来不必要的麻烦。

D. 公开发布学生的学习成绩,虽然能起到一定的激励作用,但也会损伤一部分同学的自尊心。

E. 电子函件的保密性并不绝对可靠,如果发生泄密,个人隐私的保护也同样会出现问题。

83—84题基于以下题干:

以下是某市体委对该市业余体育运动爱好者的一项调查中的若干结论:所有的桥牌爱好者都爱好围棋;有的围棋爱好者爱好武术;所有的武术爱好者都不爱好健身操;有的桥牌爱好者同时爱好健身操。

83. 如果上述结论都是真实的,则以下哪项不可能为真?

A. 所有的围棋爱好者也都爱好桥牌。
B. 有的桥牌爱好者都爱好武术。
C. 健身操爱好者都爱好围棋。
D. 有桥牌爱好者不爱好健身操。
E. 围棋爱好者都爱好健身操。

84. 如果在题干中再增加一个结论:每个围棋爱好者爱好武术或者健身操,则以下哪个人的业余体育爱好和题干断定的条件矛盾?

A. 一个桥牌爱好者,既不爱好武术,也不爱好健身操。
B. 一个健身操爱好者,既不爱好围棋,也不爱好打桥牌。
C. 一个武术爱好者,爱好围棋,但不爱好桥牌。
D. 一个武术爱好者,既不爱好围棋,也不爱好桥牌。
E. 一个围棋爱好者,爱好武术,但不爱好桥牌。

85. 1998年度的统计显示,对中国人的健康威胁最大的三种慢性病,按其在总人口中的发病率排列,依次是乙型肝炎、关节炎和高血压。其中,关节炎和高血压的发病率随着年龄的增长而增加,而乙型肝炎在各个年龄段的发病率没有明显的不同。中国人口的平均年龄,在1998年至2010年之间,将呈明显上升态势而逐步进入老人社会。

依据题干提供的信息,推出以下哪项结论最为恰当?

A. 到2010年,发病率最高的将是关节炎。
B. 到2010年,发病率最高的将仍是乙型肝炎。

C. 在1998年至2010年之间,乙型肝炎患者的平均年龄将增大。

D. 到2010年,乙型肝炎患者的数量将少于1998年。

E. 到2010年,乙型肝炎的老年患者将多于非老年患者。

86. 1985年,W国国会降低了单身公民的收入税比率,这对有两份收入的已婚夫妇十分不利,因为他们必须支付比分别保持单身更多的税。从1985年到1995年,未婚同居者的数量上升了205%。因此,国会通过修改单身公民收入税的比率,可使更多的未婚同居者结婚。

以下哪项如果为真,将最有力地削弱上述论证?

A. 从1985年到1995年,W国的离婚率上升了185%,高离婚率对当事者特别是单亲子女造成的伤害,成为受到普遍关注特别是受到婚龄段青年人关注的社会问题。

B. 在H国,国会并未降低单身公民的收入税比例,但在1985年至1995年间,未婚同居者的数量也有所上升。

C. W国的税收率在相同发展水平的国家中并不算高。

D. 从1985年至1995年,W国的未婚同居者的数量并不呈直线上升趋势,而是在1990年有所回落。

E. W国的未婚同居现象,并不像在有些国家中那样受到道义上的指责。

87. 吴大成教授:各国的国情的传统不同,但是对于谋杀和其他严重刑事犯罪实施死刑,至少是大多数人可以接受的。公开宣判和执行死刑可以有效阻止恶性刑事案件的发生,它所带来的正面影响比可能存在的负面影响肯定要大得多,这是社会自我保护的一种必要机制。

史密斯教授:我不能接受您的见解。因为在我看来,对于十恶不赦的罪犯来说,终身监禁是比死刑更严厉的惩罚,而一般民众往往以为只有死刑才是最严厉的。

以下哪项是对上述对话的最恰当评价?

A. 两人对各国的国情和传统有不同的理解。

B. 两人对什么是最严厉的刑事惩罚有不同的理解。

C. 两人对执行死刑的目的有不同的理解。

D. 两人对产生恶性刑事案件的原因有不同的理解。

E. 两人对是否大多数人都接受死刑有不同的理解。

88. 最近几年,外科医生数量的增长超过了外科手术量的增长,而许多原来必须外科手术现在又可以代之以内科治疗,这样,最近几年,每个外科医生每年所做的手术的数量平均减少了1/4。如果这种趋势得不到扭转,那么,外科手术的普遍质量和水平不可避免地会降低。

上述论证依赖以下哪项假设?

A. 一个外科医生不可能保持他的手术水平,除非他每年所做手术的数量不低于一个起码的标准。

B. 新上任的外科医生的手术水平普遍低于已在任的外科医生。

C. 最近几年,外科手术的数量逐年减少。

D. 最近几年,外科手术的平均质量和水平下降了。

E. 一些有经验的外科医生最近几年每年所做的外科手术比以前多了。

89—90题基于以下题干:

三位高中生赵、钱、孙和三位初中生张、王、李参加一个课外学习小组。可选修的课程有文学、经济、历史和地理。赵选修的是文学或经济,王选修物理。如果一门课程没有任何一个高中生选修,那么任何一个初中生也不能选修该课程;如果一门课程没有任何初中生选修,那么任何一个高中生也不能选修该课程;一个学生只能选修一门课程。

89. 如果上述断定为真,且钱选修历史,以下哪项一定为真?

A. 孙选修物理。

B. 赵选修文学。

C. 张选修经济。

D. 李选修历史。

E. 赵选修经济。

90. 如果题干的断定为真,且有人选修经济,则选修经济的学生中不可能同时包含:

A. 赵和钱。　　　　　　B. 钱和孙。

C. 孙和张。　　　　　　D. 孙和李。

E. 张和李。

91. 近年来,百舌鸟的数目剧烈下降了。百舌鸟是一种居住在诸如农场和牧场之类的平地上的捕食类鸟类。一些鸟类学家猜测说这次下降可能归因于引入新的、更有效的用以控制百舌鸟所捕食的昆虫的杀虫剂。

对下列哪一个问题的回答与评价鸟类学家的假说不相关?

A. 在新的杀虫剂使用前,百舌鸟的数目下降了吗?

B. 在那些新的杀虫剂没有被使用的栖息地,百舌鸟的数目已经显著下降了吗?

C. 新的杀虫剂比以前使用的杀虫剂更显著地使百舌鸟所捕食的昆虫数目下降了吗?

D. 吃了新的杀虫剂的百舌鸟所捕食的昆虫比吃了以前使用的杀虫剂的

昆虫对百舌鸟更有毒吗?

E. 大多数人认为新的杀虫剂比老的杀虫剂对环境的害处少吗?

92. 公共教育正在遭受社会管理过度这种"疾病"的侵袭。这种"疾病"剥夺了许多家长对孩子接受教育类型的控制权。父母们曾经拥有的这种权利被转移到专职教育人员那里了。而且,这种病症随着学校集权化和官僚化而变得日趋严重。

下面哪个,如果正确,会削弱以上关于家长对孩子教育控制减弱这种观点?

A. 由于社会压力,越来越多的学校管理者听从了家长提出的建议。

B. 尽管过去十年里学生的数目减少了,但是专职教育人员的数目却大大增加了。

C. 游说更改学校课程设置的家长组织通常是白费力气。

D. 大多数学校理事会的成员是由学校管理者任命的,而不是公众选举的。

E. 在过去20年里,州范围内统一使用的课程方案增加了。

93. 很多考古学家曾有这样的观点,在不到2万年以前,人类通过一个陆地桥进入北美大陆到达美国。但是,最近在南美发现的测定时间为3.2万年以前的人类遗址,使研究者们猜想人类先坐船横穿太平洋到达南美洲,然后向北扩展。

以下哪一项,如果被发现,将成为反对以上猜想的恰当证据?

A. 宾州皮兹堡附近一个石头作的遗址发现有被1.9万年前的人类使用过的证据。

B. 一些北美的人类遗址比任何在南美发现的遗址时间要早。

C. 这个有3.2万年历史的南美遗址比发现的最古老的北美遗址所在的气候更加温暖。

D. 南美的遗址在3.2万年以前有人居住后,一直有人居住,直到6000年前。

E. 上一个冰纪在1.15万年到2万年以前,它使世界的海平面大大下降了。

94. 许多孕妇都出现了维生素缺乏的症状,但这通常不是由于孕妇的饮食中缺乏维生素,而是由于腹内婴儿的生长使她们比其他人对维生素有更高的需求。

为了评价上述结论的确切程度,以下哪项操作最为重要?

A. 对某个缺乏维生素的孕妇的日常饮食进行检测,确定其中维生素的含量。

B. 对某个不缺乏维生素的孕妇的日常饮食进行检测,确定其中维生素的含量。

C. 对孕妇的科学食谱进行研究,以确定有利于孕妇摄入足量维生素的最佳食谱。

D. 对日常饮食中维生素足量的一个孕妇和一个非孕妇进行检测,并分别确定她们是否缺乏维生素。

E. 对日常饮食中维生素不足量的一个孕妇和另一个非孕妇进行检测,并分别确定她们是否缺乏维生素。

95. 广告:

本厨师培训班有着其他同类培训班所没有的特点,就是除了传授高超的烹饪技艺外,还负责向毕业生提供确实有效的就业咨询。去年进行咨询的本培训班毕业生中,100%都找到了工作。为了在烹饪业找到一份理想的工作,欢迎您加入我们的行列。

为了确定该广告的可信性,以下哪个相关问题是必须询问清楚的?

Ⅰ. 去年有多少毕业生?
Ⅱ. 去年有多少毕业生进行就业咨询?
Ⅲ. 上述就业咨询在咨询者找到工作的过程中,究竟起到了多少作用?
Ⅳ. 咨询者找到的工作,是否都属于烹饪行业?

A. Ⅰ、Ⅱ、Ⅲ、Ⅳ。
B. 只有Ⅰ、Ⅱ和Ⅲ。
C. 只有Ⅱ、Ⅲ和Ⅳ。
D. 只有Ⅲ和Ⅳ。
E. 只有Ⅰ和Ⅱ。

96. 自1940年以来,全世界的离婚率不断上升。因此,目前世界上的单亲儿童,即只与生身父母中的某一位一起生活的儿童,在整个儿童中所占的比例,一定高于1940年。

以下哪项关于世界范围内相关情况的断定,如果为真,最能对上述推断提出质疑?

A. 1940年以来,特别是70年代以来,相对和平的环境和医疗技术的发展,使中青年已婚男女的死亡率极大地降低。

B. 1980年以来,离婚男女中的再婚率逐年提高,但其中的复婚率却极低。

C. 目前全世界儿童的总数,是1940年的两倍以上。

D. 1970 年以来,初婚夫妇的平均年龄在逐年上升。

E. 目前每对夫妇所生子女的平均数,要低于 1940 年。

97. 第一个事实:

电视广告的效果越来越差。一项跟踪调查显示,在电视广告所推出的各种商品中,观众能够记住其品牌名称的商品的百分比逐年降低。

第二个事实:

在一段连续插播的电视广告中,观众印象较深的是第一个和最后一个,而中间播出的广告留给观众的印象,一般地说要浅得多。

以下哪项,如果为真,最能使得第二个事实成为对第一个事实的一个合理解释?

A. 在从电视广告里见过的商品中,一般电视观众能记住其品牌名称的大约还不到一半。

B. 近年来,被允许在电视节目中连续插播广告的平均时间逐渐缩短。

C. 近年来,人们花在看电视上的平均时间逐渐缩短。

D. 近年来,一段连续播出的电视广告所占用的平均时间逐渐增加。

E. 近年来,一段连续播出的电视广告中所出现的广告的平均数量逐渐增加。

98. 一房屋委员会将由 5 名代表组成,其中有 1 个人是主席。这些代表将从 5 个房客 F、G、J、K 和 M 以及 4 个房东 P、Q、R 和 S 中选出。选举必须遵循以下条件:

(1) 委员会中的房客数和房东数都不能少于 2 名;

(2) 主席必须由恰好有 2 名代表的那一组人中的某一个充当;

(3) 若 F 被选,则 Q 肯定也被选;

(4) 若 G 被选,则 K 肯定也被选;

(5) J 和 M 要么同时被选,要么同时不被选;

(6) M 和 P 不能同时被选。

若委员会的主席是一名房东,则下面哪一项一定正确?

A. 如果 G 入选,那么 Q 也入选;

B. 如果 G 入选,那么 R 也入选;

C. 如果 J 入选,那么 F 也入选;

D. 如果 J 入选,那么 Q 也入选。

E. 以上都不正确。

第 99—100 题基于以下题干:

任何一个退学的高中生都会失业,除非他找到的工作薪水低或者他有良好的商业关系的亲戚。

99. 以下哪项不能从上面陈述中推出
   A. 任何高中退学的人要么失业,要么拥有的工作薪水低或者拥有良好的商业关系的亲戚。
   B. 任何既没有低薪水的工作也没有良好商业关系的亲戚的高中退学者将会失业。
   C. 任何拥有薪水不低的工作也没有良好商业关系的亲戚的就业者绝不是一个高中退学者。
   D. 任何拥有薪水不低的工作者的高中退学者必定有良好的商业关系的亲戚。
   E. 任何拥有良好商业关系的亲戚但不是一名高中退学者一定找到了一份薪水不低的工作。

100. 假如某甲被雇佣且拥有的工作薪水不低,那么以下哪项与题干的论断相矛盾?
   A. 甲拥有良好商业关系的亲戚。
   B. 甲没有良好的商业关系的亲戚。
   C. 甲是一个高中退学者并且没有良好的商业关系的亲戚。
   D. 甲完成了高中学习并且拥有良好商业关系的亲戚。
   E. 甲是一名高中退学者。

附:逻辑选择题参考答案

1. B	2. B	3. A	4. C	5. D
6. E	7. E	8. C	9. A	10. E
11. D	12. D	13. E	14. A	15. E
16. E	17. A	18. D	19. E	20. E
21. D	22. E	23. B	24. C	25. D
26. B	27. D	28. E	29. B	30. D
31. A	32. D	33. C	34. A	35. C
36. A	37. C	38. D	39. C	40. D
41. C	42. C	43. B	44. B	45. A
46. C	47. A	48. A	49. D	50. E
51. A	52. A	53. B	54. D	55. B
56. C	57. B	58. E	59. E	60. C

61. C	62. D	63. D	64. B	65. D
66. A	67. D	68. C	69. C	70. A
71. E	72. B	73. A	74. A	75. B
76. D	77. B	78. A	79. E	80. E
81. D	82. A	83. E	84. A	85. C
86. A	87. C	88. A	89. A	90. B
91. E	92. A	93. B	94. D	95. C
96. A	97. E	98. D	99. E	100. A

参 考 文 献

1. 邵强进、陈伟:《MBA 逻辑》,清华大学出版社 2004 年版。
2. 苗力田主编:《亚里士多德全集》(第一卷),中国人民大学出版社 1990 年版。
3. 金岳霖:《逻辑》,三联书店 1937 年版。
4. 金岳霖主编:《形式逻辑》,人民出版社 1979 年版。
5. 王宪均:《数理逻辑引论》,北京大学出版社 1982 年版。
6. 周礼全:《模态逻辑引论》,上海人民出版社 1986 年版。
7. 周礼全主编:《逻辑——正确思维和有效交际的理论》,人民出版社 1994 年版。
8. 莫绍揆:《数理逻辑教程》,华中工学院出版社 1982 年版。
9. 莫绍揆:《数理逻辑初步》,上海人民出版社 1980 年版。
10. 朱志凯主编:《逻辑与方法》,人民出版社 1995 年版。
11. 朱志凯主编:《新编逻辑教程》,复旦大学出版社 1989 年版。
12. 诸葛殷同等编:《形式逻辑原理》,中国社会科学出版社 1982 年版。
13. 《普通逻辑》编写组:《普通逻辑》(修订本),上海人民出版社 1982 年版。
14. 《普通逻辑》编写组:《普通逻辑》(增订本),上海人民出版社 1993 年版。
15. 王路:《逻辑基础》,人民出版社 2004 年版。
16. 陈波:《逻辑哲学导论》,中国人民大学出版社 2000 年版。
17. 陈波:《逻辑学是什么》,北京大学出版社 2007 年版。
18. 张建军:《逻辑悖论研究引论》,南京大学出版社 2002 年版。
19. 黄颂杰、章雪富:《古希腊哲学》,人民出版社 2009 年版。
20. 张维迎:《博弈论与信息经济学》,上海三联书店 1996 年版。
21. 徐德清:《疑案审断的智慧》,上海古籍出版社 2004 年版。
22. 苏越主编:《逻辑应用多视角丛书》(共 10 册),北京师范大学出版社 1990 年版。
23. 田运:《智慧与思维》,宇航出版社 1989 年版。
24. 郑伟宏、倪正茂:《逻辑推理集锦》,光明日报出版社 1985 年版。
25. 郑伟宏:《智慧之藤——趣味盎然话逻辑》,上海人民出版社 1997 年版。
26. 陈宗明主编:《汉语逻辑概论》,人民出版社 1993 年版。
27. 周斌武、张国梁编著:《语言与现代逻辑》,复旦大学出版社 1996 年版。

28. 朱水林:《现代逻辑引论》,上海人民出版社 1989 年版。
29. 王雨田主编:《现代逻辑科学导引》,中国人民大学出版社 1987 年版。
30. 江天骥主编:《西方逻辑史》,人民出版社 1984 年版。
31. 宋文坚:《西方形式逻辑史》,中国社会科学出版社 1991 年版。
32. 胡适:《先秦名学史》,学林出版社 1983 年版。
33. 胡适:《中国哲学大纲》卷上,商务印书馆 1916 年版。
34. 冯友兰:《中国哲学简史》,北京大学出版社 1985 年版。
35. 冯友兰:《中国哲学史》,中华书局 1992 年版。
36. 虞愚:《中国名学》,上海书店 1992 年版。
37. 温公颐:《先秦逻辑史》,上海人民出版社 1983 年版。
38. 汪奠基:《中国逻辑思想史》,上海人民出版社 1979 年版。
39. 周山:《中国逻辑史论》,辽宁教育出版社 1988 年版。
40. 侯外庐等:《中国思想通史》第一卷,人民出版社 1957 年版。
41. 伍非百:《中国古名家言》,中国社会科学出版社 1983 年版。
42. 何秀煌:《思想方法导论》,台湾三民书局 1987 年版。
43. 何秀煌:《记号学导论》,台湾大林出版社 1984 年版。
44. 刘福增:《逻辑与设基法》,台湾东大图书公司 1982 年版。
45. 刘福增:《语言哲学》,台湾东大图书公司 1981 年版。
46. 林玉体:《逻辑》,台湾三民书局 1987 年版。
47. 吴家麟主编:《法律逻辑学》(台湾版),五南图书出版有限公司 1996 年版。
48. C·W·莫里斯:《指号、语言和行为》,罗兰、周易译,上海人民出版社 1989 年版。
49. I·M·科庇:《符号逻辑》,宋文坚等译,北京大学出版社 1988 年版。
50. P·苏佩斯:《逻辑导论》,宋文淦等译,中国社会科学出版社 1984 年版。
51. 肖尔兹:《简明逻辑史》,张家龙译,商务印书馆 1977 年版。
52. 安东·杜米特留:《逻辑史》,李廉主译,南京大学内部打印本。
53. 威廉·涅尔玛莎·涅尔:《逻辑学的发展》,张家龙等译,商务印书馆 1995 年版。
54. 伯特兰·罗素:《西方哲学史》,马元德译,商务印书馆 1981 年版。
55. 伯特兰·罗素:《逻辑与知识》,苑莉均译,商务印书馆 1996 年版。
56. 伯特兰·罗素:《我的哲学的发展》,温锡增译,商务印书馆 1994 年版。
57. 伯特兰·罗素:《我们关于外间世界的知识——哲学上科学方法应用的一个领域》,陈启伟译,上海译文出版社 1990 年版。
58. 吴卡谐维奇:《亚里士多德的三段论》,李真、李先焜译,商务印书馆 1991 年版。

59. 塔尔斯基:《逻辑与演绎科学方法论导论》,周礼全等译,商务印书馆 1989 年版。
60. 汉斯·莱欣巴赫:《科学哲学的兴起》,伯尼译,商务印书馆 1991 年版。
61. 彭加勒:《科学与假设》,叶蕴理译,商务印书馆 1989 年版。
62. 亚里士多德:《形而上学》,吴寿彭译,商务印书馆 1991 年版。
63. 培根:《新工具》,许宝骙译,商务印书馆 1984 年版。
64. 莱布尼茨:《人类理智新论》,陈修斋译,商务印书馆 1996 年版。
65. 休谟:《人性论》,关文运译,商务印书馆 1991 年版。
66. 休谟:《人类理解研究》,关文运译,商务印书馆 1991 年版。
67. 维特根斯坦:《逻辑哲学论》,郭英译,商务印书馆 1992 年版。
68. A·C·格雷林:《哲学逻辑引论》,牟博译,中国社会科学出版社 1990 年版。
69. 索尔·克里普克:《命名与必然性》,梅文译,上海译文出版社 1988 年版。
70. 威拉德·奎因:《从逻辑的观点看》,江天骥等译,上海译文出版社 1987 年版。
71. 伊姆雷·拉卡托斯:《证明与反驳——数学发现的逻辑》,康宏逵译,上海译文出版社 1987 年版。
72. 伊姆雷·拉卡托斯:《科学研究纲领方法论》,兰征译,上海译文出版社 1987 年版。
73. 卡尔·波普尔:《客观知识——一个进化论的研究》,舒炜光等译,上海译文出版社 1987 年版。
74. 卡尔·波普尔:《猜想与反驳——科学知识的增长》,傅季重等译,上海译文出版社 1986 年版。
75. I. M. Bochensky, *A History of Formal Logic*, New York:Chelsea, 1970.
76. I. Copi, *Symbolic Logic*, Sixth Edition, New York: Macmillan, 1982.
77. I. Copi, *Introduction to Logic*, Sixth Edition, New York: Macmillan, 1982.
78. P. Suppes, *Introduction to Logic*, Princeton, N. J. : Van Nostrand, 1957.
79. H. Kahane, *Logic and Philosophy*, Fifth Edition. California: Wadworth, 1986.
80. G. Myro, M. Bedau, T. Monroe, *Rudiments of Logic*, New Jersey: Prentice-Hall, 1987.
81. S. Haack, *Philosophy of Logics*, London: Cambridge, 1978.
82. S. C. Kleene, *Mathematical Logic*, New York: John Wiley & Sons, Inc. , 1967.
83. David Lewis, *Counterfactuals*, Cambridge: Harvard University Press, 1973.
84. Antoine Arnauld and Pierre Nicole, *Logic or the Art of Thinking*, Cambridge University Press, 1996.

后　记

摆在读者面前的,是自1992年进入复旦哲学系逻辑学专业攻读硕士学位以来,我对逻辑与思维方式的学习与思考的一个总结。本教材也是我自1995年留校任教以后,在十余年来开设的同名本科生课程以及管理学院工商管理硕士(MBA)、工程硕士(ME)等考前逻辑辅导课程的教案基础上修订而成的一部书稿。

本教材的重点参考了朱志凯教授主编的《新编逻辑教程》及其后的《逻辑与方法》。在本教材中含有不少逻辑学先辈的智慧结晶,也涉及当今国内外逻辑学界诸多同仁的辛劳成果,文稿后那一长串参考文献中每一个的名字都让我肃然起敬。其中,在台湾出版,由何秀煌、刘福增、林玉体等编写的几部逻辑教材为本人提供了大量中国传统思想史中的逻辑实例。在他们成果的基础上编写的这本书稿,就算是我这个后辈学生为逻辑学大厦作了一小块铺路石。由于水平有限,错误、不当之处在所难免,恳请诸位逻辑同仁及逻辑同好提出批评和指正。若读者能由此认识逻辑,而喜欢逻辑,乃至研究逻辑,是我今生一大幸事。

本教材题为《逻辑与思维方式》,说明本书不是为了讲授专业化的逻辑学而作,比之于《逻辑与方法》,本教材在内容上作了大量的增删。笔者也没有像现今许多逻辑学教材那样反复讨论引入现代逻辑的必要性,仅仅择其对思维方式有所革新之处选用,把许多现代逻辑的内容融于传统逻辑的知识之中。也正因为此,书中没有长串的逻辑推理,更多的是形象的图文表格,机智的趣闻轶事。

在体系结构上,本文稿依然沿用传统的从概念到命题,再由命题到推理,终于论证与谬误的路线,因为本人坚持这代表了一种研究人类思维逻辑发展的良好思路。所以,一定意义上说,本书的主旨是如何从思维方式的角度考察逻辑,而不是从逻辑的角度考察思维方式。

逻辑是人类理性的象征,是人类科学与文明的思维基石。逻辑思维方式是最基本的思维方式,是形象思维、灵感思维或直觉思维的基础。西方文明在近代的崛起更多的有赖于其自古希腊以来的理性至上精神而造就的完善逻辑学体系,而中国要在世界民族之林立足,首先必须革新国人的思维方式,其中最主要的就是逻辑思维方式。

创新思维是在当代网络信息时代生存的必要条件,但所有创新思维都在于思维方式的创新,所有领域的创新都在于该领域思维方式的创新。而创新思维方式不是空中楼阁,不是单独的直觉和灵感,必须有其逻辑基础,必须建立在逻辑思维方式基础之上。当前学界对以中国为代表的东方思维模式的反思往往突出了形象、直觉的一面,而忽略了逻辑理性的一面。如何发挥国人思维方式中的逻辑性的一面,并使之与现实生活中的学术理论研究、经济管理实践相结合,也是本人今后的努力方向。

为此,笔者在附录中提供了当前多种专业硕士入学考试所必需的逻辑选择题的解题策略与解题技巧,并附上自己编选的 100 道逻辑选择题及答案,以便读者在当前的市场经济建设中进一步理解逻辑理性的思维方式的重要性。同时,对于准备参加相关专业硕士入学考试的考生,它也是一部颇具参考价值的逻辑教材。

本书初稿完成于 2000 年春,之后几经修订,幸得复旦大学出版基金资助出版,在此表示衷心的感谢。出版前,书稿得到责任编辑陈军逐字逐句的校订,陈军博士严谨认真的态度令我十分敬佩,非常感谢!

邵强进

2009 年 7 月于复旦大学光华楼

图书在版编目(CIP)数据

逻辑与思维方式/邵强进编著.—上海:复旦大学出版社,2009.8(2018.7 重印)
ISBN 978-7-309-06801-6

Ⅰ.逻… Ⅱ.邵… Ⅲ.逻辑思维-高等学校-教材
Ⅳ.B812.2-49

中国版本图书馆 CIP 数据核字(2009)第 128212 号

逻辑与思维方式
邵强进　编著
责任编辑/陈　军

复旦大学出版社有限公司出版发行
上海市国权路 579 号　邮编:200433
网址:fupnet@fudanpress.com　http://www.fudanpress.com
门市零售:86-21-65642857　团体订购:86-21-65118853
外埠邮购:86-21-65109143　出版部电话:86-21-65642845
上海同济印刷厂有限公司

开本 787×960　1/16　印张 18.5　字数 352 千
2018 年 7 月第 1 版第 6 次印刷

ISBN 978-7-309-06801-6/B·326
定价:28.00 元

如有印装质量问题,请向复旦大学出版社有限公司出版部调换。
版权所有　侵权必究